U0818211

汉语教学名家文选

吴勇毅 卷

吴勇毅 著

北京语言大学出版社
BEIJING LANGUAGE AND CULTURE UNIVERSITY PRESS

图书在版编目(CIP)数据

汉语教学名家文选.吴勇毅卷/吴勇毅著.—北京：北京语言大学出版社，2017.1

ISBN 978－7－5619－4820－0

Ⅰ.①汉… Ⅱ.①吴… Ⅲ.①对外汉语教学—语言读物 Ⅳ.①H195.5

中国版本图书馆 CIP 数据核字(2016)第 308446 号

汉语教学名家文选·吴勇毅卷

HANYU JIAOXUE MINGJIA WENXUAN · WUYONGYIJUAN

排版制作：华伦图文制作中心
责任印制：姜正周

出版发行：北京语言大学出版社
社　　址：北京市海淀区学院路 15 号，100083
网　　址：www.blcup.com
电子信箱：service@blcup.com
电　　话：编辑部　8610－82301016
　　　　　发行部　8610－82303650/3591/3648
　　　　　北语书店　8610－82303653
　　　　　网购咨询　8610－82303908
印　　刷：北京九州迅驰传媒文化有限公司

版　　次：2017 年 1 月第 1 版　　印　　次：2017 年 1 月第 1 次印刷
开　　本：730 毫米×1020 毫米　1/16　　印　　张：20
字　　数：350 千字
定　　价：49.00 元

PRINTED IN CHINA

前　言

这本文集收录了26篇文章，绝大多数都是21世纪以后发表的（2002—2015），只有3篇例外：1篇是20世纪80年代发表的，2篇是90年代发表的。选择这三篇是有原因的。我是1980年暑期“入行”的，第一次从事短期留学生的汉语教学工作，算是“兼职”（当时的主业是在中文系语言组教《普通语言学概论》等课程），但这个暑期对我的触动是巨大的，多方面的，是一个拐点。兼着兼着过了两年就成了“专职”的了，于是也就开始了钻研。1986年中国高等教育学会对外汉语教学研究会在西安召开第二次研讨会，我和徐子亮提交了题为《建国以来我国对外汉语教学法研究述评（1950—1986）》的长篇论文，初出茅庐，就我们当时的认识水平对此提出了自己的看法。吕必松先生在闭幕式上说，“华东师大吴勇毅同志和北京语言学院张亚军同志（他提交的论文是‘对外汉语教法学之研讨’，本文作者注）对我国对外汉语教学法研究的历史发展作了较为系统的探讨。他们共同的结论是，我国的对外汉语教学一贯重视借鉴国外好的理论和方法，但是从来没有忘记汉语和汉语教学的特点，从不盲从，从不照搬照抄。这应当看作是我国对外汉语教学的一个优良传统。这两位同志的研究有重要的现实意义，我们从中至少可以得到两点启发：一是我们不要妄自菲薄，不要以为我们在对外汉语教学的理论研究方面一无所有。事实上，我国的对外汉语教学从一开始就有自己的特点。这是我们的老前辈做出的贡献。”“70年代——特别是80年代以来，我们在理论和实践方面取得了更大的进展，这些进展标志着我国对外汉语教学这个年轻的学科正在走向成熟。……另一点启发是，对外国的经验只能借鉴，任何时候都不能照搬照抄。……我们在学习和借鉴外国经验的时候，一定要充分考虑汉语和汉语教学的特点，要从中国的实际出发，也要从每一个单位的实际出发。这就需要我们自觉地运用辩证唯物主义这个强大的思想武器，不断地探索语言、语言学习和语言教学的客观规律，不断地总结自己的实践经验。只有这样，才能闯出我们自己的路，建立起符合汉语教学规律的教学法体系。”（吕必松，在对外汉语教学研究会第二届年会闭幕式上的讲话，《对外汉语教学研究会第二次学术讨论会论文选》，北京语言学院出版社，1987）吕先生的这些话，对当时的我无疑是一种巨大的鼓励，至今读来仍有很强的现实指导意义。时光荏苒，从对外汉语教学到汉语国际教育，不经意间，汉语作为第二语言/外语教学在世界舞台上已经发生了巨大的变化，作为历史长河中的一粟，收录这篇文章是为了回顾历史，展望未来，也是自己入行后不久的一个研究小结。

《语义在对外汉语句型、句式教学中的重要性——兼谈从语义范畴建立教学用句子类型系统的可能性》(1994)一文，是我在90年代的一个重要思考，且一直再发展，迄今也不能说是成熟了。我始终认为一语的教学语法/学习语法跟二语的教学语法/学习语法是不同的，一语者在学习自己的母语语法时已经具备了母语的（甚至可以说是完整的）程序性知识（掌握了用母语表达的听说读写技能），换句话说他们已经熟练掌握汉语了。他们学习一语的教学语法知识，即陈述性知识，是为了更好地（从理论上）理解自己的母语，或者说母语的结构规律，因此这是一种"理解语法"，是从程序性知识上升到陈述性知识（例如，对已经理解意义的句子如何从形式上去分析主、谓、宾、定、状、补）。而第二语言学习者不同，他们学习第二语言时，并无任何关于第二语言的程序性知识，也完全不会用第二语言进行表达，他们是从关于第二语言的陈述性知识开始学习的，尤其是成年学习者，过程与第一语言学习者正好相反。但对第二语言学习者来说，需要的是如何把意义用新的语言形式表达出来，而不是如何去分析句子的主、谓、宾、定、状、补，因此是一种"表达语法"。94年的这篇文章就是想尝试探讨从意义范畴出发建立句子类型系统的可能性，走根据意思给出形式的路子。具体的实践和一些想法可参见本书中的《汉语作为外语环境下的教材编写——以〈汉语入门〉为例》(2012)和新近发表的《汉语二语教学语法系统的反思与构建》（吴勇毅，《国际汉语教学研究》，2016年第4期）。至于《对通用型教材的一点意见》(1993)，可以看到我当时对国际汉语教学的教材编写的认识。文中我没有用时下流行的"国别化/型教材"和"本土教材"的概念，而是用"对比型教材"与"通用型教材"对立（"对比型教材"与"国别化/型教材"和"本土教材"是有区别的，其中之一就是前者强调的是"语别化"，但也有共通处，即都是考虑汉语作为外语环境下的教材编写问题），以突出在国外，即在汉语作为外语环境下，编写和使用的汉语教材应更加彰显对比性和针对性。时下，"国别化/型教材"和"本土教材"的概念被滥用了，以至于有学者提出了不同意见（李泉，汉语教材的"国别化"问题探讨，《世界汉语教学》，2015年第4期），但我以为，强调汉语作为外语环境下的教材编写应多考虑对比问题（无论是语言上的，或是其他方面的），这是不会错的，也符合认知法的教学原则。

这本文选的26篇文章分为教学理论、教学模式与教学法、学习观念与学习策略、教材研究与学科建设与人才培养五个部分，并不完全按照时间顺序排列，只是个大致的类，内部涉及的面其实是比较广的，但又有其内在的逻辑。有些文章虽不在同一类，但脉络是连贯的。比如，《对通用型教材的一点意见》(1993)、《语义在对外汉语句型、句式教学中的重要性——兼谈从语义范畴建立教学用句子类型系统的可能性》(1994)、《论汉语作为第二语言教学(TCSL)与汉语作为外语教学(TCFL)》(2006)与《汉语作为外语环境下的教材编写——以〈汉语入门〉为例》(2012)是相通的，既是从理论到实践的探索，也是视角从对外汉语教学到国际汉语教学的转变。《我们真的以学生为中心了吗?》(2002)、《从交际语言教学到任务型语言教学》(2006)与《从任务型语言教学反思对外汉语口语教材的编写》(2005)亦是如此。

教学模式是近年来汉语教学界研究和讨论的"热点"之一，尤其是强调要创建具有中国特色的对外汉语教学模式(刘颂浩，中国对外汉语教学模式的创建问题，《华文教学与研究》，2014年第2期)。要创建，首先要厘清历史，《汉语作为第二语言/外语教学模式的演变与发展》做了初步的工作。我们认为教学模式是一个由微观、中观和宏观不同层次构成的一个层级系统，而要形成一种汉语作为第二语言或者汉语作为外语的教学模式，必然会涉及八个方面的问题(见《关于汉语教学模式创建之管见》)。我们强调任何教学模式的改变、创新与创建都必然会在这些问题中寻求突破点。

无论是教学模式还是教学法都需要考虑学习者，考虑学习者的个体因素，考虑他们的学习策略。有时某种教学法提倡的做法或教师受其影响形成的观念并不一定为学生所认同，"想当然"教学是行不通的，甚至会造成恶果。《第二语言教学：形式与意义的博弈(一)(二)》正是以语法教学为切入点实证了师生语法教学观念的差异。学习策略一直是我近年来的研究重点之一，这方面的系列论文推动了汉语教学界研究的深入。

学科建设和人才培养是事业的保障，华东师范大学汉语国际教育专业(旧称对外汉语专业)在人才培养方面一直是独树一帜的，有许多成功的实践经验。我们认为，要培养卓越人才必须要有明确的培养目标(双语、双文化、双能力)并且和学生的职业发展联系起来(《学生职业发展与国际汉语教育的人才培养》)，形成创新的培养模式(《汉语种子教师“直通车”培养模式》),打造国际化的实践平台,深化专业改革以切实提高学生的实践能力和创新能力,包括新型的公共外交能力(《深化专业改革,培养卓越人才》《公共外交、孔子学院与国际汉语教育的人才培养》)。

对外汉语教学是一项国家与民族的事业,汉语作为第二语言/外语教学也是一门学科。我们“应坚持事业要靠学科支撑,学科要借事业发展的基本理念”(新形势下对外汉语教学学科建设与发展座谈会纪要,《世界汉语教学》2012 年第 3 期),但学科也要为事业服务。学科也只有为事业服务,才能获得更大的发展空间,两者相互依存,不可分离(《关于学科建设与教师的培养和发展》)。

这本文选中的文章是我这些年思考与研究的一部分,能够结集出版离不开北京语言大学出版社,尤其是张健总编/董事长的大力支持和沈岚老师耐心细致的工作,我与沈岚老师相识多年,她的专业眼光和负责态度常能使我获益。我要感谢我那已故去的恩师林祥楣、陈秀珠先生,是他们用学识和心血滋养了我,我相信他们在天堂依然注视着我,鞭策着我;我要感谢范开泰先生,是先生把我培养成为一名博士,能忝列门下是我一生的幸事。在先生们的面前,我永远是学生。

吴勇毅

丙申年于上海苏堤春晓

2016 年 12 月

目　录

教学理论

教学模式与教学法

学习观念与学习策略

教材研究

学科建设与人才培养

教学理论

汉语国际教育学科研究什么

汉语国际教育学科研究什么，可以有不同的视角。如果我们把它主要定位于汉语作为第二语言或外语教学，那么教与学都是我们要研究的。

从学习者的角度看，我们关注的是汉语学习者本身的特点，即他们的年龄、性别、动机、态度、情感、焦虑、语言学能（包括智力因素）、认知风格/学习风格、记忆能力（长时、短时、记忆方式）、性格、母语/文化背景、以往的语言（学习）经历、自我效能感，以及他们的学习策略（包括交际策略）等，这些被统称为个体因素的研究，且愈来愈受到重视。我们想知道这些因素是如何影响语言学习或习得的，影响的程度如何；这些因素（或某个因素）同学习效果（成绩）之间的相互关系是怎样的，并试图解释为什么如此；在众多因素中，哪些或哪个因素最能影响学习效果（贡献量最大）；学习汉语有没有不同于其他语言的特别的学习策略；凡此种种，它可以让我们知道为什么有些人学习汉语会比其他人更快，能达到的水平更高（速率问题）。

从学习过程和结果看，我们关注的是二语/外语学习，具体来说就是汉语学习或习得的内部机制是怎样的，学习者是怎么学习或习得汉语的（学习或习得过程），以及他们习得了什么（学习或习得结果）。习得第二语言或外语时，究竟是天生的语言习得机制还是一般的认知机制在起作用，至今还是个谜。学习者第一语言的迁移作用究竟如何（现在对此有新的认识），又是如何迁移的，还有待我们去探索。汉语学习者究竟能否达到汉语母语者的水平，概率有多大，传承语言（heritage language，华侨华人的后代习得/传承华语）的获得与一般二语或外语的习得有何不同，都是我们感兴趣、想探究的。这里我们说学习者"习得了什么"而不是"习得什么"，是因为"习得什么"是清楚的（当然是目标语——汉语），至于具体给学生什么内容则是一个多方选择的问题。从学习者习得了什么（习得的具体东西），我们可以看到他们使用的汉语（语言本身）的特点及使用汉语的特点，偏误分析、中介语研究、习得次序与发展顺序的研究都属于此。另外，在学习过程中，学习通道的研究（比如视觉型、听觉型、触觉型等的学习者对通道的选择与偏爱是不同的）也是目前学界所关注的。

从学习环境看，我们已经充分认识到汉语作为第二语言与汉语作为外语的教学的环境是很不相同的，这不仅会影响到学习也会影响到教学，比如在不同的环境下，教学活动的组织、教学方法的选择就可能很不相同。另外，环境尤其是社会环境以及人与人、人与社会的互动对二语或外语的习得作用究竟如何，一直是认知派和社会派争论的焦点，就如同语言学理论在讨论语言是如何产生的一样，大家立场不同，针锋相对。

从教师的角度看，时下教师培训固然重要，但从研究角度看，更重要的是研究汉语教师是如何发展起来，其成长过程如何（从新手到熟手乃至专家），教师的实践性知识是如何积累起来的。教师培训、教师发展与教师教育是不同的概念，理论不同，研究的重点也不同。教师的个体因素也是当前研究的前沿，比如教师的认知风格不同，会不会影响其教学策略的选择，这种选择又会对教学产生什么样的影响。正如同从单纯的、单向的、只关注"教"（怎么教）的教学法研究转向关注"学"（怎么学）的"学习过程"（二语习得研究）和"学习者"（个体因素研究、认知研究）研究一样，汉语教师教育研究也面临着一种转向，即从教师标准的研制、培训内容的选择、培训模式的创新转变为教师自身专业发展、教师认知（过程）的研究。

当然，从教学过程看（既包括整个过去所谓四大教学环节组成的过程，也包括具体课堂教学过程），教学理论和教学法研究依然是非常重要的。教学过程是不是就是由这四大环节构成的，其内部逻辑关系是否清楚了呢？时下非常流行任务（型）教学法，但它不是万能的，其问题和局限在哪里，我们没有很好地研究。认知教学法、基于风格和策略的教学法（SSBI，Styles- and Strategies-Based Instruction）都值得我们去研究，并基于汉语特点"汉化"。由于教学和培训的需要，课堂教学技巧一直是我们关注的重点，但课堂教学是一个动态的过程，非预设事件会随时发生，如何处理是教师能力的一个重要方面，如何加以利用，使其成为课堂教学资源则更要我们去研究。

从教学媒介和教学材料看，教材编写是一个永恒的主题。目前大家都十分关注本土化或针对性教材的编写，但本土化似乎没有一个尽头：不同区域、不同国别、同一国别不同地区、同一地区不同学校、同一学校不同对象似乎都要不同，都要针对，那么本土化的标准、范围等就很值得我们去研究了。同时通用型教材的前途如何也值得探讨，尽管有人会觉得它已过时。对比型教材、国别型教材、通用型教材之间的关系究竟如何？"国别型"与"国别化"有何不同？另外，教材的立体化或多媒体化、教学资源平台的建设都需要创新，汉语教学的云端建设、慕课（MOOC[①]）也需要我们去开发。

另外，世界各国的语言政策，尤其是第二语言和外语教育政策，是我们必须关注的，因为它会影响到汉语的传播与推广，其实我们国家自己的外语教育政策以及汉语作为二语/外语的教育政策也并不清晰。

中外汉语教育/教学史的研究告诉我们，汉语教与学的许多"方法"古已有之，国外传教士们自己学习汉语和教授别人汉语的经验也会给我们以启迪。

林林总总，都是汉语国际教育学科要研究的，但我们不能忘记学科的哲学思考，也不能忘记研究方法的多样与创新。"路漫漫其修远兮，吾将上下而求索"，这是学科研究的精神。

（原文刊于《国际汉语教学研究》，2014 年第 1 期）

---

① 慕课：大规模在线开放课程。

论汉语作为第二语言教学(TCSL)与汉语作为外语教学(TCFL)

摘　要　本文讨论了汉语作为第二语言教学(TCSL)与汉语作为外语教学(TCFL)的区别以及学习环境对汉语学习的影响,并且指出汉语作为外语教学有着自身的特点和不同于汉语作为二语教学的规律。面对汉语国际推广的大业,面对世界规模的方兴未艾的汉语教学,我们应该开始重视汉语作为外语教学的研究。

关键词　TCSL　TCFL　学习环境

一、引言

1.1 说到汉语作为第二语言教学(TCSL)与汉语作为外语教学(TCFL),这似乎是个不言而喻或老生常谈的话题。其实不然,赵金铭(2006)在一篇题为《从对外汉语教学到汉语国际推广》的重要文章中指出:“新中国的对外汉语教学在经过55年的发展之后,于2005年7月进入了一个新时期。以首届‘汉语世界大会’的召开为契机,我国的对外汉语教学在继续深入做好来华留学生汉语教学工作的同时,开始把目光转向汉语国际推广。这在我国对外汉语教学发展史上是一个历史的转折点,是里程碑式的转变。”在全国汉语国际推广工作会议上,国务委员、国家汉语国际推广领导小组组长陈至立强调:“要突出重点,切实加强汉语国际推广能力建设,切实加强师资队伍建设,突破教材开发瓶颈,继续加快孔子学院包括网上孔子学院建设,大力提高市场运作能力”;“要解放思想,创新体制、机制,通过5至10年的努力,使汉语国际推广体系更加健全,机制更加灵活多样,更好地满足海外汉语学习的需求,促进我国与世界各国经济、文化的合作与交流”[①]。

如果从汉语国际推广的角度,从目前我们汉语教学和研究中存在的一些问题

---

① http://www.hanban.edu.cn/(国家汉办网),2006-7-5.

的角度来看，讨论这个话题不仅是有意义的，而且是十分必要的。

二、“第二语言教学”与“外语教学”

2.1 Stern(1983)在其著名的《语言教学的基本概念》一书中指出，“第二语言”这个术语有两个意思。首先是指语言学习的顺序，第二语言是在本族语后习得的语言；其次是指掌握语言的程度，第二语言的实际掌握程度或水平低于第一语言，“第二”有较弱(weaker)的意思。Stern 这里所说的两个意思都是与第一语言相比较而言的。至于第二语言与外语的区别，Stern 举了 TESL(Teaching English as a Second Language)和 TEFL(Teaching English as a Foreign Language)的例子，TESL 是指在美国对说其他语言的移民进行的英语教学。换句话说，从学习者的角度看，第二语言是用来指在一个国家内学习和使用的非本族语(a non-native language learnt and used *within* one country)，而外语通常指的是学习和使用一种在国土疆界之外的言语社团的语言(a non-native language learnt and used with reference to a speech community *outside* national or territorial boundaries)。第二语言在一个国家里通常具有官方的地位或公认的作用，而外语则没有。显然 Stern 是把地理/社会环境和语言功能视为两者的主要分水岭。

Larsen-Freeman & Long(1991)结合具体例子来说明这种环境的差异：第二语言是在本族人使用的环境中学习的。例如，一个西班牙人在英国学习英语就是学习第二语言。如果他/她在西班牙的课堂里学习英语，也就是说在本族人使用的环境之外，那就是学习外语。其他学者还注意到，第二语言学习的目的跟外语学习常常不同。由于第二语言通常是官方语言或公认的语言，因此就要用其来充分参与这个国家的政治和经济生活(Paulston，1974)①，第二语言也是受教育所使用的语言(Marckwardt，1963)②。而外语学习则不同，人们学习的目的各式各样，比如去外国旅行、跟操本族语的人交流、阅读外语科技文献或文学作品等。

Stern(1983)还指出，由于第二语言是所在国使用的语言，因此学起来能够得

---

① 比如美国的说其他语言的移民要用英语参与美国的政治和经济生活。——作者注

② 比如外国留学生在中国接受各种学历教育，所使用的语言是汉语；反之，中国学生在美英等国接受学历教育，所使用的语言是英语。——作者注

到比外语更多的环境上的支持。而外语学习一般要靠更多的正规教育和其他措施来弥补缺乏环境的支持。由于第二语言在社会环境中广泛使用,因此它常常可以通过非正式的方式“学会”(即所谓的“picked up”)。Larsen-Freeman & Long (1991)也有类似的看法。一位意大利学生告诉本文作者,他来中国学习后认识了一些欧洲人。他发现,这些人没有正式学习过汉语,但他们在中国学习一段时间后,可以听汉语、说汉语,但不能写汉字、认汉字。相反,他和他在意大利学习汉语的朋友可以写汉字,可以认汉字,但是不能听、说汉语。这位意大利学生的话证明了 Stern 等人的观点。

Ellis(1994)认为,强调第二语言和外语环境的区分可能是非常重要的,因为在学什么和怎么学这两方面,二者可能有着根本的区别(radical differences)。很明显,除了上面已提到的不同之外,Ellis 更是从习得和认知的角度提出了第二语言和外语在习得内容和方式上存在不同。

2.2 综上所述,第二语言和外语、第二语言教学和外语教学在语言(学习)环境、语言功能、学习目的、学习形式(通过课堂形式学习还是在自然环境中“学会”)以及习得/学习内容和方式等许多方面存在差异。按说这些差异是比较清楚的,也是我们在教学和研究中应该注意到的,但事实上长期以来我们并没有对汉语作为第二语言教学(TCSL)和汉语作为外语教学(TCFL)加以区分,不论在理论上还是在操作层面。这里面既有主观认识的分歧,也有客观造成的限制①。

2.3 盛炎(1990)在《语言教学原理》中说:“还有一个术语叫做‘对外汉语教学’,没有‘对内汉语教学’的术语跟它相对。其中的‘外’字指‘外国人’,翻译成英文应该是 Chinese for foreigners,这个术语只适用于中国境内。”可见在盛炎先生的概念里,“对外汉语教学”是我们上面所说的“汉语作为第二语言教学(TCSL)”,完全不包括“汉语作为外语教学(TCFL)”。由此可推及,我们研究的对外汉语教学主要是汉语作为第二语言教学,而非汉语作为外语教学。盛炎还解释了美国学者使用“第二语言”这个术语频率很高的原因:“我想,首先,他们是以语言学习环境为标准来区分第二语言和外语的。凡是在目的语环境中学习的目的语一般称为第二语言。他们不太重视学习对象的不同。其次,把作为非母语的英语称为第二语言,也

① 一直以来,我们的教学对象和研究对象主要是来华留学生,我们关注的重点并不在国外的汉语教学。世界规模的“汉语热”和世界规模的汉语教学也只是近些年才出现的。

许会使居住在美国的人感到不'外气'"。吕必松(1996)对第二语言和外语有不同的看法:"我们关于第二语言的定义只考虑学习的先后顺序,不必考虑语言环境的因素,是基于下面的认识:……在第二语言学习中,决定学习和习得规律的因素是多方面的,其中包括:人的大脑学习机制和语言的特点、学习语言的方式(主要是指在自然环境中学习还是在学校里学习)、目的语环境、跟语言理解和语言使用有密切关系的社会文化因素等。语言环境只是影响第二语言学习和习得规律的因素之一,不足以作为区分第二语言和外语的主要依据。……我们认为不应当把第二语言和外语的关系看成一种对应关系,而应看成一种包容关系,即第二语言也包括外语。这也是我们说对外汉语教学既是一种第二语言教学,又是一种外语教学的原因。"按照吕先生的意思,没有必要区分汉语作为第二语言教学和汉语作为外语教学,因为前者包容了后者。

2.4 我们国内的英语教学究竟是二语教学还是外语教学,学界的意见是比较一致的,大都认为是外语教学。但也并非认识得很清楚,《英语辅导报》社社长兼总编辑包天仁教授曾接受《光明日报》2001 年 3 月 29 日的采访,当记者谈到,关于"小学英语课怎么开"的讨论,很多问题归根结底是对英语教学在中国是二语教学还是外语教学的分歧时,包仁天指出:"解决对英语教学类型的认识是当务之急。中国的英语教学是外语教学(TEFL)还是二语教学(TESL),不弄清这两种教学类型的差别,就会给我们政策的制定、教学模式的选择、教材的编写、教师的培养等一系列工作带来混乱,甚至走入脱离国情的误区,使我们的英语教学大走弯路。"他认为"第二语言教学就是在有语言环境的条件下学习母语以外的一种语言的教学,例如中国人到英语国家留学、工作、生活,为了生存和融入当地社会而学习英语,这种条件下的英语教学叫二语教学。又如一些原英属殖民地国家独立后,英语仍是当地人民使用的主要语言或官方语言,在这些地方的英语教学基本上也属于二语教学。英语在一个国家或地区是二语教学还是外语教学,还有一个重要标志,那就是看当地学校的课程是不是用英语授课。如果除了英语课,其他课程用母语讲或大部分用母语讲,英语教学就是外语教学(TEFL)。显然英语二语教学环境,在中国是没有的。"

束定芳、庄智象(1996)是主张严格区别"第二语言"和"外语"的,其主要依据是:"'第二语言'与'外语'在语境、语言输入、学习者的情感因素、认知基础和掌握程度方面都有着明显的差异。两者不可'混为一谈'","外语教学有着与第二语言教学完全不同的自身特点，中国学生学习外语更有其特殊的地方”。

三、汉语作为外语教学(TCFL)

3.1 由于我们在教学和研究中不注意区分汉语作为第二语言教学(TCSL)和汉语作为外语教学(TCFL)，或完全不考虑汉语作为外语教学，由此就带来了一系列的问题，有的甚至成为汉语国际推广的“瓶颈”。今天，在世界规模的汉语教学方兴未艾之际，我们有必要特别研究汉语作为外语的教学，以充分认识汉语作为外语教学不同于汉语作为第二语言教学的各种规律。

3.2 师资要求及师资培训

TCSL 的教师全都是以汉语为母语的人(Chinese native speaker，CNS)，TCFL 的教师有相当一部分不是以汉语为母语的人(non-native speaker，CNNS)，就汉语本身来说，其掌握的程度是不一样的。这两年有越来越多的国家、政府组织和学校要求我们不仅要培养和培训以汉语为母语的 TCFL 教师，也要培养和培训汉语为非母语的 TCFL 教师，比如华东师大就已经为澳大利亚亚洲教育基金会培训了多批这样的澳大利亚公立中小学汉语教师，加拿大多伦多教育局(Toronto District School Board)也向我们提出了类似的要求。其实，在培训 TCFL 教师方面我们自己并没有很多经验，过去我们更多的是以培养 TCSL 教师的方式去培训他们，传授的大多是在国内从事对外汉语教学的经验和方法。

这几年在接待国外代表团或洽谈合作交流项目时，教师培养和派出是一个非常重要的话题。会谈中，对方时常会问，你们培养的教师(比如对外汉语专业毕业的学生)是从事汉语作为第二语言教学(TCSL)的还是从事汉语作为外语教学(TCFL)的。言下之意，有的甚至直接就提出，我们需要的是 TCFL 的教师。坦率地说，目前国内培养的教师是 TCSL 的，我们培养出来的学生主要是在国内从事对外汉语教学的。我们并没有或者说还没有形成一套完整的 TCFL 教师的培养计划或培养方案。

TCSL 和 TCFL 对教师的要求是不一样的，首先是外语，不懂外语的人是不能当 TCFL 教师的。尽管我们也强调在 TCFL 的课堂里要尽量使用汉语，但实际上学生的母语是教学的主要媒介语言、工作语言(在国外工作过的教师恐怕都有这种体会)，这是事实。例如，在英语国家的中小学教汉语，英语不好是根本不行的。欧洲许多国家大学的汉语语法课都是由汉语为非母语的本国教师担任的，课堂语言就是学生的母语而不是汉语。即使是大学高年级的汉语课也做不到完全不用学生的母语解释。所以说要成为一名真正的 TCFL 教师，尤其是在国外的中小学从事汉语教学，对外语(所在国的语言)有很高的要求。2006 年 7 月 29 日上海的《解放日报》《文汇报》都在头版以较大的篇幅刊登了五名上海教师赴芝加哥教中文，韩正市长与他们座谈，勉励他们当好传播中华文化的使者的消息。选拔教师赴美任教是上海与美国友好关系城市的重要合作项目。这个项目具体的教师培训和选拔工作是在华东师大进行的。作为这个项目的具体执行者，我们颇有感触。由于美方提出的先决条件是外语必须很好，而且有几年以上在中小学任教的经历，同时具备这两个条件的对外汉语专业的本科生或硕士生几乎没有，所以从各区县推荐上来的都是有相当教学经验的优秀的英语教师(共 31 位)。我们根据要求有针对性地对他们进行了系统的汉语教学强化培训(共 120 小时)，然后根据美方的要求把这些教师经过公证的各种材料，包括大学毕业证书、成绩单、学位证书、教师资格证书、在中小学授课的时间和课程的证明等，寄到芝加哥方面指定的评估机构进行师资认定。有 19 位教师通过了评估，未通过的则被淘汰。接着芝加哥方面又派专门的考试官员来沪，对这些教师进行在芝加哥任教的(国际)教师都必须参加的英语考试(Nelson Denny Reading Test 和口语考试)。考试分两天进行，一天笔试(包括两篇写作)，一天口试。最后只有 5 名教师通过了考试，这才算"完全具备"了在美国芝加哥公立中小学任教的资格(qualification)。可见其对英语的要求之高。这说明 TCSL 和 TCFL 的教师，在外语要求上是完全不同的。我们有的公派教师由于不懂外语而不能很好地开展工作可以佐证。

从我们国家公派或校际交流派出教师的角度说，TCFL 教师还要具有很强的生存能力和适应能力。生存能力我们暂且不说。关于适应能力，有些老师可能注意到了 2006 年国家公派教师的选拔工作无论是在形式还是在内容上都有了很大的改革。首先是选拔范围，不再拘泥于高校教师，中小学教师也可以参加选拔。其次，除了专业以外，还有外语测试、心理测试、普通话测试(机测，没有普通话等级证书者参加)等；专业方面，除了以往的试讲，还增加了评课(看录像评课)。另外在面试中不仅强调教师要有跨文化交际的知识和能力，还有专业人士来评估教师在国外工作应具备的适应能力，包括应变能力和决断能力等。可见国家汉办在总结以往派出经验的基础上，已经充分注意到了派出教师在这方面存在的问题。

我们有的公派教师，在国内教得非常好，但出国以后不适应，不适应那里的教学环境和教学方法，有的甚至还指责别人：我们在国内不是这样教的。别人这也不是，那也不对，而自己却不去设身处地地想一想，那些“别人”，尤其是国外那些有着多年汉语教学历史和经验的学校或教学机构为什么这样做，有没有道理。我们觉得从某种意义上讲，这就是没有搞清楚 TCSL 和 TCFL 的区别。赵金铭(2006)指出：“在西方，在欧美，特别是在北美地区，因语言和文化传统差异较大，我们在国内采用的教学方法在那里很难适应，必须做相应的改变，入乡随俗，以适应那里的汉语教学。”这其实就是说，要从 TCSL 转变到 TCFL。如果我们真的有更新更先进的教学理念和教学方法，那也应该在适应的基础上再加以推广。

3.3 教材问题

据统计，国内已出版了上千种对外汉语教材，其中不乏一些优秀的教材，但为什么教材仍然成了制约对外汉语教学发展和汉语国际推广的瓶颈呢？为什么国家领导人和许多专家学者反复强调要“突破教材开发瓶颈”呢？

目前对教材的批评和评论主要是从教材编写的原则出发，再涉及教材具体的编写形式和内容等。赵贤州(1988)把针对性、实践性、趣味性和科学性概括为教材编写的四性原则，并认为科学性是前三性的总和，起着统帅作用，是教材的灵魂和主心骨；刘珣(2000)则把教材编写与选用的原则概括为“五性”：针对性、实用性、科学性、趣味性和系统性。他认为针对性、实用性、趣味性、系统性也属于科学性的范围，这“五性”不仅是编写和选用对外汉语教材要遵循的原则，也是评估对外汉语教材的标准。其他教材编写原则还有思想性、知识性和适度性(语言难度合适否)等(刘颂浩，2005)。

上面这些原则在赵、刘二位先生看来可以用“科学性”一条来统领和概括。但刘颂浩(2000)认为，教材编写原则不是同样重要，趣味性作为教材的一条原则，其重要性不及“语言合适”以及“内容合适并且多样”两条。面对李泉的质疑，刘颂浩(2005)坚持认为，教材编写原则之间并不是平等的关系，“对于初级教材而言，适度性、实用性、趣味性是最重要的 3 个属性。三者兼顾的语料是最佳选择，兼有适度性和实用性的语料次之，这两者应该是教材的主体。兼有适度性和趣味性但缺乏实用性的语料可以用，但不能太多。”李泉(2002)则认为，针对性、实用性、科学性、趣味性等，作为编写教材的原则和评价教材的依据，其重要地位是相同的。但他依据这些“原则”与编教者、教师和学生的“亲疏”关系排列了不同的“优先考虑序列”，即：1)编教者的“优先考虑序列”是：针对性＞科学性＞实用性＞趣味性；2)教师的是:科学性>针对性>趣味性>实用性;3)学生的是:趣味性>实用性>科学性>针对性。其“优先序列”是基于“工作程序”“使用方便”和“感情态度”的考虑。由于“优先考虑序列”往往也就是“优先评价序列”,因此李泉认为,“趣味性是学生评价教材的首选标准”。赵金铭(1998)指出:“对现行的对外汉语教材,学习者的意见普遍集中在下列两条:一是教材内容没意思;二是词汇太多。这实为我们教材的两大致命伤。”趣味性成为近年来讨论教材编写原则的一个热点(刘颂浩,2000;李泉,2002;吴小燕,2002;杜玲玲等,2004;刘颂浩,2005),其之所以会成为热点,是与我们更加关注学习的主体——学习者分不开的。林敏、吴勇毅(2005)提出了一个以学习者为视角的对外汉语教材评估系统。

这些年来讨论教材编写原则的另一个热点是教材的针对性。“近年讨论汉语教材的论文,无不认为针对性是编写的首要原则”(佟秉正,1991;徐竹君,1992;王若江,2004)。针对性有许多含义,比如针对不同的学习者(年龄、国别、文化程度),针对不同的学习目的,针对不同的学习起点,针对不同的学习时限,针对不同的学习兴趣,此外还有语料选择的针对性、语法项目的针对性、练习的针对性等(吕文华,1987;刘珣,2000;李泉,2004)。英国的佟秉正(1991)指出:“目前仍然缺乏针对学习者本身特点如母语、年龄、文化程度等而编写的入门教材。基本上说多数教科书都是以汉语为本位的,未能从学习者的角度出发;对母语不同的学生,使用统一教材,尽管有时生词以及注释的外语翻译有别,很少有针对学生母语与汉语的关系特别编写的。从这一点上看,国外编写的课本针对性较强,因为大多数是为其本国一类学习者的特殊目的编写的,而且多半有该国汉语专家参与或主持,能以其亲身学习汉语与教授汉语的经验看待问题,自然增强了教材的针对性。……我觉得在入门教材的编写上,中外联合开发更值得尝试。”

关于教材针对性的讨论,近期的焦点在编写针对不同国别或地域的教材上。杨庆华(1995)认为新一代对外汉语教材的基本特点是突出教材的针对性,尤其是供国外使用的教材,要考虑国别、民族、文化、环境的特点,提倡中外专家合编教材。教材有了针对性,才能有更好的适用性,也才能有更高的实效性。王若江(2004)从语言环境、学习对象、文化三个方面讨论了法国汉语教材的地域性与针对性。赵金铭(2006)指出:“教材要适应不同国家(地区)学习者的特点,特别要注意语言与文化两方面的对应性。不同的国家(地区)有不同的文化、不同的国情与地方色彩,要特别加强教材的文化适应性。……因此,编写国别教材与地区教材,采取中外合编的方式,是今后的发展方向。”

我们认为讨论教材的趣味性,更关注学习的主体——学习者,无疑对提高教材的编写质量是有益的,这将改变教材只以汉语为本位,不从学习者的角度出发的状况。而关于针对性的讨论,尤其是编写供国外使用的教材——国别(地区)教材,则涉及了一个更加深层次的教材编写理论问题,即 TCSL 教材与 TCFL 教材的区别。为什么国内编写的教材到国外会出现“水土不服”的现象?造成这种现象的重要原因之一,或者说其症结就是因为过去我们一直不区分 TCSL 和 TCFL。国内编的教材基本上都是 TCSL 的教材,在国内好用,但在 TCSL 的环境里自然就不那么好用了。因此,今后在教材编写的理念上,我们要有一个重要的突破,那就是在继续提高 TCSL 教材编写质量的同时,转而重视 TCFL 教材的编写,加大力度编写出高质量的 TCFL 教材,为国内外没有汉语社会环境支持的汉语学习者服务。TCSL 教材和 TCFL 教材有不同的编写原则和编写规律,要明确区分 TCSL 教材和 TCFL 教材,“中外合编”“中外联合”,其意重在开发 TCFL 教材。

法国的白乐桑(1996)在回顾法国上世纪 70 年代到 90 年代所使用过的汉语教材时指出:“事实上,就法国 30 年来所使用的教材来看,最受欢迎的汉语教材是两套本着字本位的原则而编的教材。”他说的两套教材,一本是 John de Francis 所编的教材,另一本是他和张朋朋合编的《汉语语言文字启蒙》。王若江(2004)在评论法国汉语教材时认为,Joel Bellassen(白乐桑)、Zhang Pengpeng(张朋朋)的《汉语语言文字启蒙》(1989)、Monique Hoa(华卫民)的《汉语双轨教程》(1999)和 Isabelle Rabut *et al*. 的《汉语入门》(2003)三部教材,是法国近 15 年(1989—2004)出版的汉语教材的代表。[①] 这也就是说,在近 40 年的时间跨度里,法国所使用的有代表性的四套 TCFL 教材,没有一套是在中国大陆编写出版的,尽管有两套是跟国内教师合作编写的。

3.4 TCFL 教材的特点

TCFL 教材有许多自身的特点,首先是教材所设置的语言环境,澳大利亚的徐

---

① Joel Bellassen & Zhang Pengpeng. *Méthode d'Initiation à la Langue et à l'Ecriture chinosies*(《汉语语言文字启蒙》). La Compagnie, 1989.

Monique Hoa. *C'est du chinois* (《汉语双轨教程》). Editions You-Feng, Libraire Editeur, 1999.

Isabelle Rabut, Wu Yongyi & Liu Hong. *METHODE DE CHINOIS premier niveau* (《汉语入门》). Langues & Mondes-l'Asiathèque, 2003.

家祯(1997)认为,中国大陆编的初级汉语课本,在编写时就是打算给在国内学习汉语的外国学生用的,所以在内容上有些方面就不适合在海外学习汉语的学生。比如,在课文中适当包括重要而有名的中国地名是允许的,也是应该的,但如果出现很多对海外学生来说并不重要、也无法了解的地名,就不恰当了。他举了“中关村”“王府井”,还有从语言学院坐公共汽车去哪里哪里的例子。王若江(2004)分析了三部法国出版的汉语教材(参见前文),她发现,这三部教材所设置的语言环境不尽相同,大致可以分为两类:一是把语言环境确定为中国;一是语言环境不确定,既不指明在中国,但说的是中国的事,也没有明确说是在法国,不过体现着法国的地域,具体场景浮动在两者之间。第一种情况,与国内教材相近,国内教材的区域性很明确,北京编写的教材到了上海或其他地方就不大好用。第二种情况所表现的这种不大确定的地域性,恰恰体现了它的针对性和实用性。她认为,第二种处理方法可能更符合分国别教材的情况。《汉语入门》(2003)采用的就是这种做法。

其次是教材的内容。我们一直主张在教材中导入中国文化的内容,不管是交际文化还是知识文化,这无疑是对的。但我们还忽略了一个重要的方面,那就是在TCFL 的教材里,是否要导入学生的母语文化,如果要导入,那该如何导入,导入哪些内容(吴勇毅,1993)。当过 TCFL 的教师,或者说在国外教过汉语的老师都有一个体会,有时候学生会觉得所学的东西离自己很遥远。我们说学习一种外语,当然要学习这种外语的文化,但教材内容如果完全远离自己母语的社会生活、国情和文化,学生的学习积极性肯定要受到影响。在国外教学,这是一个很突出的问题。如果学生学习一种外语,所学的内容有一部分是自己所熟悉的,是自己母语社会、文化的,他们的学习积极性和对所学语言的理解能力都会大大地提高和加强。比如,如何用汉语表达自己母语社会的人物和事物,如何用汉语来描述自己的社会文化和社会生活(日常生活),其中有很多肯定是独特的,是目的语社会所没有的或不同的。美国出版的《中文听说读写》(*Integrated Chinese*)(2005)[①]就有这方面的内容。

另外,如果不区分 TCSL 和 TCFL,许多跨文化交际的内容和文化对比的内容

---

① Tao-chung Yao & Yuehua Liu. *Integrated Chinese* (Second Edition). Boston: Cheng & Tsui Company, 2005.

就较难进入教材，因为 TCSL 教材大都是通用型的，从某种程度上说，教材适应的面越广，针对性就越差。

第三，教材的表述语言。TCFL 的教材一般都是用学生的母语来表述和说明的，从前言、使用说明到语法解释、注释和练习指令等莫不如此，尤其是初、中级教材。如果我们说 TCFL 课堂的教学语言常常是学生母语的话，那么 TCFL 教材更是如此，这跟 TCFL 没有汉语的社会环境有很大的关系。教材用来表述和说明的语言是很自然的、地道的、学生能接受的，而不是硬生生的"翻译"。在《中文听说读写》2005 年修订的第 2 版前言中，有这样一句话值得编教者好好体会：Grammar and phonetics explanations have been rewritten in more student-friendly language。

第四，材料的对比性。由于 TCFL 教材的教学对象常常是特定母语背景、特定国家或地区的，因此教材中始终贯彻着对比的精神。吴勇毅(1993)曾经把这种教材叫作"对比型"教材。John DeFrancis 在《初级汉语课本》(*Beginning Chinese*)中指出："语言学习者首先的一个任务就是去发现他必须以何种方式修正自己母语的发音模式以便按照新的语言再生。"因此他在这本教材中完全是采用与英语(甚至还有其他语言)对比的方式来介绍汉语语音系统的(参见吴勇毅，1993)。DeFrancis 对句型的解释说明，也尽可能地和英语进行对比。《汉语入门》(2003)也是采用汉语与法语(不够时加德语)对比的方式来介绍汉语语音系统的。

德国的柯彼德(1991)特别指出，在汉语作为母语教学语法体系的基础上建立起来的"汉语作为外语教学的语法体系"，一直到今天都受到汉语作为母语教学语法体系的束缚，没有从中脱离出来。由于它的影响，对外汉语教科书根本不采用汉外对比的方法来分析和描写汉语语法。这个语法体系不但不重视汉语作为外语教学的一般特点，而且忽视各国汉语师生在教学中也要采用对比方法的专门要求。美国的李晓亮(1996)认为教材的问题，除了题材没有兴趣，语法解释缺乏英语翻译及中、英习惯用语的比较分析以外，语法讲解的方式是目前中文教科书的一大弊病，特别是大陆出版的许多教材，津津乐道于语法术语的讲解，再给每个术语下定义，常常是大类下面分小类，小类下面还有一、二、三。也许是拘泥于所谓语法的系统性、正轨性，而忽视了实用性和可接受性。这样的定义，学生越看越糊涂。中文有许多语法现象，本来就众说纷纭。如果我们的学生并不研究汉语语言学，就应尽量避免术语、定义,从学生学习的实际出发,从最容易理解、掌握的方法入手。汉语是逻辑性很强的语言,许多所谓的语法点,把含义与英语作对比,再加以分析,就很容易明白,且易于记忆。白乐桑(1996)指出,法国师生认为国内编的教材,内容单调,缺乏实用性,语法解释让人摸不着头脑。佟秉正(1991)把它归结为这是以汉语为本位,即只考虑汉语的系统,而不是针对学生母语与汉语的关系特别编写。

第五,教材的练习。TCFL 的教材有些练习非常具有针对性(语言的、文化国情的、地理的等),这跟 TCSL 教材不同。比如 TCFL 教材一定有翻译练习,而 TCSL 教材一般没有。对后者的解释通常是我们在国内教的是"联合国"班,不可能进行这样的练习。其实在 TCFL 的环境下,有翻译练习并非只是因为学生的母语是一样的,所以易于操作,更主要的是因为学生没有语言环境可以操练学到的东西,翻译是他们的"拐棍",通过翻译,在"把玩"和"品味"的过程中,学生可以了解汉语跟自己母语的相同或不同之处,从而掌握汉语的结构和用词特点。教师的批改也可以使学生知道自己的错误所在。

第六,教材与国外学时、学制的适应。赵金铭(1998)批评现行的对外汉语教材一是教材内容没有意思,二是词汇太多。后一条对 TCFL 来说,是特别致命的。TCFL 由于没有目的语的语言环境,学制跟国内不同,学时相比 TCSL 而言又很少,因此教材对每篇课文的长度和词汇量都控制比较严,生词一般以二三十个为限,课文宁肯篇目多而短(教师可以选择,学生可当课外读物)。生词太多,课文太长学生根本没法学。在 TCSL 的环境下,学生课时多,一般是每周 20 学时,下课后又可以"沉浸"在汉语的环境里,找人辅导也很方便,因此在编教者的潜意识里,已经把环境的因素考虑进去了。我们应该清楚地认识到,TCSL 和 TCFL 的教学目标是不同的,学生所能达到的语言水平更是不一样的,因此教学要求(包括教材所设定的)也应做相应的调整。

第七,教材的编撰者。笔者看了不少 TCFL 的教材,发现编教者主要是三种人,一是在国外工作过相当长的时间、有 TCFL 教学经验、熟悉国外情况的国内教师;二是长期在国外工作,甚至在国外定居的以汉语为母语的教师;三是我们称之为"老外"的该国汉语(教学)专家。三者各有所长,可以有各种组合,但第三种人的参与非常重要,一是他们在教材的语言表述上占绝对优势,因为那是他们和学生的母语,二是"能以其亲身学习汉语与教授汉语的经验看待问题"(佟秉正,1991),这是至关重要的。目前我们还没有职业的编教者,这是个遗憾,从长远看应该有。

另外，TCFL 教材的编写周期比较长，比如，姚道中、刘月华教授的《中文听说读写》，1993 年开始编，1997 年正式出第一版，2005 年出第二版；Isabelle Rabut(何碧玉)、吴勇毅、刘虹的《汉语入门》，1998 年着手编，编成后经过两轮试用，2003 年正式出版。其中一个很重要的原因是教材要经过长时间的反复试用、调查反馈和修改，这跟国内很多教材编好了就出版的做法不同。

四、语言环境对汉语学习的影响

4.1 汉语作为第二语言和汉语作为外语的学习环境不同，在汉语作为外语(CFL)的环境下，学生主要是通过课堂学习汉语，出了课堂几乎就没有运用汉语进行交际的环境了；在汉语作为为第二语言(CSL)的环境下，学习者有两种选择，一种是在自然的环境中习得，不进课堂。我们常说的外国人说的是“马路汉语”，指的就是这种情况。Stern(1983)举过这样一个例子：“跟我们‘结对子’的丹麦女孩儿让她父母送到英国在我们家学习英语，但她不上课的”，说的也是这种情况。这是所谓在二语的环境里“自然沉浸”。另一种是学生进课堂学习汉语，但下课后可以沉浸在汉语的社会环境里，可以在生活中直接并大量地跟中国人交际，学了就用。我们说环境对学生的语言习得和习得方式有很大的影响。“语言学习环境对学习是非常重要的，它通过影响学习者对学习策略的选择，从而影响学习的结果。”(江新，2000)

4.2 王文宇(1998)调查了中国大学生学习英语时对词汇记忆的看法/观念(即“单词要背”和“单词可以自然习得”)，结果发现，这些学生对“自然习得”的观念持否定态度，而非常赞同“背单词”。这跟一些西方学者主张通过广泛阅读自然习得的观点截然相反。王认为有两个原因，其中之一是这些学生受特定的学习环境的制约，难以自然习得单词。学生想要自然习得单词，就必须有一个能提供广泛阅读机会的学习环境，这样学生才能在一定的时间内频繁地遇到同一个单词，从而自然而然地记住它。可是，目前国内学英语的条件还比较落后，英文阅读材料的品种并不多。大部分学生，尤其是非英语专业的学生根本不具备广泛阅读各类英文书刊的条件。对有的学生来说，英文课本几乎是他们唯一的阅读材料。所以让他们相信通过多读多听可以自然习得大量单词是不太可能的。高越(2004)也有类似的调查结果。他指出，英语在中国是外语而非第二语言，在特定的语言学习环境下，大部分学生缺少足够接触各种英语语言素材的机会,故让他们相信通过多读多听便可自然习得词汇是不可能的。

4.3 我们国内关于对外汉语教学的研究大都是基于汉语作为第二语言教学(TCSL)的,对汉语作为外语教学(TCFL)并没有多少研究。这跟我们国内研究英语教学的不同,或者说正好相反,他们是研究英语作为外语教学(TEFL),尽管二语教学研究和外语教学研究有许多相通之处,但视角是不同的,研究的结果和得出的结论也不尽相同。

黄立、钱旭菁(2003)做了一个关于第二语言汉语学习者的生成性词汇知识的研究,试图通过考察第二语言学习者(外国留学生)汉语写作中的词汇运用情况,了解他们的汉语词汇能力。他们的研究是让学生(33 人)在学期初和学期末进行两次看图作文,通过统计词汇的多样性、词语的密度(实词所占百分比)、词语的新颖性、词语的复杂度(学习者对难词、低频词的掌握情况)和偏误率,看其词汇能力的发展。他们发现,经过一个学期的学习,学习者生成性词语的多样性、复杂程度和偏误率有显著变化。其中复杂度指标显示留学生第一次作文中乙级以上的词占 6%,第二次作文乙级以上的词占 9.7%,有显著进步。这个结果与 Laufer(1991)研究以色列学生学习英语的结果是一致的。但也有不同的地方,以色列学生的词汇复杂度在一个学期后并没有进步,而是在两个学期后才出现的。对此如何解释?黄、钱认为是由于被试的语言环境不同造成的:Laufer 所研究的学生是在外语环境下学习英语,而他们研究的学生是在目的语环境中学习汉语。在没有专门词汇教学的情况下习得词汇,输入量的多少是一个决定性因素——可能存在一个输入量阈限,达不到这个阈限的话,词汇能力就不可能提高,学生生成性词汇的复杂性也不会提高。如果我们把黄、钱的结论说得更明确一些,那就是外国学生在目的语环境下学习汉语,由于有社会环境的支持,其词汇输入量肯定大于没有环境支持、把英语作为外语来学习的以色列学生,因此学习汉语的外国留学生其词汇复杂度能在短时间内有明显进步也就得到了合理的解释。

笔者在最近的一个个案研究中曾对一位意大利学生进行访谈,当问及在中国学习汉语跟在意大利学习有什么不一样时,这位学生脱口回答:"不一样(的)是我现在学习的时候,一学习就去外面练习,我可以马上知道我好好地学习还是我不好学习(学得好不好),我马上试一试。"

江新(2000)对来华留学生的学习策略调查显示,留学生在学习汉语的过程中,最经常使用的策略是社交策略、元认知策略、补偿策略，其次是认知策略，记忆策略和情感策略最不常用。她认为，这个特点与留学生所处的学习环境及其本身特点有关。留学生是在中国学习汉语，除了正式的课堂学习外，在自然交际环境中的非正式学习也是一个重要途径。他们在中国生活，随时要用汉语直接和中国人交际，为了达到交际目的，常常自觉不自觉地运用社交策略，比如，为了听懂而进行提问、对别人移情等。这不仅有助于实现交际的目的，而且有助于他们在运用语言的过程中学习语言。

五、结语

我们认为“第二语言”有两个对应，一个是与“第一语言”对应，指的主要是语言习得先后的顺序，另一个是与“外语”对应，指的主要是语言学习环境的差异，“对外汉语教学在国内是汉语作为第二语言教学，在国外（境外）是汉语作为外语教学”（赵金铭，2006）。

据统计，目前世界上学习汉语的人数已达3000多万，面对世界上越来越多的以汉语作为外语的学习者，我们应该开始注重TCFL的研究了。

参考文献

白乐桑．汉语教材中的文、语领土之争：是合并，还是自主，抑或分离？[J]．世界汉语教学，1996(4).

杜玲玲，程伟民．从佟秉正主编的《汉语口语》看教材编写的趣味性[J]．国外汉语教学动态，2004(1).

高越．非英语专业大学生词汇策略研究[J]．国外外语教学，2004(3).

黄立，钱旭菁．第二语言汉语学习者的生成性词汇知识考察[J]．汉语学习，2003(1).

江新．汉语作为第二语言学习策略初探[J]．语言教学与研究，2000(1)。

柯彼德．汉语作为外语教学的语法体系急需修改的要点[A]．第三届国际汉语教学讨论会论文选[C]．北京：北京语言学院出版社，1991.

黎天睦．北京语言学院汉语教材简评[A]．现代外语教学法——理论与实践[C]．北京：北京语言学院出版社，1987.

李泉．论对外汉语教材的趣味性[A]．中国对外汉语教学学会第七次学术讨论会论文选[C]．北京：人民教育出版社，2002.

李泉. 论第二语言教材评估[J]. 汉语研究与应用,2003(1).

李泉. 论对外汉语教材的针对性[J]. 世界汉语教学,2004(2).

李晓亮. 对外汉语教材的几个问题[J]. 世界汉语教学,1996(4).

林敏,吴勇毅. 对外汉语教材评估:学习者的视角[J]. 汉语研究与应用,2005(4).

刘颂浩. 论阅读教材的趣味性[J]. 语言教学与研究,2000(3).

刘颂浩. 我们的汉语教材为什么缺乏趣味性[J]. 暨南大学文学院学报,2005(2).

刘珣. 对外汉语教育学引论[M]. 北京:北京语言文化大学出版社,2000.

吕必松. 对外汉语教学概论(讲义)[M]. 国家对外汉语教学领导小组办公室编印(内部资料),1996.

吕文华. 汉语教材中语法项目的选择和编排[J]. 语言教学与研究,1987(3).

盛炎. 语言教学原理[M]. 重庆:重庆出版社,1990.

宋晓梦. 是二语教学还是外语教学[N]. 光明日报,2001－03－29.

束定芳,庄智象. 现代外语教学——理论、实践与方法[M]. 上海:上海外语教育出版社,1996.

佟秉正. 初级汉语教材的编写问题[J]. 世界汉语教学,1991(1).

王若江. 对法国汉语教材的再认识[J]. 汉语学习,2004(6).

王文宇. 观念、策略与英语词汇记忆[J]. 外语教学与研究,1998(1).

吴小燕. 论大学初级汉语教材文学性、思想性、趣味性与语言要点的兼顾[A]. 对以英语为母语者的汉语教学研究[C]. 北京:人民教育出版社,2002.

吴勇毅. 对通用型教材的一点意见[J]. 华东师范大学学报(哲社版),1993(4).

徐家祯. 从海外使用者的角度评论大陆编写的初级汉语课本[A]. 第五届国际汉语教讨论会论文选[C]. 北京:北京大学出版社,1997.

徐竹君. 关于对外汉语教材针对性的思考[A]. 面向世界的汉语教学[C]. 上海,复旦大学出版社,1992.

杨庆华. 新一代对外汉语教材的初步设想——在全国对外汉语教学基础汉语推荐教材问题讨论会上的发言[J]. 语言教学与研究,1995(4).

赵金铭. 论对外汉语教材评估[J]. 语言教学与研究,1998(3).

赵金铭. 从对外汉语教学到汉语国际推广[J]. 汉语研究与应用,2006(4).

赵贤州. 建国以来对外汉语教材研究报告[A]. 第二届国际汉语教学讨论会论文选[C]. 北京:北京语言学院出版社,1988.

Ellis, R. *The Study of Second Language Acquisition* [M]. Oxford: Oxford University Press, 1994.

Larsen-Freeman, D. & Long, M. *An Introduction to Second Language Acquisition Research*

[M]. London: Longman, 1991.

Laufer, B. The development of L2 lexis in the expression of the advanced learners[J]. *The Modern Language Journal*, 1991 (75).

Paulston, C. B. *Implications of Language Learning Theory for Language Planning: Concerns in Bilingual Education*[R]. Papers in Applied Linguistics: Bilingual Education Series 1, Center for Applied Linguistics, Arlington Va, 1974.

Marckwardt. A. H. English as a second language or English as a foreign language[J]. *PMLA*, 1963 (78): 25—28.

Stern, H. H. *Fundamental Concepts of Language Teaching*[M]. Oxford: Oxford University Press, 1983.

（原文刊于《汉语教学学刊·第2辑》，北京大学出版社，2006年）

我们真的以学生为中心了吗？

一

这些年发表的不少论文，其中提到对外汉语教学要以“学”为中心，以“学生”为中心，让人感觉到这似乎已经是大家的一种共识和行动准则。我在中国对外汉语教学学会第七次学术讨论会（成都，2001.7）分组宣读论文时对此提了一个问题：我们现在的对外汉语教学真的以“学”为中心，以“学生”为中心了吗？（那篇论文和这个问题有关，但文章本身并未对这个问题加以阐发）我自己对这个问题的回答是否定的，因为无论是在教学的总体设计、教材的编写还是在实际的课堂教学中，我们都没有能真正做到这一点。拿教材编写来说，据统计，这些年出了几百种对外汉语教材，有些还自诩“精品”，可是能真正得到教学对象——学生认可、欢迎的又有多少种呢？我们现在评价教材的角度基本上是以教师为“本位”的，就是说教师的评判是第一位的，即便如此，这几百种教材能得到教师首肯的也没有多少。从以学生为中心的观点看，在教材编写之前，应该对“学习者的个人因素”（包括学习者的需求等）、“环境因素”有所调查，并以此作为教材编写的一个重要依据；在教材编成之后，应该首先试用，而不是急于出版，试用后就教材的各项指标及其相关性对学生进行问卷调查，并以调查结果为依据进行修改，然后再出版（即使是编成后马上出版，也应做用后的问卷调查以便修订。事实上现在的教材很少看到修订版，显然与无反馈调查有关）。若以此作为标准评价现有的教材，恐怕没有几本是可以达标的。

二

如果留意一下近几年对外汉语教学界发表的论文，我们会发现研究教学法的文章相对少了，而研究汉语作为第二语言（CSL）习得的文章开始多了起来。究其原因，可能有二：1）从表面上看，似乎是因为大家对“结构、功能、文化相结合”的教学原则有了比较统一的认识（具体怎么结合各有各的做法），教学法趋于综合，恰如刘珣（2000）所说：“现在整个第二语言教学界也强调各种教学方法的融合和各种教学原则的综合。”2）实际上，在我看来，这是从教学角度去探索追求所谓“最佳教学方法”的失败。这话说得也许有些过头，但至少可以认为，我们从教的角度（教什么、怎么教）所做的努力受阻停滞了。我们尝试过各种教的途径，改进教学方法，但并未见得对提高学生的学习效率有特别大的帮助（这也许就是“传统法”为什么总是“打”而不“倒”的缘故）。于是，一方面受国外第二语言教学理论研究思潮的影响，另一方面也是汉语作为第二语言实际教学和研究的需要，对外汉语教学理论的研究中心也由原来的“教”转到了“学”，试图换一个角度和方向“攻坚”，因为“人们越来越深切地意识到研究外语学习主体、外语习得具体过程、外语教学环境，对真正认识外语习得的本质从而更好地组织外语教学活动是多么重要”（戴炜栋、束定芳，1994）。这种“重心转移”，这种认识上的变化，比国外的第二语言教学理论研究晚了许多，但总的趋势和目标却是一样的。道理其实很简单，如果我们对学习的主体、学习主体的学习、习得过程以及影响学习、习得过程的其他因素一无所知或所知甚少，又怎么能找到所谓的“最佳教学方法”呢？

三

要在对外汉语教学中真正做到“以学生为中心”“以学为中心”（就目前阶段来说这还是一个理想化的境界），其前提条件是我们应该对学习的主体——学习者/学生有所了解，对学习主体的汉语学习过程、习得过程以及影响学习、习得过程的各种因素及变量有所了解。而这几方面的研究又都是和认知（认知因素、认知过程）理论相关的。

有不少研究证明，学习者的个人因素、个体差异是决定第二语言学习成败的关键之一（吴一安、刘润清等，1993；文秋芳，1995）。常常听到我们的汉语教师凭自己对学生的直觉推断这个学生素质好，将来一定学得好，那个学生素质差，无论你怎么教也是教不会的。这里除了有老师根据学生现有汉语水平对其未来所做的预测，还涉及老师对学习者个人因素的评价，即学习者个人因素对汉语学习可能产生的影响。学习者的个人因素包括年龄与性别、学习动机和态度、智力与语言学能、性格倾向与认知方式（也称认知风格：cognitive styles）等，这些个人因素又会对学习第二语言的过程发生影响，产生个人在学习方法、学习策略方面的差异。对这些个人因素采用定量和定性的分析方法，通过个人因素、个体差异与第二语言学习成绩、学习效果的相关性研究，可以发现一个成功的第二语言学习者所应具备的“条件”“素质”和“品格”。例如，在认知方式的研究中，有的实验证明，“场独立”（field independence）型的人比“场依赖”（field dependence）型的人更善于学习外语，且成绩更好；也可以看出各个因素与学习成绩、学习效果之间的相关程度有何不同，从而抓住相关程度最高，影响学习成绩、学习效果的主要因素，“个人差异的研究最终会找出一些选择和培养学习者时应该遵循的原则”（吴一安、刘润清等，1993），也必将会推动教学方法的改革，使教学方法更注重于“人”（学习者）的因素和个性的差异。对外汉语教学界对学习者个人因素、个体差异几乎没有什么研究。曾有一个《外国人学习汉语与使用汉语情况的调查研究报告》（高彦德、李国强等，1993），可以说是较早涉足了这个领域，但在今天看来，无论是在调查的针对性、理论深度还是研究方法方面都有不足，与国内英语教学界所做的同类研究相比也有不少差距（比如，研究不再满足于一般的描述，而是有实验的分析证明，有教育、心理统计数据的支持）。

我们现在对外国学生汉语习得的过程知之甚少，数得着的研究如孙德坤（1993）、赵立江（1997）对外国学生习得“了”所做的个案跟踪分析，王建勤（1997）关于汉语“不”和“没”的习得过程的研究，施家炜（1998、2001）对外国学生习得汉语句式的顺序及过程所做的研究等。这方面研究之所以很少，除了与本学科研究的发展状况、认识水平有关，还因为这种跟踪习得过程的研究难度大、耗时长，且成果出得慢。在今天这样一个发展变化异常迅速的时代，急功近利和浮躁的不良学风使得不少人不愿静下心坐下来进行这样的研究。可这方面的研究却是非常重要，也是我们目前特别需要的。上述的几项研究很明显可以看出是受到了国外第二语言习得理论研究，尤其是语法习得次序研究的影响和启发。

国外关于英语作为第二语言（ESL）习得的一些研究表明，母语非英语的学生在习得英语的过程中，同母语为英语的儿童一样，也存在一种相对固定的次序。这方面的研究主要集中在一些表示语法意义的形态语素习得次序和否定结构的习得次序上（参见蒋祖康，1995），如表示复数的“s”要先于表示所有格的“s”的习得，句外否定先于句内否定习得等。这种语法习得次序跟第二语言学习的关系怎样呢？

一种解释是，既然习得的次序是固定的，那么不论教科书语法项目前后顺序是如何安排的，也不管教师教授语法项目的顺序如何，学生习得的"自然"次序不变，换句话说，如果一个习得次序在后的语法项目放在前面教了，等于白教，学生不可能掌握。另一种解释是，语法项目、规则的学习顺序可能对习得产生影响，甚至改变习得的次序，因为外部的环境因素、外部条件终将会对习得产生影响和作用，那些可以用英语从事专业活动，却听不懂、说不好生活英语的成年人也许是一个佐证。但不管怎么样，有一点是可以肯定的，如果确实存在着这样一个自然的、每个人都必须经过的习得次序，而我们教授语言(语法)的顺序也与其相符，那么肯定可以提高学习效率，加快习得速度。尽管国外关于第二语言习得的研究也远未达到全面、完整、成熟的境界，但前景却是令人鼓舞的。由此联想到目前大家都非常关心的对外汉语教学语法的问题，如果我们的对外汉语教学语法有汉语习得次序研究的支持，那将是真正以"学"为中心的。可惜的是，我们现在对外国人习得汉语语法的自然次序实在没有多少了解，所以也无法做到真正的以"学"为中心。(要回答的问题是：1)CSL 有无一个自然的语法习得次序？2)如果有的话，情况是怎么样的？是否对于所有学汉语的人来说是"普遍的"，不管他的母语背景如何？3)这样一个习得次序如果确实存在的话，和以汉语为母语的儿童的习得次序有无差别?)另外，"中介语"的研究实际上也是在追求第二语言的习得过程，描写习得各个阶段的状态。

通常我们都说成年人学习第二语言是一种自觉的、有意识的认知活动，既然如此，那么他们自己是采用何种方式(学习方法)、何种策略(学习策略)去学习进而习得第二语言的呢？这是目前国内外第二语言教学界都非常关注的一个问题，也是第二语言习得研究的一个热点、重点。这方面的研究对外汉语教学界才刚起步，成果很少(吴勇毅，2001)。所谓"学习策略"是第二语言学习者在语言学习过程中为促进其学习所采用的具体行为、步骤、方法或技巧，它可以促进第二语言的内化、存贮、提取或使用(秦晓晴，1996；戴炜栋、束定芳，1994)。对学习策略的研究主要分为"描述性研究"与"介入性研究"，国外对学习策略的确认描写分类以及有效性和相关因素研究(即"描述性研究")已有很多成果，对外汉语教学界正开始借鉴这些成果对外国人学习汉语的策略进行研究。问题在于：学习其他语言的策略是否也都适用于学习汉语？考虑到汉语、汉字的特殊性，我们有理由表示怀疑。我认为学习策略是有层次的，应该把一般学习策略(非语言学习与语言学习共同的)跟语言学习策略区分开来，把语言学习策略(学习各种语言共同的)和汉语学习策略(特殊的、具体的)区分开来(吴勇毅,2001)。因此我们不仅要描写外国人学习汉语的一般策略,而且要找出他们学习汉语、汉字的特殊策略。“描述性研究”完全是从“学”的角度、“学生”的角度看问题,而“介入性研究”则是从“教”的角度看,因此对学习策略的充分“描述”是“介入性研究”的基础。所谓“介入性研究”是在“描述”的基础上,把那些有效的学习策略告诉学生,使他们能根据自身的条件和所学语言的特点选择适当的学习策略,以提高学习效率,完成学习任务,即对学习者进行“学习策略培训”:在研究学习过程的基础上,从“教”的角度反过来“介入”学习过程;同时帮助他们提高“策略意识”,实现“学习策略的正迁移”,避免“学习策略的负迁移”。策略是有针对性的,学习一种语言,比如印欧语,完成一种学习任务,比如学习词汇或语法,所采用的策略可能适合于学习另一种语言,完成另一种学习任务;也可能不适合于学习另一种语言,不适合于完成另一种学习任务;适合这个人学习的策略并不一定适合于另一个人,这就带来了学习策略的“迁移”问题。策略意识的提高不但能使学生注意(监控)自己的学习过程,还能促使他们把以往成功的、适合自己的学习策略移用到完成新的学习任务上,并学习掌握新的学习策略。把“学习策略培训”纳入第二语言教学,使其成为第二语言教学的一个有机的组成部分(既教语言的同时也传授学习语言的策略),是第二语言教学的一个新趋势。应该指出的是,这种“教”是以“学”为基础的,是以“学生”为中心的,教师有意识地“供应”,学生自主地“选择”。

四

有一种对“以学生为中心”“以学为中心”的片面理解,认为“以学生为中心”就是在教学中什么都是要学生说了算;“以学生为中心”就是学生想学什么就学什么,想怎么学就怎么学,于是有疑惑者就提出了教师该怎么办、师生关系该怎么处理的问题。我觉得这是把对“以学生为中心”“以学为中心”的理解简单化、肤浅化了。“以学生为中心”“以学为中心”首先是要改变我们的理念。传统的教学是以教师为“本位”的,它假设学生既不懂学习的内容,也不懂学习的方法,因此“师者所以传道授业解惑也”(韩愈《师说》)。教学中尽管也考虑、评价学生的资质(聪明/愚笨等),但出发点是“教”,如果要提高教学效果,首先就是要寻求一种好的教学方法,改进教学方法被认为是提高教学效果和质量的关键。而改进教学方法只是教师在动脑筋，考虑以何种更有效的方式作用于教学对象，教学对象则是被动的，打个不恰当的比方，就如同人脑是一张白纸，教师想在上面怎么画就怎么画。教学以及教学方法的改革缺少学习理论的背景支持。“以学生为中心”“以学为中心”是要以“学”为本位，从学习者和学习过程的角度出发来考虑教学，教学对象是主动的，会改变学习的方向和轨迹，因此教学方法的改革应该是建立在学习理论的基础上的。其次，“以学生为中心”“以学为中心”是说，我们应该首先搞清楚学习和习得的规律，搞清楚学习主体以及环境等其他多种因素对学习过程的影响，然后才有可能以此为依据，再根据学习者的学习要求和目的更好地设计和组织我们的教学，才有可能建立所谓的“最佳教学模式”，而决不能把“以学生为中心”“以学为中心”片面地理解为学生想怎么样就怎么样，什么都是学生说了算。至于课堂教学形式和课堂上师生关系的处理则是一种外在的表现形式，不能简单地说课堂上学生多说了就是以学生为中心，教师满堂灌就一定是以教师为中心。

前面说过，对外汉语教学要真正做到“以学生为中心”“以学为中心”，搞清楚外国人的汉语学习规律与认知规律是其前提条件。“以学生为中心”“以学为中心”决不仅仅是一句时髦的、空洞的口号，不过以对外汉语教学研究的现状而言，我们不得不承认离这个目标还很遥远，这是一个事实。

参考文献

戴炜栋，束定芳．试论影响外语习得的若干重要因素[J]．外国语，1994(4).

高彦德，李国强，郭旭．外国人学习与使用汉语情况调查研究报告[M]．北京：北京语言学院出版社，1993.

桂诗春．认知与外语学习[J]．外语教学与研究，1992(4).

蒋祖康．语法习得次序与语法教学[J]．外语教学与研究，1995(2).

刘珣．迈向21世纪的汉语作为第二语言教学[J]．语言教学与研究，2000(1).

秦晓晴．第二语言学习策略研究的理论和实践意义[J]．国外外语教学，1996(4).

施家炜．外国留学生22类现代汉语句式的习得顺序研究[J]．世界汉语教学，1998(4).

施家炜．韩国留学生汉语句式习得的个案研究[C]．中国对外汉语教学学会第七次学术讨论会，成都，2001.

孙德坤．外国学生现代汉语“了·le”的习得过程初步分析[J]．语言教学与研究，1993(2).

王建勤．汉语“不”和“没”否定结构的习得过程[A]．汉语作为第二语言的习得研究[C]．北京：北京语言文化大学出版社，1997.

文秋芳．英语学习成功者与不成功者在方法上的差异[J]．外语教学与研究，1995(3)：61－66．
吴一安，刘润清等．中国英语本科学生素质调查报告[J]．外语教学与研究，1993(1)．
吴勇毅．关于汉语“学习策略”的描述性研究与介入性研究[J]．世界汉语教学，2001(4)．
赵立江．外国留学生使用“了”的情况调查与分析[A]．第五届国际汉语教学讨论会论文选[C]．北京：北京大学出版社，1997．

（原文刊于《对外汉语论丛》第二集，竟成主编，上海外语教育出版社，2002 年）

从交际语言教学到任务型语言教学

摘　要　本文通过对交际语言教学与任务型语言教学的比较，强调了两种教学法在第二语言教学中的作用和运用，并着重对任务型教学法在对外汉语教学中的使用，提出了应注意的问题和目前学界对此种教学法的关注。

关键词　第二语言教学　教学法　交际语言教学　任务型语言教学

一、交际语言教学与任务型语言教学

1.1 交际语言教学(Communicative Language Teaching, CLT)或称交际教学法(Communicative Approach, CA)产生于20世纪70年代，是以语言的功能和意念为纲，着力培养学习者交际能力的一种教学路子或教学法。交际语言教学的包容性很大，现在的第二语言教学或外语教学，不管是什么样的，都愿意冠以"交际"的称号。

任务型语言教学(Task-based Language Teaching, TBLT)或称任务(型)教学法(Task-based Approaches, TBA; Task-based Instruction, TBI)产生于20世纪80年代，仍然在发展之中，对它有许多不同的看法和理解，比如什么是"任务"。在介绍了对"任务"的各种看法后，龚亚夫、罗少茜(2003)认为，我们可以把任务型语言教学定义为：任务就是人们在日常生活、工作、娱乐活动中所从事的各种各样的有目的的活动。任务型语言教学的核心思想是要模拟人们在社会、学校生活中运用语言所从事的各类活动，把语言学习与学习者在今后日常生活中的语言应用结合起来。任务型语言教学把人们在社会生活中所做的事情分为若干非常具体的"任务"，并把培养学生具备完成这些任务的能力作为教学目标。这个定义并非没有可以争议的地方，比如"模拟"，夏纪梅、孔宪辉(1998)就认为，以任务为本的学习是一种"干中学"，而且不仅仅局限于语言的实践。通过任务学习，而不是靠一套教材和书本练习，可以让学生体验人是如何用语言做事或处理矛盾的。

1.2 通常认为，任务型语言教学是诸多交际教学途径中的一种(龚亚夫、罗少茜,2003),或者说是在交际教学法的基础上发展起来的一套教学新途径、一套教学方法(岳守国,2002;韦建辉,2003;Urwin & Du,2003)。但也有人认为,任务教学法的兴起与交际法在外语课堂受挫是分不开的,任务教学法是兼容交际法和传统教学理念的折衷主义教学(阮周林,2001)。笔者以为,尽管我们可以把任务型语言教学视为交际语言教学的一种,但事实上,两者之间存在着许多差异。

交际语言教学或交际教学法带给我们两个最重要的财富,一个是培养交际能力的教学思想/教学途径,另一个就是功能一意念大纲。前者的理论基础是社会语言学家 Hymes(1971)的关于交际能力的学说和 Halliday 的语言功能理论,后者是在 Wilkins(1972)意念大纲的基础上发展起来的。首先在这两点上,任务型语言教学就有别于交际语言教学。

1.3 Hymes 认为语言能力(语法知识)只是交际能力的一部分,交际能力是由四个部分组成的:(1)合乎语法性(语法的):某种说法是否(以及在什么程度上)从形式上来讲是可能的;(2)可行性(心理的):某种说法是否(以及在什么程度上)是可行的;(3)得体性(社会的):某种说法是否(以及在什么程度上)是得体的;(4)实际操作性(概率的):某种说法是否(以及在什么程度上)实际出现/实现了。于是,培养学生运用语言进行交际的能力,即语言交际能力成为了交际语言教学,也是第二语言教学的目标。

Canale & Swain(1980)把 Hymes 的理论具体化了,他们认为,交际能力具体包括:(1)语法能力;(2)社会语言能力;(3)语篇能力;(4)策略能力。这为第二语言教学设定了一个具体的框架和目标,同时也深化了交际能力的学说。

任务型语言教学或任务(型)教学法承认培养语言交际能力是其目标,但在这方面更进了一步,具体说,培养语言交际能力只是其目标之一。这话怎么理解呢?我们知道,任务型语言教学的特点就是让学生用所学语言——目的语去完成各种类型的"任务","以任务为本"。但完成任务所需要的不仅仅是"(语言)交际能力",还要有发现问题、分析问题、解决问题的逻辑思维能力和认知能力。"语言学习的目标不是单纯学语言,而是把语言作为工具来发展人的认知能力";"'任务教学法'把语言能力目标与工作能力目标紧密联系起来,每一个任务都是一个整体计划,包含各种机会和接触面。学生在这些过程中发展了认知潜能,一种有明确目的的生成、转换、应用语言知识和交际知识和技能的潜能"(夏纪梅、孔宪辉,1998)。普通语言学常说,语言是人类最重要的交际工具和思维工具。交际法突出了前一方面,而任务法则在后一方面有所发展。

所以实际上，我们认为，任务型语言教学至少有两个目标，一个是培养学生的语言交际能力，另一个是发展学生的发现问题、分析问题和解决问题(完成任务)的能力。前一种能力为后一种能力服务，目的语是发展后一种能力的工具。用目的语去完成任务，去分析问题，解决问题，这就更加突出了语言的"工具性"，这是任务型语言教学的一个重要特点。这跟为掌握语言而学习语言的其他教学法都不同。例如，情景法和交际法都强调要利用环境练习/学习语言，而任务型教学法则强调在环境中用语言去解决问题/完成任务，学生在解决问题、完成任务的过程中进而提高自己的语言水平。

传统的语言教学以学生掌握语言本身(语法规则、句型、词汇项目等)为目标，至于学生是否会在具体的交际活动中使用语言项目；是否会在有上下文的语境中恰当地选择语言项目，比如句型、词语，就只能让学生在今后的日常生活中自己慢慢体会、慢慢摸索了，那是课堂以外的事儿，是学生自己今后的事儿。交际法试图突破这一点，要培养学生用语言进行交际的能力，尤其是在"得体性"方面，但它的目标仍然局限在语言本身，比如掌握语言功能和意念的表达方式，并能在不同的语境中恰当地选择不同的表达方式等。任务型教学法则走得更远，它强调的是"完成任务优先"(task completion has some priority)(Skehan，1998)。从学习过程的角度看，任务型教学法是把"学生在今后的日常生活中自己慢慢体会、慢慢摸索"的事儿，包括用语言完成日常工作中的任务，解决日常生活中的问题，"提前"到了学习过程、学习阶段了。

1.4 交际语言教学带给我们的另一个财富是功能—意念大纲，这可以 van E. K. (1975)的 *Threshold level English* 为代表。传统的语法大纲或者说结构大纲跟功能—意念大纲的最大区别在于大纲所提供的内容不同，给我们的清单不同。前者提供的是语言形式：语法项目、句型等。这些语法项目、句型是按所谓的难易程度，以循序渐进的方式排列的。后者提供的是语言意义或者说内容：功能项目(功能是使用语言的目的/交际的目的)、意念(意念是语言表达的概念意义，如时间、空间、数量、频率等)，功能、意念本身很难按难易程度排列。语法大纲和功能—意念大纲都有一个共同的假设，即学生应该按照列出的项目清单学习，一旦掌握了这些(抽象的、孤立的)清单上的项目，也就等于掌握了语言。因此，从某种意义上讲，它们是一路货。它们注重的都是学生要达到的最终的目的状态或者说终端产品。所以第二语言教学大纲的设计者把它们都归为“产品式大纲”(product syllabus)。“因为这两种大纲都着重学习的结果状态,大纲内容主要是对语法知识项目或功能意念项目的列举。至于如何达到目标状态,大纲不作具体说明。”(束定芳、庄智象,1996)也就是说,“产品式大纲”对学习的“过程”不加考虑。

而任务型语言教学,尽管也关心学习的结果状态,但其着重点却在学习和使用语言的过程(本身),在达到最终目的状态的所需进行的一系列行动/活动/任务上。所以任务型教学法被视为“过程式大纲”(process/procedural syllabus)的产物。“过程式大纲”提供的是学习任务。“产品式大纲”与“过程式大纲”的区别在于,前者考虑的重心是“学什么”(What is to be learnt),强调学习语言的内容(subject);后者考虑的则是“怎么学的”(How is it to be learnt),强调学习和掌握语言的过程(process)(夏纪梅、孔宪辉,1998)。注重过程性是任务型语言教学的另一个重要特点。

1.5 同交际法相比,任务法还有许多不同之处。比如,交际法以意义为中心,重流利而轻准确,任务法则强调以形式为中心(form-focused);交际法认为语言的四种技能可以分开训练,任务法则更强调在完成任务中综合运用语言技能,等等。

二、任务型教学法在对外汉语教学中的运用

2.1 我国的英语教学界对任务型教学的研究始于上个世纪 90 年代末,并且成为目前英语教学界研究和实践的热点。其研究的重要成果之一,就是在中华人民共和国教育部制定的新的普通高级中学的《英语课程标准》(2001)中提出了要进行任务型的英语教学。该《标准》第四部分实施建议中的第三条教学建议就是:“倡导‘任务型’的教学途径,培养学生综合语言运用能力”。它指出:

本《标准》以学生“能做某事”的描述方式设定各级目标要求。教师应该避免单纯传授语言知识的教学方法,尽量采用“任务型”的教学途径。

> 教师应该根据课程的总体目标并结合教学内容,创造性地设计贴近学生实际的教学活动,吸引和组织他们积极参与。学生通过思考、调查、讨论、交流和合作等方式,学习和使用英语,完成学习任务。
>
> 在设计“任务型”教学活动时,教师应注意以下几点:

1. 活动要有明确的目的并具有可操作性；

2. 活动要以学生的生活经验和兴趣为出发点，内容和方式要尽量真实；

3. 活动要有利于学生学习英语知识、发展语言技能，从而提高实际语言运用能力；

4. 活动应积极促进英语学科和其他学科间的互相渗透和联系，使学生的思维和想象力、审美情趣和艺术感受、协作和创新精神等综合素质得到发展；

5. 活动要能够促进学生获取、处理和使用信息，用英语与他人交流，发展用英语解决实际问题的能力；

6. 活动不应该仅限于课堂教学，而要延伸到课堂之外的学习和生活之中。

这段话体现了任务型教学法的思想和精神，值得我们细细体会。

2.2 对外汉语教学界开始注意并且研究任务型教学法也始于20世纪90年代末，不过从发表文章的时间来看比英语教学界略晚一点。但是迄今为止，英语教学界已经发表了大量的研究和实践文章，而对外汉语教学界只有区区几篇（马箭飞，2000、2001；吴中伟，2004、2005等）。这方面的差距是明显的，或者说对任务型教学法的注意和重视程度是不一样的。

2.3 2000年马箭飞发表了题为《以“交际任务”为基础的汉语短期教学新模式》的文章，这可以说是任务型教学法在国内对外汉语教学中的第一次尝试。其研究成果是国家汉办编制的《高等学校外国留学生汉语教学大纲（短期强化）》（2002）中的附件“汉语交际任务项目表”。这个项目表在某种程度上可以说是一种任务型大纲（Task-based syllabus），跟以往对外汉语教学界使用的语法大纲，无论是在内容上，还是在描述方式上都完全不同，是尝试性的、开创性的。但注意过它的人可能不多。

2.4 对外汉语教学界目前对任务型教学法的研究还处于初始阶段，主要在口语教学、教材编写、短期教学模式、形式与意义的关系等方面进行探讨。作为一种方兴未艾的第二语言教学法，对它的研究亟须加强。

参考文献

龚亚夫，罗少茜．任务型语言教学[M]．北京：人民教育出版社，2003.

国家对外汉语教学领导小组办公室编．高等学校外国留学生汉语教学大纲（短期强化）[M]．北京：北京语言文化大学出版社，2002.
马箭飞. 以“交际任务”为基础的汉语短期教学新模式[J]. 世界汉语教学，2000(4).
马箭飞. 以“交际任务”为基础的汉语短期强化教学教材设计[A]. 对外汉语教学与教材研究论文集[C]. 北京：华语教学出版社，2001.
邱艺鸿. 试论“任务教学法”在英语专业综合英语课教学中的应用[J]. 鹭江职业大学学报，2001(2).
阮周林. 任务前期准备对 EFL 写作的影响[J]. 外语与外语教学，2001(4).
束定芳，庄智象. 现代外语教学——理论、实践与方法[M]. 上海：上海外语教育出版社，1996.
韦建辉. 任务教学法在大学英语阅读教学中的运用[J]. 高教论坛，2003(5).
吴中伟. 浅谈基于交际任务的教学法——兼谈口语教学的新思路[A]. 第七届国际汉语教学讨论会论文选[C]. 北京：北京大学出版社，2004.
吴中伟. 语言教学中形式与意义的平衡——任务教学法研究之二[J]. 对外汉语研究，2005(2).
夏纪梅. 任务教学法给大学英语教学带来的效益[J]. 中国大学教学，2001(6).
夏纪梅，孔宪辉. “难题教学法”与“任务教学法”的理论依据及其模式比较[J]. 外语界，1998(4).
徐强. 交际法英语教学和考试评估[M]. 上海：上海外语教育出版社，2000.
于勇. 以形式为中心的任务教学法与我国外语语法教学[J]. 沈阳师范学院学报(社会科学版)，2000(3).
岳守国. 任务语言教学法：概要、理据及运用[J]. 外语教学与研究(外国语文双月刊)，2002(5).
中华人民共和国教育部. 英语课程标准(全日制义务教育，普通高级中学)[M]. 北京：北京师范大学出版社，2001.
祝畹瑾. 社会语言学译文集[M]. 北京：北京大学出版社，1985.
Canale, M. From Communicative Competence to Communicative Language Pedagogy [A]. *Language and communication* [C]. Ed. Richards, J. & Schmidt, R.. London: Longman, 1983.
Canale, M. & Swain, M. Theoretical bases of communicative approaches to second language teaching and testing[J]. *Applied Linguistics*, 1980(1.1).
Fotos, S. & Ellis, R. Communicating about grammar: A task-based approach[J]. *TFSOL Quarterly*, 1991(4).
Fotos, S. Shifting the form from forms to form in the EFL classroom[J]. *ELT*, 1998(4).
Hymes, D. *On Communicative Competence* [M]. Philadelphia: University of Pennsylvania Press, 1971.

Long, M. A Role for Instruction in Second Language Acquisition: Task-based Language Training[A]. *Modeling and Assessing Second Language Acquisition*[C]. Ed. Hyltenstam, K. & Pienemann, M. Clevedon, Avon, Multilingual Matters, 1985: 77—99.

Long, M. Focus on Form: A Design Feature in Language Teaching Methodology[A]. *Foreign Language Research in Cross-Cultural Perspectives* [C] . Ed. K. , De Bot et al. Amsterdam:John Benjamins, 1988.

Prabhu, N. Procedural Syllabuses[R]. Paper presented at the RELC Seminar, Singapore, 1983.

Prabhu, N. *Second Language Pedagogy: A Perspective* [M]. Oxford: Oxford University Press, 1987.

Skehan, P. *A Cognitive Approach to Language Learning*[M]. 上海外语教育出版社,1999.

Urwin, J. & Du , L. Task-based approaches to second language pedagogy and the design of Chinese textbooks at tertiary level[J]. 世界汉语教学,2003(3).

Van E. K. , J. *Threshold Level English in a European Unit/Credit System for Modern Language Learning By Adults*, Serasbourg: The Council of Europe, PERGAMON PRESS, 1975.

Wilkins, D. A. Grammatical, Situational and Notional Syllabuses [A]. *Proceedings of the Third International Congress of Applied Linguistics*[C]. Copenhagen, 1972.

Wilkins, D. A. Notional Syllabuses and the Concept of A Minimum Adequate Grammar[A]. Ed. Corder and Roulet . 1974.

Wilkins,D. A. *Notional Syllabuses*[M]. Oxford: Oxford University Press, 1976.

Willis, J. *A Framework for Task-Eased Learning*[M]. London: Longman, 1996.

Yalden, J. *The Communicative Syllabus: Evaluation, Design and Implementation* [M]. Prentice-Hall International, 1987.

(原文刊于《对外汉语研究》,2006 年第 2 期)

汉语语块的分类、语块化程度及其教学思考

摘　要　近年来，语块已成为二语习得研究与二语/外语教学的一个新热点，尤其是在英语教学界，已经取得了不少有价值的研究成果。但是在汉语作为第二语言/外语教学领域，语块的研究还刚起步，实证研究则几乎是空白。语块是一种普通存在的语言现象，然而，由于汉语与英语分属不同的语系，其语块类型、特点都存在着较大的差异，因此我们应该结合汉语的特点进行分析并摸索出行之有效的汉语语块教学方法。本文主要讨论三个问题：(1)汉语语块的分类。文章提出把汉语语块分为“5＋1”类，前五类包括固定短语语块、框架语块、离合语块、动补语块和习语块；“＋1”类是针对学习者母语特点等提出的“即时语块”，具有针对性、自由性和时效性的特点。(2)汉语语块的语块化程度。作者尝试根据一定的标准对各类语块的语块化程度进行从强到弱的排序。(3)结合“语法词汇化”教学的思路，对汉语语块的教学提出一些思考，并建议教师自身应大力提高对汉语语块的敏感度。

关键词　汉语语块　语块分类　语块化程度　语法词汇化　对外汉语教学

一、引言

近年来，语块(chunks)或称预制语块(prefabricated chunks)，也有人称之为词汇短语(lexical phrases)、程序言语(formulaic speech)等已成为二语习得研究与二语/外语教学的一个新热点，尤其是在英语教学界，已经取得了不少有价值的研究成果。但是在汉语作为第二语言/外语教学领域，语块的研究还刚起步，实证研究则几乎是空白。在国内，为数有限的论文主要涉及以下四个方面：(1)汉语语块在二语习得及对外汉语教学中的价值与作用(丁洁，2006a；周健，2007a、2007b；翟汛、秦艳萍，2008；亓文香，2008)；(2)汉语语块的分类和功能(周健，2007a；亓文香，2008；钱旭菁，2008)；(3)汉语口语惯用语块的特性及习得研究(丁洁，2006a、2006b)；(4)语块教学法的应用探索(王玲，2005；周健，2007a；亓文香，2008)。尽管

研究还刚开始，但大家的认识是一致的，即在汉语作为第二语言/外语的教学和研究中引入语块的概念是很重要的，语块的理论研究与教学实践都会给汉语作为第二语言/外语教学带来创新的变革。

在各个语言中，语块是普遍存在(universal)的，然而，由于汉语与英语分属不同的语系，其语块类型、特点都存在着较大的差异，因此我们应该结合汉语的特点进行分析和探索，提出属于汉语语块的分类方法，进而对各类语块进行深入的剖析，找出其特点，同时研究汉语学习者习得和运用语块的特点与规律，考察语块的习得和运用与汉语能力发展、汉语水平提高的相关性，并尝试运用各种手段在课堂中进行语块教学，摸索出行之有效的汉语语块教学方法。本文讨论三个问题，即汉语语块的分类、语块化程度以及关于汉语语块的教学思考。

二、汉语语块的分类

周健(2007a、b)结合汉语和汉语教学的实际，提出把汉语语块粗分为三类：(1)词语组合搭配语块，如"功能—衰竭""共商—国是""繁荣—经济"等；(2)惯用短语，包括习惯用语、熟语等，含固定形式和半固定形式，尤其是那些平时常说的、词典里又多半查找不到的短语，如"撒腿就跑""没完没了""吓我一大跳""千不该万不该""话又说回来"等；(3)句子中连接成分等类固定结构，如复句的关联词"既不是……也不是""不仅……而且""要么……要么"等。钱旭菁(2008)认为，根据语块所属的语法单位层次，可以分成三类：(1)词级语块，包括搭配、惯用语、成语、歇后语；(2)句级语块，包括谚语、格言、名言、警句、会话套语；(3)语篇语块，包括儿歌、歌词、宗教经文。这几种分类尽管各有依据，但也都有可商榷之处(将另文讨论)。

我们知道 Nattinger & DeCarrico(1992)根据结构特征(structural criteria)把英语中的语块分成四类：(1)多词语块(Polywords)，(2)习语语块(Institutionalized expressions)，(3)短语构架语块(Phrasal constraints)，(4)句子构建语块(Sentence builders)。他们的分类未必完全适合于汉语，但我们认为仍然可以有所借鉴。我们根据汉语的特点，并借鉴其他研究成果，尝试将汉语语块细分为"5+1"类，前五类是固定短语语块、框架语块、离合语块、动补语块、习语块。"+1"类我们将其命名为"即时语块"，它是针对不同语言背景的汉语学习者或教学过程中所遇到的不同情况"即时生成"的(详细讨论见下)。

2.1 固定短语语块

首先，汉语中有相当多的熟语，包括成语、谚语/俗语、歇后语和惯用语等固定短语，它是词与词的固定组合，在长期使用过程中形成了相对完整的意义，在实际使用时作用相当于一个词（邵敬敏，2001）。熟语的数量很多，如：

成语：

三心二意　鸡毛蒜皮　七嘴八舌　大惊小怪　半斤八两　甘拜下风

自相矛盾　说一不二　头重脚轻　袖手旁观　纸上谈兵　对牛弹琴

有些成语有一定的框架性，通过学习一定的格式，可以有效地记忆并提高成语掌握的速度。如，“大______小______”，可以构成“大同小异、大材小用、大惊小怪”等；“七______八______”，可以构成“七上八下、七手八脚、七嘴八舌、七零八落、七拼八凑”等。

谚语/俗语：

清官难断家务事	上梁不正下梁歪	胳膊拧不过大腿
狗嘴里吐不出象牙	远水救不了近火	海水不可斗量
皇帝的女儿不愁嫁	会哭的孩子有奶吃	解铃还须系铃人
近水楼台先得月	舍不得孩子套不住狼	瘦死的骆驼比马大
无风不起浪	一个巴掌拍不响	远亲不如近邻
失败是成功之母	天下乌鸦一般黑	磨刀不误砍柴工
情人眼里出西施	跑得了和尚跑不了庙	三个臭皮匠顶个诸葛亮
比上不足，比下有余	恶有恶报，善有善报	天下无难事，只怕有心人
拳不离手，曲不离口	神不知，鬼不觉	

歇后语：

竹篮打水——一场空	姜太公钓鱼——愿者上钩
骑驴看唱本——走着瞧	肉包子打狗——一去不回
黄鼠狼给鸡拜年——没安好心	跳进黄河——洗不清
猪八戒照镜子——里外不是人	大姑娘坐轿——头一回
王八吃秤砣——铁了心	

惯用语：

炒鱿鱼　碰钉子　吃错药　穿小鞋　开后门　走后门　拍马屁

泼冷水　走弯路　出难题　伤脑筋　闹笑话　出洋相　打招呼

开夜车　打交道　有两下子　落汤鸡　二百五　绊脚石　替罪羊

眼中钉　门外汉　马后炮　耳边风　烂摊子

一些动宾结构的惯用语，当中有空槽，可以插入一些有限的词语。

2.2 框架语块

汉语中有许多框架语块，包括短语构架语块和句子框架语块。常用的有：

在______方面	从______以后	在______以前
在______上	在______中	在______下
从______出发	当______的时候	拿______来说
在______看来	由______组成	对______来说
从______起	______当中/之间	______得很
______极了	以______为中心	______就是了
从______来看	跟(和)______过不去	连______带______
从______到______	______分之______	又______又______
一会儿____一会儿____	不知______(才)好	要是______的话
除了______以外	连______都(也)	一______就______
一边______一边______	非______不可______	
不是______就是______	就是______也______	

短语框架有些是连续的，如“越来越______”，有些则是非连续的，如“越______越______”；而句子框架大多数是非连续的。句子框架可以是由特定词语构成的单句句式，如“把”字句、“被”字句、“由”字句、“连”字句等，也可以是复句中成对的关联成分，如“因为……所以……”“虽然……但是……”“不但……而且……”等。

下面是《汉语水平等级标准与语法等级大纲》(国家汉办，1996)中“丙级语法大纲”里列出的“口语格式”和例子，基本上都是这类语块：

说×就×，……：

说走就走，别光说不动呀！

不×……，一×……：

不看不要紧，一看出了一身冷汗。

管……叫……：

你该管他叫舅舅。

让/叫×，……还真×(呀)：

让你睡，你还真睡呀！

这/那也不……，那/这也不……：

这也不行，那也不行，到底怎么才行？

×(形)就×(点儿)吧……：

大就大点儿吧，能穿就行。

×1是/归×1，×2是/归×2……：

说是说，做是做，不要影响干活儿。

……动1＋也＋动1＋不得，动2＋也＋动2＋不得……：

这件事让我哭也哭不得，笑也笑不得。

×也得×，不×也得×……：

甭再想了，你去也得去，不去也得去。

你/我这(那)……：

我这也是为了你们好。

看/瞧把……得：

你看把他们醉得。

……×(动/形)是×(动/形)，(就是)……：

他们俩吵是吵，可从来不打架。

实话对(跟)你说(吧)：

实话对你说吧，你这样下去是不会有好结果的。

什么×不×(的)，……：

什么司令不司令的，我不管他是谁。

让/叫你×你就×，……：

叫你走你就走，甭废话。

×了就×了呗，(没)有……：

成功了就成功了呗，有什么好吹的。

……还是……好：

　　这件事还是让大家讨论讨论好。

（动）×是×：

　　学一个词是一个词，总会学好的。

×1 又×2，×2 又×1……：

　　装了又拆，拆了又装，直到他觉得满意才罢手。

名/代＋吧（啊），……：

　　我吧，就是特爱钻研。

好你个×：

　　好你个姓王的，拿老太太开玩笑来了。

……看×的了：

　　我们都老了，今后要看你们年轻人的了。

看你×的（瞧他×的）：

　　看你说的，我哪有那么大本事。

×1 到×2 头上来：

　　他欺负到我头上来了，也太大胆了吧！

不知×的：

　　不知怎么搞的，这几天我老想睡觉。

甭管怎么说（不管怎么说）：

　　甭管怎么说，她也不至于这样坏。

哪有×1 这么×2 的（有×1 这样×2 的吗）：

　　哪有像你这么做生意的。

你×你的吧：

　　没有什么大事，你写你的吧！

省略动词“是”：

　　大婶一个妇女，怎么能干也对付不了他们两个。

2.3 离合语块

离合语块传统上叫作“离合词”，被认为是介于单词和短语之间的“过渡地带”

（邵敬敏，2001），因为它合拢的时候是单词，分离的时候是短语。从词义的角度看，它有一个固定的意义，表达时整块调用，根据表达的需要中间又能插入一些其他词语，成为非连续的框架，是一种汉语特殊的、特有的语块。离合语块通常是双音节的，从整体上看大多数是动词性的，分开来前一音节为动词，后一个音节为名词或名词性词素，如"起床、唱歌、吃饭、毕业、犯法、聊天、签名、生气、谢幕"等；也有一些离合语块的后一音节为非名词性语素，如"帮忙、登记、鞠躬、考试、睡觉、洗澡、游行、游泳"等；还有少量离合语块从整体上看是形容词性的，如"（很）倒霉、（很）着急"等，但分离后却像动词和名词（宾语）的关系，如"你着什么急""我倒了大霉了"。离合语块中间可以插入"了、着、过、个"等词语，但每个语块插入的情况并不一致，需要在教学中特别注意。下面是一些常见的离合语块：

起床：起了床
发烧：他发着烧还去上班
鼓掌：鼓了好几次掌
唱歌：唱了一支歌
跳舞：跳着舞、跳个舞
出国：出了一趟国
散步：散了一会儿步、散散步
请假：请了两天假
操心：你为他操什么心
点头：点点头、点了一下头
要命：要了他的命
搬家：搬了不知多少次家

帮忙：帮了一个大忙
睡觉：睡了三个小时的觉
睡觉睡了三个小时
结婚：结过两次婚
跟老外结婚
游泳：游过两次泳
游了一个小时的泳
洗澡：洗了一个（热水）澡
鞠躬：鞠了一个躬
照相：照了一张相
照相照了两个小时
录音：录过几次音
握手：握了（握）（他的）手
上当：我上了他的当
见面：见过（她）一次面
跟她见面
生气：生他的气了
他还在生你的气呢

由于离合语块在词汇意义上相当于一个词，而且又在学生的母语中能找到对应的词，所以学生把它们当一个词用(吕文华，1994)，常犯下列错误：

*我昨天见面了我的朋友。

*他跳舞了一个晚上。

*他游泳得很快。

因此，我们在对外汉语教学中要特别注意。

2.4 动补语块

动补语块不同于一般的动补结构。首先，通常我们所说的动补结构，动词和补语的结合面很广、很自由，具有较强的类推性，而动补语块类推性较差，具有固定或半固定性，需要学习者逐个掌握，如“由不得”“对不起”“吃不消”等，它们具有词汇化的倾向，含有特定的意思。其次，一般的动补结构，前后两个成分之间常常可离可合，而动补语块前后两个成分之间具有只离不合的特点，通常由“得/不”将其前后隔开，比如能说“划得/不来”，但不能说“划来”。有的动补语块只有否定式，没有肯定式等。可见动补语块具有一定的熟语性，在口语中出现的频率也较高。下面是一些常见的动补语块：

表1 动补语块列举

补语	动补语块
来	合得/不来、划得/不来、谈得/不来、说得/不来、做得/不来、吃得/不来
得	由不得、吃不得、嫁不得、碰不得、骑不得、娶不得、学不得、沾不得、赚不得、追不得(不说“吃得得”“骑得得”，但可以说“吃得”“骑得”)
了	吃得/不了、离得/不了、拿得/不了、受得/不了、用得/不了、走得/不了、做得/不了
上	数得/不上、谈得/不上(这点儿小事谈不上麻烦)
起	了不起、对得/不起、看得/不起、买得/不起、吃得/不起、上得/不起(学)
过	比得/不过、打得/不过、拼得/不过、说得/不过
着	犯得/不着、管得/不着、怪得/不着、数得/不着
住	对得/不住、禁得/不住、靠得/不住
及	来得/不及
消	吃得/不消

2.5 习语块

习语块大都是一些在口语交际中常用的多词单位(multiword unit)或者说词串,也可以是书面语中的一些习惯性组合(如“机遇与挑战、冉冉升起、发展中国家、弥漫开来”等)。由于使用频率较高,被逐渐固定下来,成为板块。其中一部分就是日常交际会话中的俗套语、程序语、客套话。例如:

谢谢你	多谢	不客气	别客气
不谢	对不起	没关系	没什么
好久不见了	见到你很高兴	最近怎么样	马马虎虎
还可以	(还)凑合	待会儿见	回头见
一会儿见	明天见	你好	早上好
久仰,久仰	请坐	随便坐	
时间不早了,我得走了	(那)不留你/您了		
(请)慢走	走好	祝你一路顺风	
祝你一路平安	初次见面	算了,算了	闭嘴
别出声	多少钱	跟你没关系	
关你什么事儿	别理他	您先请	给您添麻烦了

另一些是具有特殊语用功能和意义的语块,它们的意义很难直接从字面上得出,但在语言交际中的作用却很大。在真实的语境中,交际者会大量使用这种具有特定语用功能和意义的语块。例如:

吃过了吗?	上哪儿去啊?(打招呼)
对不起(招呼),请让一让。	哪里,哪里(推辞褒奖)
何必呢	好了,好了(劝说)
有两下子	有两把刷子(赞扬)
一点小意思(请收下)	没什么东西(请求接受)

(老李,又去下棋啦?)哪儿啊(否定),没那个福气啦。

不好意思(抱歉)让你久等了。

过意不去　　说不过去(抱歉)

谢天谢地(庆幸)

你看你(埋怨),这么大的人了,连这点儿事儿都做不好。

谁说不是呢　　可不/可不是(嘛)(肯定)

不怎么样(否定)

我是说　　我的意思是(说)　　按理说(解释)

研究研究　　考虑考虑　　以后再说(间接拒绝)

这类语块数量庞大,且每个人对其固化程度的判定也不尽相同,因此是语块中最自由的一类,也是临界于语块与词语自由组合之间的一类,其稳定性相对前几类语块来说较弱。

2.6 即时语块

即时语块是指教师根据教学对象的特点,比如学习者的母语和教学内容,在教学过程中自主即时生成的一类语块。以即时语块的方式介入教学是为了使教学更具针对性和有效性。同时从学习者的角度看,我们也发现学习者使用的某些汉语语块有别于以汉语为母语的使用者,它不仅受到学习者母语的影响,也受到学习与教学因素的干预。即时语块有如下特点:

(1) 针对性

一部分即时语块的组成主要是考虑到那些在学习者母语中不存在的汉语组合。由于受到母语负迁移的影响,学生在学习这些表达方式时,会产生偏误。例如英语中的"cannot see",在汉语的许多语境中应说成"看不见","cannot understand"则是"听不懂"。因为汉语的这种否定的可能补语形式在英语中常常牵涉到情态动词,如果学生也对应地使用汉语中的能愿动词来表达就可能发生偏误,说成"不能/会看见""不能/会(听)懂"。汉语里的这种结构是许多语言中没有的,因此在汉语教学的初级阶段,这种语法复杂、语义常用且较难掌握的结构可以先由教师以即时语块的方式进行教授。

(2) 自由性

与针对性相对的是即时语块的自由性。由于即时语块针对的是操不同母语、在不同阶段学习不同内容的外国学生，其固化程度势必大大弱于前五类语块。某些即时语块在英语国家的学习者看来作为整体教授/学习效果较好，也便于学生理解，但同样的语块在日语或韩语中却可能有一一对应的形式，以日语或韩语为母语的学习者就可能偏好采用对照自己母语的“分析式”教授/学习方式。此外，针对不同的学习内容，有些即时语块也会“因人而异”地被纳入教学过程中。我们就碰到过许多学习商科的学生，他们学习汉语时很容易把“发展战略”“公司企划”“猎头公司”“上市公司”“沪深股市”“女士们先生们”之类的组合当作语块来习得，而这些语块对不学商务汉语的学生而言，可能只是一些普通的词语组合，谈不上是“语块”。

(3) 时效性

当今社会无时无刻不在出现新的事物，发生新的事件，产生新的概念，语言随着社会的变化而变化，随着社会的发展而发展，汉语亦是如此。汉语中不断涌现的新词语、新形式，教师同样也可以将其列为即时语块进行教授，如“2008 北京奥运”“2010 上海世博”“和谐社会”“北京欢迎你”“城市让生活更美好”“别折腾”等。这些即时语块具有时效性，在某一阶段、某一时期会通过各种媒体反复出现，并被人们反复使用，甚至成为整个社会的热点词语、流行语，从而形成语块。这些即时语块随着时间的变化，其固化程度会受到各种因素的影响，但就某个阶段、某个时期而言，教师可以尝试将其作为语块的一种类型进行教学。

三、语块化程度

通常认为语块是一个连续统，一头固化程度很高，是几乎固定不变的组块；另一头固化程度较低，是具有一定程度可变性的组块（Lewis，1993；刘晓玲、阳志清，2003），分布在这个连续统上的各类语块具有不同的生成能力（Lewis 用 Spectrum of Generative Power 来形容）。汉语语块也分布在这样一个连续统上，各类语块可依据各自的固化程度，或者说语块化程度进行排序。判断固化程度的标准是“可变性”，可变性越弱，语块化程度就越高；相反，可变性越强，语块化程度就相对较低。根据这个标准，上节所述的“5＋1”类语块按其语块化程度从强到弱排列，依次为：框架语块＞固定短语语块＞动补语块＞离合语块＞习语块＞即时语块。

框架语块的语块化程度最高。尽管这些语块“外部”可接入或“内部”可插入的成分很多，但这并不影响框架语块自身的意义与功能。例如，“在______以前”这个语块中可以插入表示时间的词语诸如"一年""我出生""三个月"等,但插入成分并不影响框架自身意义的表达,即表示在时间上先发生的状态。又如,在"不但______而且______"这个语块中可以插入的成分是很多的,但无论添加什么内容,框架本身表示递进关系的功能是不变的。因此无论该类语块是连续性的还是非连续性的,在接入或插入成分后并不影响语块原本的完整性。框架自身是稳定的,其意义和功能是不变的。

固定短语语块包括成语、谚语/俗语、歇后语以及惯用语等,它们都具有很高的语块化程度。这类语块大多出自历史典故、文学作品或人们的生活经验,经历史发展,代代相传,已成为汉语中约定俗成的表达方式,可变性很弱。使用时通常是作为一个整体,有着固定的意义。尽管有时为了制造特殊效果,人们也会对成语进行"活用",例如在广告中,但这不能与常规的替换与变化混为一谈。

汉语中动补语块的语块化程度也比较高。正如我们在上一节所描述的,这些由"得/不"将其前后隔开的语块具有"只离不合"的特点,这不同于可分可合的一般动补结构,已经具有整体化倾向和一定的熟语性,前后搭配固定。这些动补语块所表示的可能性语义比较稳定。语块中的补语以及每个补语所对应的动词都是有限的。它们中有些肯定与否定形式分布对称,兼有"得"与"不"的表达式,而有些只有否定的表达方式,是不对称的。这些语块可变性较弱,类推性和替换性有限,因此语块化程度也比较高。学习者学习时,不必通过语法结构的分析,而可以将其作为整体,记忆其语义和语用条件,逐个掌握。

离合语块因为有"合"而具备了成为语块的条件,也因为可"离"而决定了其相对较低的语块化程度。离合语块在分离的状态下,其插入成分比较多样,可以是时间、数量、时态、对象等。但插入的均属修饰成分,并不影响离合语块自身所表达的主要意义,即"合"时的语义。由于离合语块必须以"离"的状态来接受附加成分才能形成符合语法规范的表达,所以它在语法结构的变化上相对比较灵活。例如,"吃饭"是一个内部具有动宾性质的离合语块,"吃三次饭"是一个"动+数+量+宾"的组合,而"吃饭吃了三个小时"是一个"动+宾+动+了+时量补语"的组合。

习语块的语块化程度也较低。以"你好"为例,很多学生在正式进入汉语学习之前就能说这个语块,他们所了解的只是这个语块的交际作用(功能)是跟人打招呼,几乎在任何情况下都可以使用。当他们正式接触汉语后,通过词典或教师的帮助，才会知道“你”和“好”的具体语义，进而分析其结构，并了解它的可替换性，如“你们好”“大家好”“老师好”“早上好”“下午好”“晚上好”等。此外，习语块中的不少习惯性搭配还可能受到方言以及说话人成长背景、交际习惯、言语表达方式等多种个体因素的影响，组合时灵活，固化程度和稳定性较弱。

至于即时语块，其所具有的针对性、自由性以及时效性的特点都决定了它的不稳定性，其语块化程度最弱。

我们认为汉语语块就语块化程度来说是分布在一个连续统上的，尽管各类语块内部成员的固化程度并不完全一致，但总的固化倾向还是看得出来的。固化程度高的语块弹性小，而固化程度低的语块弹性就大。我们的排序只是一个粗略的尝试，希望引起讨论。

四、对汉语语块教学的思考

作为一般的词汇教学，通常认为，学习者在掌握了教材生词表中生词的形、音、义后，就算“大功告成”了。但也有些教师并不满足于此，而认为词汇教学还要教授词语的搭配和用法(客观上学习者也有这样的要求)。从形式上讲，也就是说，我们不光要教授单个的词，而且要成“块”地教，词语教学要考虑“上下前后”“左邻右舍”。尽管这属于词汇教学还是语法教学有争议，但这种认识显然是非常正确、非常必要的。Lewis(1993)指出，语言是由语法化的词汇，而不是词汇化的语法构成的(Language consists of grammaticalised lexis，not lexicalised grammar)，这句话道出了语块教学的实质。事实上，语块的习得和使用(记忆、贮存、提取)是有认知心理基础的(郑友奇、许先文，2007)。语块通常被贮存在人们大脑的记忆中，使用时被提取，无须用语法进行生成和分析(Wray，2002)。这种现象是每一个说母语的人都能感受到的，“在实际的语言交际中，从记忆中整体提取语块比一个一个地提取语块的构成成分速度快”(钱旭菁，2008)。语块具有形式上的整体性和语义上的约定俗成性，是程序化的、预制的。语块的记忆、习得和使用对语言学习者，尤其是初学者意义重大，因此非常有必要纳入汉语作为第二语言/外语的教学实践中去。以下是我们的几点思考。

4.1 教师要提高对于汉语语块的敏感度

周健(2007)在考察中发现:"对外汉语教学中缺乏语块教学的意识和方法。教师教授生词时,通常的做法是按照课文的生词表逐一讲解,把学生的注意力吸引到单个词语的读音、意义、书写和造句方面。讲完之后常常问学生'还有哪个词不懂?'虽然也有不少教师注意到词语的搭配和近义词的辨析,但总的来说,语块教学的意识在词汇教学中还没有占主导地位。"如果我们认同上述 Lewis(1993)的看法,就目前而言,首要的是教师要提高对汉语语块的敏感度,进而能在自己的教学实践中贯彻语块教学的思想,形成语块教学的方法。所谓提高敏感度是指教师应该在元认知层面上把自己母语语感中对汉语语块的"潜意识/下意识"变成显性的(explicit)东西,并充分认识到语块对二语习得的重要作用,因而重视语块及其教学。这样,在教学中,教师才能有意识、有目的地培养学习者的语块意识,并通过各种有效的手段和方法帮助学习者习得语块。

4.2 加强语块的研究与教学实践

语块是普通存在的,但各个语言的语块又有其个性、特殊性。目前第二语言/外语的语块及语块教学研究涉及许多方面,主要包括:(1)语块的界定、分类及其特点;(2)语块的认知机制与认知加工;(3)学习者语块能力的调查;(4)语块习得与运用和语言能力发展的关系,如语块运用与口语和写作水平的相关性;(5)口语语块与书面语语块的异同;(6)语块与词汇学习的关系;(7)语块的教学方法和学习策略;(8)语块与交际策略以及表达的准确性和流利性的关系;(9)语块与教材编写等。而汉语语块教学的研究才刚起步,大家对语块的认识不尽相同,分类也不统一(尽管未必一定要统一),汉语语块的特点也还未能充分研究清楚,这使得将语块教学纳入汉语作为第二语言/外语的教学体系面临着许多困难与挑战。因此,需要更多的研究者和教师关注语块,进行语块和语块教学的研究与教学实践,尝试把语块教学融入教学体系。Lewis(1993)的 Lexical Approach 只是一种教学路子。只有这样,语块理论才能在汉语作为第二语言/外语教学中真正发展起来,语块教学也才有可能成为一种不断趋于成熟的教学新模式。

4.3 “语法词汇化”与语块教学

吴勇毅(2000、2002)曾提出汉语语法教学中的“语法词汇化”问题。“语法词汇化”是指把语法现象、语法结构通过词汇的教学方式进行,以词汇教学代替语法教学,以词汇教学带动语法教学。作者以离合词、动补结构和一些特殊的句式等为例,讨论了在教学中如何进行词汇化处理的问题,认为“语法词汇化”为以掌握句子的格局(句型教学)为主要内容的基础语法教学如何深化、细化、具体化提供了一条思路。吴中伟(2006)认为:“以往的教学法似乎走了两个极端:结构法过于强调结构的循序渐进,忽视了语言在具体语境中的应用,而交际法过于注重语言的交际功能,导致语言结构教学上的随意性。”而通过语法的词汇化,把一些短语和语法格式处理为词汇单位,是解决矛盾的一个办法。通过词汇短语(Lexical phrase,即语块)这样的单位,把语法教学词汇化,我们可以在以结构为主线的教学法和以功能为主线的教学法之间找到一个平衡点。

我们认为,从教学的“整体性”或者说“块化”的处理上讲,“语法词汇化”处理与语块教学的实质是一样的。

参考文献

丁言仁,戚焱. 词块运用与英语口语和写作水平的相关性研究[J]. 解放军外国语学院学报,2005(3).

丁洁. 汉语口语惯用语语块的特性及其重要意义[J]. 湖北社会科学,2006a(7).

丁洁. 留学生汉语口语惯用语块习得研究[D]. 广州:暨南大学硕士学位论文,2006b.

桂诗春. 新编心理语言学[M]. 上海:上海外语教育出版社,2000.

国家汉办. 汉语水平等级标准与语法等级大纲[M]. 北京:高等教育出版社,1996.

郝友. 词块——对外汉语词汇教学中待开发的资源[J]. 湘潭师范学院学报(社会科学版),2006(6).

何兆熊. 语用学概要[M]. 上海:上海外语教育出版社,1989.

廉洁. 词汇短语对第二语言习得的作用[J]. 外语界,2001(4).

廖秋忠. 廖秋忠文集[M]. 北京:北京语言学院出版社,1992.

刘晓玲,阳志清. 词汇组块教学——二语教学的一种新趋势[J]. 外语教学,2003(6).

吕文华. 对外汉语教学语法探索[M]. 北京:语文出版社,1994.

亓文香. 语块理论在对外汉语教学中的应用[J]. 语言教学与研究,2008(4).

钱旭菁. 汉语语块研究初探[J]. 北京大学学报(哲学社会科学版),2008(5).

邵敬敏．现代汉语通论[M]．上海：上海教育出版社，2001.

沈敏瑜．词汇法——一种新的教学路子[J]．外语界，1999(3).

王立非，张大凤．国外二语预制语块习得研究的方法进展与启示[J]．外语与外语教学，2006(5).

王玲．以"词块理论"为原则的对外汉语教学[J]．安徽工业大学学报(社会科学版)，2005(4).

吴静，王瑞东．词块——英语教学有待开发的资源[J]．山东外语教学，2002(3).

吴勇毅．教学词与词典词[A]．第六届国际汉语教学讨论会论文选[C]．北京：北京大学出版社，2000.

吴勇毅．汉语作为第二语言语法教学的"语法词汇化"问题[J]．暨南大学华文学院学报，2002(4).

吴中伟．语法的词汇化教学[A]．朱永生、彭增安主编．多元文化背景下的对外汉语教学[C]．上海：学林出版社，2006.

徐子亮．口语教学法的认知原理分析[A]．潘文国主编．对外汉语教学的跨文化视角[C]．上海：华东师范大学出版社，2004a.

徐子亮．汉语作为外语的口语教学新议[A]．赵金铭主编．汉语口语与书面语教学[C]．北京：北京大学出版社，2004b.

严维华．语块对基本词汇习得的作用[J]．解放军外国语学院学报，2003(6).

杨玉晨．英语词汇的"板块"性及其对英语教学的启示[J]．外语界，1999(3).

翟汛，秦艳萍．词块在二语习得中的价值与作用[J]．长江学术，2008(3).

张风格．口语惯用语的基本特点和语条范围[A]．郑定欧主编．对外汉语词典学国际研讨会论文集(三)[C]．北京：中国社会科学出版社，2008.

赵金铭．"说的汉语"与"看的汉语"[A]．赵金铭主编．汉语口语与书面语教学[C]．北京：北京大学出版社，2004.

郑友奇，许先文．语言研究普遍性向领域特殊性的过渡——语块的认知科学理论及模式探析[J]．北京第二外国语学院学报(外语版)，2007(2).

周健．语块在对外汉语教学中的价值与作用[J]．暨南学报(哲学社会科学版)，2007a(1).

周健．语块教学在培养汉语语感中的作用[A]．第八届国际汉语教学讨论会论文选[C]．北京：高等教育出版社，2007b.

Altenberg, B. & Granger, S. The grammatical and lexical patterning of "make" in native and non-native student writing[J]. *Applied Linguistics*. 2001(22.2).

Lewis, M. *The Lexical Approach: The State of ELT and the Way Forward*[M]. London: Language Teaching Publications, 1993.

Lewis, M. *Implementing the Lexical Approach: Putting Theory into Practice*[M]. London:

Language Teaching Publications, 1997.

Nattinger, J. R. & DeCarrico, J. S. *Lexical Phrases and Language Teaching*[M]. London: Oxford University Press, 1992.

Skehan, P. *A Cognitive Approach to Language Learning*[M]. London: Oxford University Press, 1998.

Wray, A. *Formulaic Language and the Lexicon*[M]. Cambridge: Cambridge University Press, 2002.

[原文刊于《第九届世界华语文教学研讨会论文集(第二册)》,台湾世界华文出版社,2009 年。合作者何所思、吴卸耀]

语义在对外汉语句型、句式教学中的重要性*
——兼谈从语义范畴建立教学用句子类型系统的可能性

一

随着语义、语用研究的深入，关于如何建立一个用于对外汉语教学的，既能表现汉语特点又有实用性（后一点特别重要）的句子类型（包括句型、句式等）系统的问题将成为90年代对外汉语教学界的一个热门话题。

经过多年的实践，大家认识到目前的句型系统（本来就很不完善），尤其是形式分类系统，实用性不强，不能有效地解决学生在理解和表达上的问题，已远不能满足教学的需要了。

目前的句型系统，以单句为例，上位按结构关系分出主谓句和非主谓句，主谓句的下位句型按谓语性质分出名词谓语句、动词谓语句、形容词谓语句和主谓谓语句。动词谓语句的下位有单宾的、双宾的、带补语的等等。除了这样一个系统以外，还有几个所谓的“特殊句型”（严格地说，应该是句式）：“是”字句、“有”字句、“把”字句、“被”字句、连动句、兼语句、存现句、“是……的”句等。这些“特殊句型”都是动词谓语句，大都是以形式标志区分的。问题是，这样一个系统过多地依赖和注重形式，运用在教学中，并不能给学生的理解和表达以很多的帮助。以“存现句”为例，一般教科书表示为：

处所词（时间词）——动词——表示人或事物的名词

但我们在教学中发现，同样是存现句，对学生来说，有的理解和表达都不太难，有的却比较难。请看下面的例子：

① 桌子上放着很多钱（物）。

---

* 在文章的写作过程中，曾和邵敬敏兄交谈，获益匪浅，谨致谢意。

② 衣橱里关着两个人(人)。

③ 楼上掉下来一件衣服(物)。

④ 昨天我们宿舍里搬走了两个同学(人)。

①②的事物和人都是受事,对学生来说,理解和表达这类句子都不太难,③④的事物和人都是施事,学生理解和表达都比①②难。拿母语是英语的学生来说,③④既不同于英语中施事在前受事在后的常式[用 there(be)的形式,结果是一样的],也不同于受事在前施事在后(由介词 by 引导)的被动式,学生理解时要把施事放到前面,变成:

③′(有)一件衣服掉下来(从楼上)。

④′昨天(有)两个同学搬走了(从我们宿舍)。

在运用这个句式表达时,有一个和理解相反的过程。这就是我们发现为什么学生用③④类形式进行表达的频率大大低于①②类形式的原因(能熟练运用③④类形式进行交际的学生的语言水平通常高于只会用①②类形式进行交际的学生)。

同样是一个存现句,内部的语义关系是不一样的,对学生来说,学习的难度也是不一样的。显然,存现句需要区分下位句式,这里语义的施受关系是起了决定作用的。

再以“被动句”为例。按照有无标志,“被动句”通常被分为两类,一类是“被”字句,一类是所谓“意义上的被动句”。前者一直被认为是教学的难点、重点,而后者却得不到应有的重视。[①] 得不到重视的原因,无非是因为“这种句子在形式上和主语是施事的句子没有区别”[②],“这种句子的内部结构、词序与一般的主动句相同”[③]。然而在教学实践中我们发现,这种句子虽然在形式上和一般的主动句没有什么差别,都是主谓句中的动词谓语句,词序也相同,但对留学生来说,在实际理解句子意义和运用这个形式表达时,却和主动句大不一样,应该说比主动句难多了,

① 例如,《基础汉语课本》(外文出版社,1980)在第一册第 25 课已出现了“他练习做得很认真,汉字写得很清楚”(P253)这样的句子(这套教材认为“练习”是为了突出宾语而提前,那么我们也许可以把“汉字写得很清楚”理解为省略主语,而不承认它是“意义上的被动句”了),第二册第 35 课出现了“今天的练习还没做完呢”“这个节目应该看”(P123)、“屋子的窗户没打开,我没听见”(P133)这样的句子,可是直到第三册第 56 课才在讲“被”字句之前带出“意义上的被动句”,在书后的语法复习提纲中也没有,足见不是教学的重点。

② 北京语言学院. 基础汉语课本[M]. 北京:外文出版社,1980:204.

③ 刘月华等. 实用现代汉语语法[M]. 北京:外语教学与研究出版社,1983:479.

其难度并不亚于“被”字句，因为学生是按照施受关系（谁做什么）来理解句子和安排句子的（表达）。显然，从语义的施受关系看，主动句和“意义上的被动句”是主谓句的两种不同形式（或者说同是主谓句的下位），从教学的角度看，我们不能因为它们形式相同就不加区分；也不能因为和“被”字句相比，“意义上的被动句”没有形式标志就忽视它（它们是表示同一个语义范畴的两种不同形式），更何况在中国人实际的交际中，“意义上的被动句”出现的频率大大高于“被”字句。如果要表示被动的意义，中国人首选的、常用的句式，应该是“意义上的被动句”，而选择“被”字句常常有一定的条件。这里有语用上的因素，这也是以往对外汉语教学中一直忽视的。（在留学生运用汉语进行实际交际的过程中，我们发现“意义上的被动句”使用频率很低，这和我们中国人实际交际的情况不符。据此我们认为，“意义上的被动句”使用的多寡及其正确程度，是判断学生语言水平高低的一个标志。）

我们的对外汉语教材中通常都不讲两种被动句之间的关系，一般的语法书里也不大讲。被动句的主语是受事，所以通常是事物，其实人或动物（语义特征是[＋生命]）也是可以的，比如：“他被咬了一口”，但这个“被”字句却不能转成“意义上的被动句”：“他咬了一口”，因为这样一来施受关系完全变了，“他”不再是受事，而是施事了：“他咬了（什么）一口”。可见[＋/－生命]的语义特征决定了被动句的主语能否和动词产生施受关系，而这种语义关系进一步又决定了两个句式之间能否转换。“被”字句的主语如果是有生命的，是可以发出动作的名词，那么这种“被”字句一般不能转成“意义上的被动句”（这也是为什么这种“被”字句特别多的原因之一）。这里语义特征、施受关系都是决定下位句式的要素。

事实上，并非所有有生命的名词都不能当“意义上的被动句”的主语，例如，“那个海员抢救过来了”“中国队败了”。我们发现这里有另外的语义因素在起作用。动词“抢救”的后面有结果补语“过来”，“打”的后面有结果补语“败”，这两个补语都是指向受事的：“那个海员过来了”“中国队打败了”（试比较“那个医生抢救病人抢救过来了”“中国队打败了日本队了”）。我们认为有生命体做“被”字句主语的句子能否转成“意义上的被动句”可能和补语的语义指向有关系。

反过来说，是不是所有的“意义上的被动句”都能转成“被”字句呢？说，像“水果吃完了”这样的句子，“在不改变被动意义的条件下，这种句子一般都可以用介词

‘被’引出主动者（有的只在动词前加个‘被’字）。”[①]但我们发现有不少“意义上的被动句”也不能转成“被”字句。例如：“这些药每天吃三次，每次吃两片”“椅子不要放在这儿，要拿进去”“课程表挂在哪儿？”“这个道理一听就懂”“耳机里的声音一点也听不见”“这些练习一节课作得完作不完？”“今天的练习还没作完呢”。这可能和“已然”与“未然”的语义要素有关[②]。“被”字句通常是表示“已然”的，所以“动词后面多有表示完成或结果的词语或者动词本身包含此类成分”（吕叔湘，1980：56），表示“未然”是有条件的，或在动词的前面有“将”或有某些表示未然或可能性的词语，比如，“可能”“很容易”“会”“必将”等，而“意义上的被动句”似乎无限制。

目前用于对外汉语教学的句型系统在划到动词谓语句、形容词谓语句、名词谓语句、主谓谓语句（也有做主主谓处理、并入动词谓语句的）以后，再怎么划分有不少分歧，主要在状语、补语能不能做句型成分上。我这里想说的是，句型、句式的深化，仅局限在某个成分能不能做句型成分上是很不够的，下位句型、句式的建立应该更多地考虑动词、形容词、名词的小类，尤其是动词、形容词的次范畴问题更多地注意语义特征以及某一类词与另一类词之间的选择搭配关系（比如[＋/－及物]是选择关系的一种表现，某种动词只能和具有某种语义特征的词语搭配是选择搭配关系的另一种表现）[③]（尤其是当我们注意到学生母语里的某一类词与另一类词之间的搭配选择关系同汉语不一样，有的甚至会对汉语学习产生干扰时，就是找到了教学的重点、难点，以此建立起来的句型、句式才真正体现了汉语的特点）。举例来说，“学习/学”“考试/考”“帮助、帮忙/帮”“修理/修”，是教材中经常出现的几对词，教材中不讲它们之间的区别，教师上课一般也不讲，最多讲口语中常常用单音节的，好像它们天经地义是双音节词的省略（从发生学的角度看，双音节词应该是单音节词的添加）。实际上，这几对词的情况并不那么简单。“学”“考”“帮”“修”都是及物动词，但“学”“考”“帮”可以带指人的宾语，“修”不行；“学习”“帮助”“修理”是及物动词，后面可以带宾语，但是“学习”“帮助”可以带指人的宾语，“修理”不行（“修理修理他”，意义不同了）；“考试”“帮忙”是不及物动词，后面不可以带宾语。学生受母语干扰和同意义单音节动词的影响，产生错误类推，常造出“我愿意帮忙

---

① 张涤华，胡裕树等主编．汉语语法修辞词典[K]．合肥：安徽教育出版社，1988．

② 关于“被动句”的已然与未然问题，将在另文专门讨论。

③ 吴勇毅．英汉“同现”的差异对汉语学习的干扰．现代语言学，1992(22)：25．

他”(还有同义双音节动词“帮助”的影响)、“明天我们考试汉语”“老师考试我们”这样的病句,事实上单音节动词能搭配,双音节动词未必也能搭配,意义虽同,但分属不同的小类。另一方面,学生以为单双音节是同义词,可以没有区别的互换,其实不然。单音节词能够搭配的,双音节词未必能够搭配(单音节词的义项一般多于双音节词)。比如,可以说“学鸡叫”“学他样子”,不能说“学习鸡叫”“学习他样子”,因为“学”还有个义项是“模仿”;可以说“修路”,不能说“修理路”,因为“修”还有个义项是“建筑”。可见语义上的选择关系(能不能搭配、能和什么搭配)对句型和句式的确定有重要的意义。

总之,举上面的这些例子是想说明现有的对外汉语教学的句型系统过于粗疏,又偏重形式,对语义重视不够,考虑太少(语用则更少,尽管由于对外汉语教学的特殊性,语法教学还是考虑到一些语义因素的),现有的句型系统要深化、细化,就非结合语义(和语用)不可,不结合已经不成了。

二

在如何确定划分句型的标准及建立句型系统的问题上,结合语义、语用的研究成果,尤其是语义的因素,可以有几种不同的模式。第一种是维持现状,在现有的句型系统基础上,深化、细化下位句型和句式。下位句型的分化主要是结合语义的标准。

赵淑华(1992)提出了一个建立三个系统的模式。这是第二种,即根据三个不同平面的特征,归纳出三种不同的系统,“以结构特征为标准,建立结构分类系统(如按句型成分来分);以语义特征为标准,建立语义分类系统(如按格关系来分);以语用特征为标准建立语用分类系统(如按句子的功能、用途来分)”。“我们考虑这三个系统应该是各自从不同的平面给句子分类,一个结构分类系统中的句型,应该既可以在语义分类系统中找到,也可以在语用分类系统中找到。三者结合便是对这一句型的全面描述。”“如果真能有上述三种不同的句型系统配合教学,那么,我们的工作肯定也会出现一个新的突破。”(赵淑华,1992:20)她的意见是很有见地的。

过去一段时间的语法研究,从形式出发,看一个形式表现什么意义,或从同样的形式中区分出不同意义,这是从理解一个句子的角度看的。对本民族学生的语法教学也许可以走这一路子。对外汉语的语法教学不同于对本民族学生的语法教学,有其特殊性,它要教会学生按照什么意义(想说什么)去组装句子(怎么表达意义),解决表达的问题。

从这个角度看,对外汉语教学用的句子类型,也许还可以有第三种模式,走从意义到形式的路子。我设想,是否可以从语义范畴出发建立句子类型系统(这样做也许还有另外一个好处,就是可以把过去独立在句型系统以外的"态"和对外汉语教学中专列的、代表汉语特点的一些"表达方式",比如"顺序"([像时间和地址等要按从大到小的顺序排列)等包括进来])。从意义出发,看表示某个意义有哪些形式(有些可能有形式标记,有些可能没有)。下位格式可以依据的语义标准有语义关系、语义指向、语义特征等(它们中任何一个因素的改变,都可能影响到表达。对比学生的母语,我们可以发现,同一个句型或句式,表示的语义关系等不同,有些和学生的母语一样,对学生来说不难,有些不同的,对学生来说就难些,找到了这些规律,就可以确定我们教学的重点、难点)。这样一来,"被动""存现""使令"(最重要的是由"叫""让""请"等构成的所谓"兼语式")、"态""顺序""数量"等都可以用来作为建立句子类型系统的出发点。当然,目前我们还不清楚究竟有多少语义范畴,但这并不妨碍我们现有的工作。这样建立起来的句型系统在对外汉语教学中也许更有用。

参考文献

国家对外汉语领导小组办公室. 汉语水平等级标准和等级大纲[M]. 北京:北京语言学院出版社,1988.

胡明扬. 语法形式和语法意义[J]. 中国语文,1958(3).

胡明扬. 再论语法形式和语法意义[J]. 中国语文,1992(5).

胡明扬. 语义语法范畴[J]. 汉语学习,1994(1).

林祥楣. 现代汉语[M]. 北京:语文出版社,1991.

刘月华等. 实用现代汉语语法[M]. 北京:外语教学与研究出版社,1983.

吕叔湘. 现代汉语八百词[M]. 北京:商务印书馆,1980.

吕叔湘. 汉语句法的灵活性[J]. 中国语文,1986(1).

吕文华. 对(语法等级大纲)(试行)的几点意见[J]. 语言教学与研究,1992(3).

吕文华. 关于中高级阶段汉语语法教学的构想[J]. 世界汉语教学,1993(2).

世界汉语教学,语言教学与研究杂志编辑部. 80 年代与 90 年代中国现代汉语语法研究[M]. 北京:北京语言学院出版社,1992.
吴勇毅. 英汉'同现'的差异对汉语学习的干扰[J]. 现代语言学,1992(6).
赵淑华. 句型研究与对外汉语教学[J]. 语言文字应用,1992(3).
张涤华等. 汉语语法修辞词典[M]. 安徽:安徽教育出版社,1988.

(原文刊于《汉语学习》,1994 年第 5 期)

教学模式与教学法

汉语作为第二语言/外语教学模式的演变与发展

摘 要 21世纪蓬勃发展的汉语作为第二语言/外语教学,与以往相比呈现出几个显著的变化:一是在来华留学生继续大幅增加的情况下,世界各地,或者说"本土"的汉语教学持续升温,方兴未艾;二是学习汉语的对象由过去主要是成人变为有越来越多的青少年开始学习汉语;三是华侨、华裔子弟汉语学习的"回归"。第一个变化使得我们开始注意到汉语作为第二语言与汉语作为外语教学的差异,第二个变化使得我们更加注重了成人学习汉语和青少年学习汉语的差异,第三个变化使得我们清楚地意识到华裔学生与非华裔学生汉语学习的不同,也从另一个角度认识到对外汉语教学不等于华文教学。对现实的认识与语言教学理论的发展以及国际上第二语言/外语教学的潮流对传统的汉语教学模式提出了挑战,促使新的汉语教学模式得以萌芽。

关键词 汉语作为第二语言 汉语作为外语 教学模式 演变 发展

一、引言

21世纪蓬勃发展的汉语作为第二语言教学(TCSL)、汉语作为外语教学(TCFL),与以往相比呈现出几个显著的变化:一是来华留学生人数仍在继续大幅增长,与此同时,世界各地,或者说各国"本土"的汉语教学持续升温,可谓"遍地开花";二是学习汉语的对象由过去主要是成人变为有越来越多的青少年开始学习汉语;三是华侨、华裔子弟汉语学习的"回归"。第一个变化使得我们开始注意到汉语作为第二语言与汉语作为外语教学的差异(吴勇毅,2006b),第二个变化使得我们更加注重成人学习汉语和青少年学习汉语之间的差异,第三个变化使得我们清楚地意识到华裔学生与非华裔学生汉语学习的不同,也从另一个角度认识到对外汉语教学不等于华文/华语教学。

对现实的认识与语言教学理论的发展以及国际上第二语言/外语教学的潮流对传统的汉语教学模式提出了挑战,促使新的汉语教学模式得以萌芽。

二、关于教学模式

所谓教学模式有不同的定义，详细一点的，如“所谓教学模式，就是给学生提供一种能使学习得以产生的学习环境，这种学习环境的创设是在一定教学理论和教学思想指导下，通过教学实践的检验，将课堂教学诸要素用科学的方法组成稳固的教学程序，通过运用恰当的教学策略，规范教学课程中的各种形式的交互活动，以促使学习的真正产生”（周淑清，2004）。简单点的，如“教学模式，是指在一定教学理论指导下，通过对教育教学实践经验的概括和总结所形成的一种指向特定教学目标的比较稳定的基本教学范型”（褚远辉、辉进宇，2003）。最简明的，如“‘教学模式’，指课程的设置方式和教学的基本方法”（崔永华，1999）。其实，这三个定义的侧重点或者说层次并不相同。

要形成一种汉语作为第二语言或者汉语作为外语的教学模式，必然会涉及以下几个问题：

（1）设定什么教学目标/学习目标，培养何种能力（语言能力、交际能力、跨文化交际能力等）；

（2）在教学中，如何处理语言和文化的关系；

（3）在教学中，怎么解决语言和文字的关系；

（4）在教学中，如何协调语言知识传授和语言技能训练的矛盾，包括知识传授的核心和技能训练的重点；

（5）在教学中，怎么解决课型设置与技能训练的配合问题。

而教学模式的改变也必然会在上述问题中寻求突破点。

三、传统的对外汉语教学模式

首先，我们追溯一下中国国内传统的对外汉语教学模式的演变。从上个世纪70年代初（1973年）到80年代中期（1986年），中国的对外汉语教学采用的基本上都是“结构驱动的（以结构为纲的）综合教学模式”。这种教学模式的特点可以概括为“一套教材、一门课、四种技能综合训练”，“听说读写全面要求，突出听说，读写跟上”。所谓“一套教材”，是指（在最初阶段）只使用一套综合性的通用教材，不分什么听力、口语、阅读、写作教材；所谓“一门课”，是说不把四种技能分成四门课来上，而是以一贯之（“一门课”即“综合课”，也称“精读课”）。课堂教学时，一位老师上句型（语法），另一位老师上课文（带操练）；或一位老师上句型、课文，另一位老师则负责操练。依靠一套教材、一门课，把四种技能的全面训练综合承担起来（经过相当一段时间的教学之后，再使用不同的教材，分口语、听力、阅读、写作等课程，以加强单项技能的训练）。“突出听说，读写跟上”包括两个方面：一是说在四种技能中，“听说”的地位应先于“读写”，即以“听说”带“读写”；二是说在具体的每堂课教学中，学生可以不看书，先进行听说训练，再进行阅读或写作训练。教学目标是培养学生语言的准确性和技能的熟练性。这个模式并不注重考虑正确的语言形式和熟练的技能能否顺利完成各种交际任务。教学模式（课程、教材、技能之间的关系展示）见图 1：

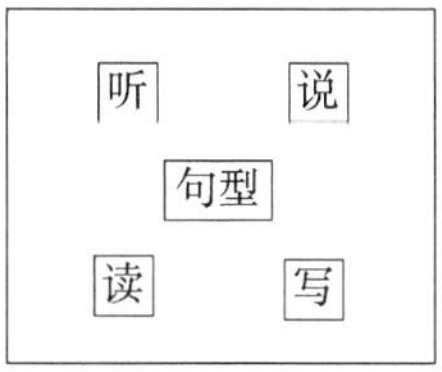

图 1

80 年代中期（1986 年前后）至今，中国的对外汉语教学采用的是“技能驱动的分技能教学模式”。跟前一种模式不同，这种模式首先考虑的是如何进行语言技能的训练，然后按照语言技能训练的要求组织和编排教学内容（吕必松，1990）。其最初的形式可以概括为“一套三本、三门课、四种技能分摊训练”。所谓“一套三本”是指教材是一套有“共核”的三本书，包括读写、听力、说话三种单项专用教科书；“三门课”是读写、听力、说话课；四种技能分摊在三门课中。这种教学模式可以说一直延续到今天，仍然占主导地位，尽管新世纪开始后出现了一些变化。教学模式见图 2：

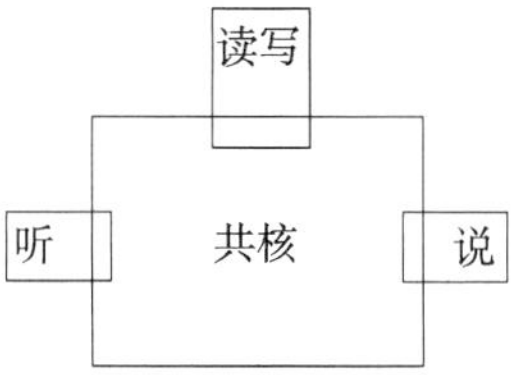

图 2

后来有许多变式，但都是以“分”为主，即按语言技能分设课程。由于三种教材和四项技能训练要相互配合和衔接，比如词汇和语法点，哪些是共有的，哪些是独有的或可以扩展的，于是“共核”变得尤其重要，最后“精读课”或称“综合课”被确定为核心，“精读课的教学内容被假定为整个单元的共核”（崔永华，1999）。这种按语言技能划分课型、设置课程的主要理由是：（1）不同的语言技能要通过不同的方法来训练。听、说、读、写是四种不同的语言技能，习得方法也不同。过去的精读课虽然要求对听、说、读、写进行全面训练，但在实际教学中并不是同时训练四种技能；（2）精读课的训练方式实际上是口语和书面语不分（吕必松，1985）。这种教学模式把语言交际技能的培养设定为自己的教学目标。

吴勇毅、徐子亮（1987）曾对这种教学模式提出过不同的看法。崔永华（1999）也认为，这种教学模式有三个不足：一是这种模式不利于学习者对语言项目的掌握，教学设计者希望每个单元都以精读课的内容为共核，其他课程在对精读课的内容进行复练和巩固的基础上，发展到分技能的运用，但是迄今为止，还没有看到能够很好地体现共核的教材，特别是现在，除个别学校在固定使用完整的系列教材，多数学校都是多种教材搭配使用，各课型包含的内容差异越来越大，已远离了模式设计者的初衷；二是按技能分课型，未必是学习语言技能的最佳途径；三是现行模式的重大弱点是它对近些年来语言学、教育学、心理学，包括对外汉语研究的新成果，反映甚微。

四、汉语作为第二语言/外语教学模式的发展

进入新世纪以来，汉语作为第二语言/外语教学模式有了新的发展。有的教学模式比较成熟，已经在推广使用；有的还在摸索尝试之中；还有的提出了理论框架，期待实践检验。这当中有几个模式值得我们关注。

首先是美国的 AP 中文教学模式。这是一个汉语作为外语的教学模式，教学对象是美国的高中学生。美国的 AP 中文可以概括为一、二、三、四、五，即：一个大学先修课程项目（Advanced Placement Program）；两项内容（AP 课程和 AP 考试：AP 中文语言与文化课程/AP Chinese Language and Culture Course，AP 中文语言与文化考试/AP Chinese Language and Culture Exam）；三种交际/沟通模式（Three Communicative Modes：人际交流模式/Interpersonal Mode，理解诠释模

式/Interpretive Mode,表达演示模式/Presentational Mode);四项语言技能(Four Language Skills:听、说、读、写);五大教学目标[Five Goals(五 C):交流/沟通/Communication,文化/Cultures,贯连/Connections,比较/Comparisons,社区/Communities]。曾妙芬(2007)把"五 C"诠释为"学生必须具备运用中文沟通的能力,认识中国多元文化,贯连其他科目,比较语言文化之特性并应用于国内及国际多元化社会"。"五 C"中,"交际/沟通"是核心,而人际交流、理解诠释和表达演示三种交际模式又是核心中的核心,"交际/沟通"是通过这三种交际模式来实现的。

AP 中文不是把听、说、读、写按不同技能分成不同的课型来分别培养,而是综合的。但跟以往不同,它们是在第一个 C 下,被三种交际模式重新组合了:听、读(理解诠释模式);说、写(表达演示模式);听、说、读、写(人际交流模式)。教学模式见图 3[①]:

图 3

AP 中文是一种新的汉语作为外语的教学模式,是为高中学生学习汉语而设计的。它是交际法/交际语言教学理论的一种具体运用。

在中国国内,也有学者在反思以往占据主流地位的教学模式。吕必松(2003)从汉语的特点和如何正确处理书面汉语教学与口头汉语教学之间的关系出发,认为以往的"语文一体"和"词本位"的教学模式完全背离了汉语的特点。他提出建立"'语文分离'的教学模式",主张"字本位"教学(后者源于法国的白乐桑教授)。传统的对外汉语教学模式在处理口语与书面语的关系上,虽有过种种尝试,但"语文

① 引自 NAEP.

并进”“词本位”(以词汇为教学单位,词汇跟汉字同步学习,随文识字,“识/认写同步”,“语文同步”)最终成为主流。吕必松先生批评“语文一体”的教学模式,即不严格区分口语和书面语,不系统介绍口语体语言和书面语体语言的区别,不做语体转换练习;对阅读训练,尤其是大量和快速训练的重视程度远远不够。而“词本位”教学把词作为基本教学单位,把汉字作为单纯的书写符号,使其附属于词汇教学。把词作为基本教学单位,学生难以对双字词和多字词中的汉字形成独立的概念。汉字不能形成独立的概念,就不便于在大脑中单独存储和提取。与“语文一体”和“词本位”教学相联系的是教说什么话,就教写什么字,无法按照汉字形体结构的特点由易到难地进行汉字形体结构的教学。

“语文分离”的教学模式首先是分别建立书面汉语教学和口头汉语教学两种不同的教学系统。前者主要承担汉字教学、阅读教学和写作教学的任务,它是一种以教授书面语为重点的汉字与读写教学系统;后者主要承担语音教学、听力教学和说话教学的任务。两者都要进行语法教学,但是语法教学的内容各有侧重。这两种教学系统既相对独立,又互相补充。教学模式见图 4:

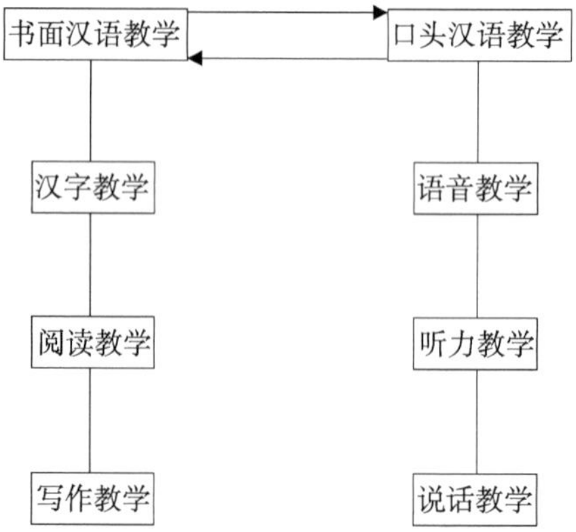

图 4

这个模式的框架,以书面汉语教学系统为例,其构想是:

(1) 单独设立与口头语言教学课型相平行的汉字与读写教学课型,阅读和写作也可分开,专门进行汉字、阅读和写作教学。可以分为三个教学阶段:第一阶段是字的结构和用法教学阶段;第二阶段是字的用法和阅读教学阶段;第三阶段是阅读和写作教学阶段。

(2) 字的结构的教学包括字形、字音和字义的教学；字的用法的教学实际上就是语法教学，主要是教字与字的组合规则，包括字组(复合词和词组)和句法规则。

(3) 第一阶段的教学重点是字形结构(笔画、笔顺、部件、部首)，结合字形进行字音和字义的教学，兼顾教授字的用法；第二阶段的教学重点是字的用法，兼顾阅读教学；第三阶段的教学重点是大量和快速阅读，逐渐加强写作教学(以应用文为主)。(吕必松，2005)

在吕先生看来，语文分离后，口头汉语教学就自动摆脱了本来与己无关的汉字的干扰，从而使书面汉语教学与口头汉语教学的关系从互相制约改变为互相补充和互相促进。

吕必松先生这个新的教学模式还在建构之中。而"字本位"教学模式虽有许多实践，但争议仍然很大。

近年来，另一种"基于任务"的教学模式已成为对外汉语教学界不少学者探索的时尚。最早的大约是马箭飞(2000)构想的以"交际任务"为基础的汉语短期教学模式，以后有一些学者尝试建立不同的"基于任务"的教学模式(吴中伟，2004、2005a、2005b、2005c；吴勇毅，2005、2006a)。比如吴勇毅(2005)提出，在教材编写和课堂教学时，不再像以往那样，分成课文和练习两大板块，而以任务统领全课的活动，形成一个任务链。"课文"已不是传统意义上的(学习)"样板"(model)，而是任务链中的一环。"学生在执行或完成这些任务的过程中接触语言、学习语言和使用语言。"(程晓堂，2004)汉语是完成任务的工具，可以采用听、说、读、写等不同的方式去完成任务。这类任务类似真实世界(学习、生活、工作)的活动，是学生在学校或进入社会很可能要做的事，材料也完全是真实的(如来自生活、报刊、广播、影视等)，有多种语言技能的参与。它以集体/小组活动为主，也有个人独立完成的事情。活动中有信息差(information gap)、意见差(opinion-gap)和推理差(reasoning-gap)，任务完成后有一个结果。教学模式见图 5：

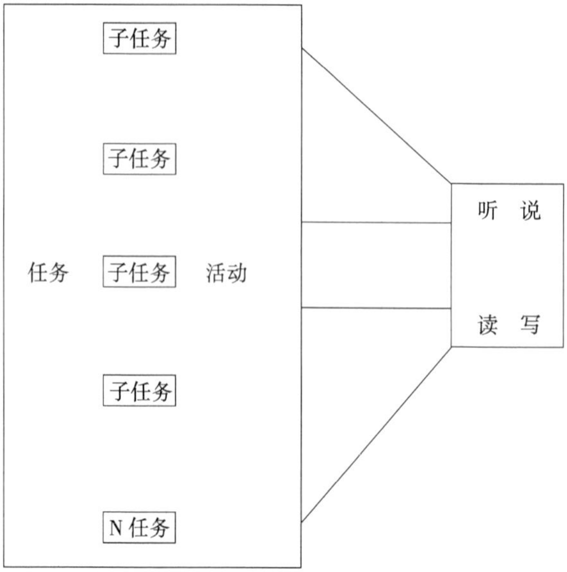

图 5

五、结语

笔者从资料上看到，新加坡于2005年公布了新的华语教学计划，新的教学方法被概括为“多听多说、有效识字、读写跟上、快乐学习”16字“真言”和“四大原则”（郭熙，2006）。这也许会逐渐形成新加坡自己独特的华语教学模式。

影响汉语作为第二语言/外语教学模式形成的因素很多，例如汉语自身的特点（如句法、词汇、汉字等）、教学的环境（汉语作为二语还是作为外语等）、教学的对象（孩子、成人等）等，而更重要的是语言观和语言学习观，在不同的语言观和语言学习观下会形成不同的教学模式。而我们评价一种教学模式的优劣，不仅要看它能否达到具体的教学目标，能否培养学习者的汉语能力和汉语交际能力，而且要看它能否提高学习者的学习能力，让他们掌握学习方法，使他们成为终身的汉语学习者。

参考文献

程晓堂. 任务型语言教学[M]. 北京：高等教育出版社，2004.

褚远辉，辉进宇. 谈当代教学模式的发展趋势[J]. 教学与管理，2003(22).

崔永华. 基础汉语教学模式的改革[J]. 世界汉语教学,1999(1).
郭龙生. 对外汉语教学中的语言规划价值及其中的问题与对策[J]. 修辞学习,2006(3).
郭熙. 海外华语教学研究的现状与展望[J]. 世界汉语教学,2006(1).
吕必松. 基础汉语教学课型设计和教材编写的新尝试[J]. 语言教学与研究,1985(4).
吕必松. 对外汉语教学发展概要[M]. 北京:北京语言学院出版社,1990.
吕必松. 汉语教学路子研究刍议[J]. 暨南大学华文学院学报,2003(1).
吕必松. 语言教育与对外汉语教学[M]. 北京:外语教学与研究出版社,2005.
马箭飞. 以"交际任务"为基础的汉语短期教学新模式[J]. 世界汉语教学,2000(4).
吴勇毅. 从任务型语言教学反思对外汉语口语教材的编写[J]. 国际汉语教学动态与研究,2005(3).
吴勇毅. 从交际语言教学到任务型语言教学[J]. 对外汉语研究,2006a(2).
吴勇毅. 论汉语作为第二语言教学(TCSL)与汉语作为外语教学(TCFL)[J]. 汉语教学学刊,2006b(2).
吴勇毅,徐子亮. 建国以来我国对外汉语教学法研究述评[A]. 对外汉语教学研究会第二次学术讨论会论文选[C]. 北京:北京语言学院出版社,1987.
吴中伟. 浅谈基于交际任务的教学法——兼谈口语教学的新思路[A]. 第七届国际汉语教学讨论会论文选[C]. 北京:北京大学出版社,2004.
吴中伟. 任务的性质和特点——任务教学法研究之一[J]. 语言研究与应用,2005a(3).
吴中伟. 语言教学中形式与意义的平衡——任务教学法研究之二[A]. 赵金铭主编. 对外汉语教学的全方位探索[C]. 北京:商务印书馆,2005b.
吴中伟. 从 3P 模式到"任务教学法"——任务教学法研究之三[J]. 国际汉语教学与动态,2005c(3).
曾妙芬. 推动专业化的 AP 中文教学[M]. 北京:北京语言大学出版社,2007.
赵金铭. 从对外汉语教学到汉语国际推广[J]. 汉语研究与应用,2006(4).
周淑清. 初中英语教学模式研究[M]. 北京:北京语言大学出版社,2004.
乔伊斯等. 教学模式[M]. 荆建华等译. 北京:中国轻工业出版社,2002.

[原文刊于《华东师范大学学报(哲学社会科学版)》,2009 年第 2 期]

关于汉语教学模式创建之管见

摘　要　在新形势下讨论创建中国的对外汉语教学模式是很有现实意义的。本文讨论了教学模式及其构成要素、教学模式的层级性和多样性等问题。对汉语教学模式创建的外部条件和内部因素提出了我们的看法。文章强调任何教学模式的改变、创新与创建都必然会在内部寻求突破点，而教学模式的创建可以走“自下而上”或“自上而下”的不同路子。汉语教学模式创建的核心是要“从汉语、汉字及汉语应用的特点出发”，体现汉语与汉字的特点，这样才能走出自己的路。

关键词　汉语教学　教学模式　创建

有幸先拜读了刘颂浩教授的《中国对外汉语教学模式的创建问题》(2014，以下简称《创建》)一文，感触良多，很有启发。对文章中的观点有些同意，有些也有自己的看法。本文以“教学模式、对外汉语、创建”等关键词为引子，谈谈我们的一些认识。

一、关于教学模式

要谈对外汉语教学模式的创建，首先要明了创建的对象。关于教学模式，学界尚无统一的认识。教育学界有从学习环境来定义的，如“一种教学模式就是一种学习环境。这种环境有多种用途，从如何安排学科、课程、单元、课题到设计教学资料，如：教材、练习册、多媒体程序、计算机辅助学习程序等”(乔伊斯等，2002：15)；有从教学程序、活动框架来定义的，如“教学模式是开展教学活动的一整套方法论体系，是在一定教学思想或教学理论指导下建立起来的、较为稳定的教学活动框架和活动程序”(黄甫全、王本陆，1998：432)；也有从教学范式来定义的，如“教学模式是在一定教学理论的指导下，通过对教育教学实践经验的概括和总结所形成的一种指向特定教学目标的比较稳定的基本教学范型”(褚远辉、辉进宇，2003：5)。凡此种种，不一而足。叶丽新(2003:56)把教学模式的内涵归纳为：(1)教学模式蕴含着特定的教学思想；(2)教学模式提供参考性的教学活动结构或教学程序；(3)特定的教学模式需要具有与其相匹配的基本教学策略或方法。既是模式，就必有其结构框架和构成要素，后者学界有所谓“四要素说”“五要素说”“六要素说”等。这些构成要素大致可以概括为：教学理念/思想、教学目标、操作程序、实现条件、师生关系/组合、评估(指依据教学模式所制定的评价标准和方法，对教学过程和效果进行评估。这里虽然不是直接指对教学模式本身的评价，但对教学质量和教学效果的检验，也就意味着对模式本身之优劣的间接评价)。

对外汉语教学界对教学模式的研究虽然不多，但对教学模式是什么，也持不同的看法，有“设计说”“方法说”“范式说”“结构说”“程序说”等(陈莉，1997；崔永华，1999；马箭飞，2004；赵金铭，2007；史有为，2008)。这里只举一个具有代表性的定义，赵金铭(2007)认为，所谓对外汉语教学模式，就是从汉语、汉字及汉语应用的特点出发，结合汉语作为第二语言教学理论，遵循大纲的要求，提出一个全面的教学规划和实施方案，使教学得到最优化的组合，产生最好的教学效果。这是一种把汉语作为第二语言教学的特定的教学范式。

我们把教学模式视为一个在一定的教学和学习理论指导下(这种理论或明示或隐含/cxplicit or implicit)，以实现教学各基本要素(教学目标、教学大纲、教学内容、教材、教学技术/手段、教学方法/策略、师生角色、教学活动和教学环境等)之间组合为最优化方案的系统，优化组合的结果体现为一种可以拷贝的“标准样式”。我们强调教学模式是一个层级系统，可以分为宏观、中观和微观等不同层次(可参见张皎雯，2010)，这样就可能产生不同层面的教学模式，比如“分技能教学模式”是属于“课程设置方式”(崔永华，1999)的一种模式，而课堂教学模式，比如听力或口语课教学模式，则是课堂操作的具体程序和方式。“明德模式”既涉及课程安排(如大小班制)，又涉及具体课堂的操作程序(如操练时从“领唱”到“跟唱”，从“独唱”到“合唱”等)。其实明德的这种大班“讲”、小班“练”的做法在中国国内使用过很多年(只是那时都是相对小班，故不分大小班而已)，而且效果很不错。笔者 1980 年入行时就曾使用过，一个上午 4 课时，前两节课一位老师主要讲内容(生词、课文)和规则及用法，后两节课另一位老师主要就是练习和操练。我们暂且不谈这种做法背后的教学理念，它另有一个好处就是上练习课的老师由于不负责讲解，可以完全不懂外语(即使懂也不许讲)。那时有不少老师不懂外语，就是这么上出来的，后来就逐渐练就了一身好本领(上课就是不说外语,还照样上得很好)。

我们要强调的另一点是,不存在一种放之四海而皆可用的教学模式,当然这个前提是已经有了或者创建了教学模式。张皎雯(2010:8)指出,既然教学模式是在一定教学理念指导下用来实现教学各基本要素的最优化,那么教学理论间的不同组合就会形成要素间不同的组合方案。因此没有任何一种教学模式可以满足所有的情况。正所谓教学有模,但无定模,贵在得模。"有模"是指在教学理论指导下能够形成教学要素间的组合方案,每一套方案都是系统经过优化后的某一特定教学模式的表现形式。"无定模"体现了系统的动态效应,即系统中所含要素可以形成不同的组合,不存在固定的教学模式。"得模"则是研究教学模式的根本目的,也就是最终要提升出能够在某些相似环境中进行使用和推广的教学模式。

二、关于教学模式的创建

《创建》一文中从大学、院系和教学主管三个方面论述了关于中国高校对外汉语教学模式的构想:大学要认识到语言教学的独特性,在教室资源方面提供便利,在学制安排上允许院系做出调整(即放权);院系要将组织教学的权力彻底下放给教学主管,院系的工作重点从负责日常教学行为转到为教学(特别是教学主管)提供服务,包括选择胜任的教学主管、组织测试和评估、教学支持和建立合理的薪酬分配体系等(即功能转变);教学主管是新模式中最主要的角色,全权负责教学设计、教学组织、教学管理以及老师的聘用(即组织教学)。我们认为这是在讨论教学模式创建的外部条件,从某种意义上或许可以说是教学模式创建的"保障"。这个三级体制或许可以成为教学模式创建的"土壤"或"温床",但设教学主管(个体)依然会有问题存在。设教学主管的初衷也许是要让教学主管从教学理念到教学设计乃至课堂操作形成个体的特点和范式,这容易"百花齐放""推陈出新",创建教学模式。但国外一些短期项目目标比较单一,设教学主管容易统一"流程",而国内许多高校,留学生成百上千,甚至几千人的规模,如果教学主管人人"自由发挥",从行政上会很难管理;若要统一在一个"标准样式"下,亦非易事。国内高校留学生(语言)教学的管理体制多样,具体情况很不相同,但设教学主管的构想无疑是有创意的,体制机制的改革,目的就是要为创新提供动力和保障。

教学模式的创建需要外部保障,但依然要从教学本身出发。吴勇毅(2009:90)

指出，要形成一种汉语作为第二语言或者汉语作为外语的教学模式，必然会涉及以下几个问题：(1)设定什么教学目标/学习目标，培养何种能力(语言能力、交际能力、跨文化交际能力)；(2)在教学中，如何处理语言和文化的关系；(3)在教学中，怎么解决语言和文字的关系；(4)在教学中，如何协调语言知识传授和语言技能训练的矛盾，包括知识传授的核心和技能训练的重点；(5)在教学中，怎么解决课型设置与技能训练的配合问题。现在看来，似乎还应该增加：(6)在教学中，采用何种/类教学策略与方法以快速高效地达到教学目标的问题；(7)在教学中，如何解决现代教(学)育技术/手段合理运用的问题(郑艳群，2006；仇鑫奕，2006；孙雁雁，2009)；(8)在教学中，如何利用教学环境(包括社会环境与课堂环境)的问题(郑艳群，1999；邱军，2009)。我们强调任何教学模式的改变、创新与创建都必然会在上述问题中寻求突破点。举例来说，"语文并进""语文分离""语文分进""集中识字""'字'本位"等教学模式，是要处理语言和文字的教学关系；"分技能模式"是要解决技能训练与课型设置的配合问题；"'基于任务'的教学模式"是要提高用语言解决实际问题的能力(综合运用语言的能力)；"Tutorial 汉语远程教学模式"(Tutorial Chinese Distance Instruction，简称"TCDI 模式")是要寻求利用教育技术进行远程学习的可能；"海外企业短训教学模式"(毛悦，2010)是通过有针对性的课程设置，采用有效的教学策略以实现特殊学习需求；"普北班""CIB(哥大班)"等"明德"类暑期班模式是要利用教学环境，解决外语与二语的环境差异给汉语学习带来的问题，等等。

教学模式的创建可以走"自下而上"或"自上而下"的路子，前者基于归纳，以具体问题驱动；后者基于演绎，以理论驱动。"听说法"教学模式的建立可以说是后者的代表；而当年我们国内的"分技能教学模式"的建立走的则是"自下而上"的路子，是从解决教学目标的实际问题出发的(当然也受到当时教学理论的影响)，对此鲁健骥(2009)有很好的说明，我们不再赘述。笔者在 20 世纪八九十年代从事过第三世界国家预科留学生的汉语教学工作。当时学校制定的目标就是，必须在一年内解决汉语的问题，并且让留学生能在第二年入系跟中国学生一起听课。针对这个具体目标，我们进行了实验(笔者既是实验的"教学主管"，也是授课老师之一)，第一学期每天上午四节课，一位老师负责讲授内容、语言规则及其使用，另一位老师专司操练，下午则两位老师分别进行个别辅导；第二学期除了在汉语教学内容中加入一些专业词汇和内容(主要是数、理、化的词语等，由入系后讲授专业课程的三位老师分别提供专业课所"必须"的"子弹"，汉语老师进行组合和挑选)以外，还拿出一部分时间由数、理、化三位老师每周分别各上一次“数学课”“物理课”和“化学课”，说是专业知识课，又带有点专业汉语课的性质。三位老师的责任是把学生中学学习的内容与大学本科衔接起来（包括复习中学的一些内容），必须用汉语授课（目的之一是让学生熟悉专业课老师的各种普通话“口音”），但多用各科的公式帮助理解（当时的另一种模式是在汉补阶段，教师用英语各上一门或一段时间的数理化课，以补习和衔接中学与大学的课程）。这个模式实验下来效果不错，学生入系后基本可以跟中国学生一起听课或接受用汉语单给他们授的课。于是这个模式就逐渐固定下来了。

三、关于对外汉语教学模式的创建

《创建》一文的核心是提出要创建中国对外汉语教学自己的模式，这是一个非常重要而又迫切的命题。我们这里暂不讨论以往的对外汉语教学有没有模式的问题（具体的看法，可参见汲传波，2006；吴勇毅，2009 等），但新世纪以来汉语教学的形势和发展，尤其是身处新媒体和大数据时代，更需要我们去研究和创建新的汉语教学模式。

所谓“中国的对外汉语教学模式”其实已经从教学环境做了区分，即是在中国教汉语还是在外国教汉语，是把汉语作为第二语言进行教学，还是把汉语作为外语进行教学（吴勇毅，2006），可以有中国的对外汉语教学模式，也可以有外国的汉语教学模式。2004 年底，在北京语言大学举行了由国家汉办主办，哈佛大学、哥伦比亚大学、北京语言大学、南开大学承办的“新世纪对外汉语教学——海内外的互动与互补”学术交流会，在某种意义上可以说就是海内外汉语教学模式的一种交流与碰撞，20 多位海内外专家或演讲或操作（模拟上课），90 多所高校的 300 多名师生参加了这次交流，会上其激烈碰撞的场景实在让人难忘。会后出版了文集《汉语教学——海内外的互动与互补》（崔希亮，2007），是一本很值得读的书。

汉语教学模式的创建，无论是汉语作为第二语言教学还是汉语作为外语教学，都会受到很多因素的影响，比如，教学环境、教学对象、教学条件、教学目标等；模式的创建者（专家或教师）更会受到其自身的语言观、语言教学观和语言学习观的影响，但创建的核心是要“从汉语、汉字及汉语应用的特点出发”，“教学模式创新应体现汉语与汉字特点”（赵金铭，2007），比如汉语的声调特点（与无声调语言相比；与有声调但又与汉语声调不同的语言相比，如泰语、越南语等）；汉语无严格意义上的形态变化，故词序和虚词是极其重要的特点；汉语信息结构的特点；汉语不同于拉丁文字的文字系统的特点等。只有从汉语、汉字及汉语应用的特点出发，才能创建出真正符合汉语特点、尤其是不同于印欧语言教学的教学模式。李晓琪提出的以虚词为核心的“词汇—语法教学模式”是基于汉语语法特点的思考；邓守信提出现代汉语信息结构的教学①是从汉语句子结构的表达特点出发的；白乐桑提出的“‘字’本位教学模式”是基于汉语的“语”“文”特点提出的；郭春贵的平声(55)与上声(214)的对比教学模式，是基于上声在语流中通常发作低平调(211)的特点而设计的。在声调教学上，其实我们很少去研究其他声调语言，如泰语、越语等是如何教外国人学习声调的，其声调教学模式又是怎么样的。越语有六个声调：平声、玄声、问声、跌声、锐声和重声，其中既有跟普通话相似的声调，又有其特有的声调，那么越南老师是如何教中国学生，乃至母语为无声调语言的欧美学生学习越语声调的呢？当然，基于汉语、汉字特点的教学模式，还要接受教学效果和速率的检验，还要看其是否能够达到预期的教学目标和学习目标，这涉及教学模式的评估问题。好的教学模式还“要看它能否提高学习者的学习能力，让他们掌握学习方法，使他们成为终身的汉语学习者”(吴勇毅，2009)。

一家之管见，挂一漏万，不当难免，只为引起大家对汉语教学模式创建的关注并对《创建》一文做个呼应。文章写完时，正好收到一个孔子学院总部/国家汉办关于欢迎积极参加“国际汉语教学优秀课例大赛”的邮件(20140606)。其中说到，2013 年，孔子学院总部/国家汉办对《国际汉语教学通用课程大纲》进行了修订，增加了“常用教学模式课例”等更具实用性、操作性的内容。为创新教学理念与教学模式，与全球汉语教师共同分享符合《大纲》内容的教学成果，孔子学院总部/国家汉办拟面向海内外汉语教师及相关行业人员，举办“国际汉语教学优秀课例大赛”活动，征集符合《大纲》的课例作品云云。可见，要改革和创新汉语教学模式是一个共识。

参考文献

陈莉. 试论教学模式的建立及意义[J]. 北大海外教育，1997(1).

褚远辉，辉进宇. 谈当代教学模式的发展趋势[J]. 教学与管理，2003(22).

---

① 在第四届东亚汉语教学研究生论坛的演讲，越南河内国家大学下属外国语大学，2014.

崔希亮. 汉语教学——海内外的互动与互补[M]. 北京:商务印书馆,2007.

崔永华. 基础汉语教学模式的改革[J]. 世界汉语教学,1999(1).

黄甫全,王本陆. 现代教学论学程[M]. 北京:教育科学出版社,1998.

汲传波. 论对外汉语教学模式的构建——由美国明德大学汉语教学谈起[J]. 汉语学习,2006(4).

李晓琪. 关于建立词汇—语法教学模式的思考[J]. 语言教学与研究,2004(1).

刘颂浩. 中国对外汉语教学模式的创建问题[J]. 华文教学与研究,2014(2).

鲁健骥. 澄清对外汉语教学模式演变过程中的两点重要事实[J]. 暨南大学华文学院学报,2009(3).

毛悦. 海外企业人员短期汉语教学模式研究[J]. 世界汉语教学,2010(1).

马箭飞. 汉语教学的模式化研究初论[J]. 语言教学与研究,2004(1).

乔伊斯等. 教学模式[M]. 荆建华等译. 北京:中国轻工业出版社,2002.

邱军. 环境、模式及其关联性分析[J]. 世界汉语教学,2009(2).

仇鑫奕. 虚拟现实技术支持下的对外汉语教学模式[J]. 外语电化教学,2006(1).

史有为. 教学法和教学模式的解析与重组——兼及日本汉语教学中的相关课题[J]. 世界汉语教学,2008(3).

孙雁雁. 基于多媒体初级汉语口语课堂的"互动—理解—输出自动化"教学模式[J]. 长江学术,2009(4).

吴勇毅. 汉语作为第二语言教学(TCSL)与汉语作为外语教学(TCFL)[J]. 汉语教学学刊,2006(2).

吴勇毅. 汉语作为第二语言/外语教学模式的演变与发展[J]. 华东师范大学学报(哲学社会科学版),2009(2).

叶丽新. 走出"假性"繁荣——浅论我国教学模式理念的模糊性及对策[J]. 教育理论与实践,2003(2).

张皎雯. 汉语国际推广背景下的汉语作为第二语言/外语教学的教学模式研究与探索[D]. 上海:华东师范大学硕士学位论文,2010.

赵金铭. 对外汉语教学模式创新与教材编写[A]. 第八届国际汉语教学讨论会论文选[C]. 北京:高等教育出版社,2007.

郑艳群. 虚拟现实技术和语言教学环境[J]. 世界汉语教学,1999(2).

郑艳群. 多媒体汉语课堂教学方法[J]. 语言文字应用,2006(1).

(原文刊于《华文教学与研究》,2014 年第 2 期)

情景下的虚词教学

摘　要　虚词由于其意义的虚化及抽象，在对外汉语教学中常常成为难点。传统的虚词教学，以意义和规则性解释为主。但抽象表征并不能保证它承载的共性能使用于个别、特殊的情形。因此，真实语境和情景下的虚词教学就显得尤为重要。本文探讨了情景教学法在虚词教学中的运用，并指出情景原则下的虚词教学就是要让学生在真实的、有意义的、情景化的材料输人中，体会虚词的作用和用法，而非单纯地让学习者在孤立的语言片段中体会高度抽象化的语言现象描写和语法规则解释。情景的设计是这种虚词教学过程中的重点，而现代化多媒体教学手段的运用，不仅能创造丰富的虚词理解和使用的条件及情景，而且发展了传统情景法的视听手段。

关键词　虚词教学　情景　情景教学法　对外汉语

一、问题的提出

1.1 虚词是汉语作为第二语言/外语的重点确定无疑，而且它同时又是教学的难点，这是因为其具有高度的抽象性，且在其他语言中很少有完全对等的词语和用法。传统的课堂教学法以虚词意义和(句法)规则的解释为主，忽视对使用规则，尤其是使用条件(语境、情景等)的说明，再则结合汉语教学的虚词研究也很不够，“离总结归纳某一具体虚词的使用规则还有很大距离”(金立鑫，2005：2)，这就给汉语学习者带来虚词使用上的许多困难。有这样一个例子，教师期中考试让学生“用指定的词语造句”，其中有一个词是“难道”，于是我们就有了下面一组例句：

A. 难道你去不去？

B. 难道你不知道吗？

C. 他们已经结婚了，难道你不知道吗？

D. 难道你不知道他是英国人？他的英语太好了！

学生A造的句子违反了句法规则：用“难道”发问的反问句，句末可以用表示是非问的语气词“吗”或“不成”，但不可以用正反问的形式。教师判这个句子错，是病句。学生B的句子，句法上没有问题，故有的老师判对。但也有的老师判错或判半对，尤其是对比学生C的句子后，更是如此。理由是在交际中，不能没头没脑地说这个句子。要说出这个反问句，前面必须先要有一个事情/情况/事实，说话者才能用反问的方式表达自己对事情/情况/事实的看法。[①] 学生D的句子，如果是说话者一个人说的，似乎不符合逻辑常理，即使把后一句话挪到前面，依然如此。按照一般常识推断，应该是另一个人发出感叹后，说话者用反问句接续。分析B、C、D三组句子后，我们发现，使用“难道”构成反问句，除了应满足句法规则的要求以外，还要符合两种情景/语境：(1)如果说话者是自陈而发话，他就必须先把要反问的事情/情况说出来，然后再用“难道”反问，反问不能用在第一句起始，只能用在第二句话“承接”。这是在上下文(context)层面的使用条件，比如学生C的句子。(2)如果用“难道”的反问句要处在起始的位置，即第一句话，那么它一定是在对话中“承接”交际的另一方所叙述的事情/情况，对其表示自己的看法。这是在话语(discourse)层面的使用条件。判定学生B句子正确的教师，据我们调查，除了认为其句子语法没有问题以外，有的也感觉到孤零零的一个句子似乎不妥，但教师在阅卷时自己为学生“设想”(这是对外汉语教师在批改学生的造句或作文等练习时常见的情况，为的是要给学生一点分数)，补出了“前提条件”，比如“(她是一个非常有名的演员)，难道你不知道吗？”“(这个问题很简单)，难道你不知道吗？”等。

1.2 本文并非是专门讨论虚词的使用规则和使用条件的，而是想通过这个例子说明语境和情景对于虚词使用的重要性，对虚词教学的重要性。语言是交际的工具，真实的语言，尤其是口语，总是情景化了的。第二语言/外语教学的目的就是要培养学生在真实的情景中运用语言的能力。“我们要教给学生的并不是语言抽象属性的某一层面而是在实际生活中真正使用的语言”(Hadley，2004)。为了能使教学更交际化，语言教学一定要和情景、语境紧密联系起来，虚词教学亦是如此。

---

① 邵敬敏(2001)主编的《现代汉语通论》把反问句归为“疑问句的交际类型”。

二、情景与情景教学法

2.1 我们这里所说的情景包括上下文语境(比如句子内部前后成分和句子间的同现关系:text's cohesion)、话语的内部语境(比如说话者和听话者的意图/intentions、假设 assumptions、预设/presuppositions 等:the internal context of utterance),以及交际的外部环境(the external context of communication/situational context of the speech event),后者通常指的是场景(the setting)、谈话方式(the way of talking)和交际双方(participants)等。而 Hymes(1974)在前人的基础上将其归纳为八个变量,以词首字母编排成一个词,即所谓的 SPEAKING:Setting(时空场合/实际环境/场景),Participants(交际的听说双方),Ends(交际者的意图、目的和言语表达效果),Act sequence(话语的形式和内容),Key(说话的语调、方式和态度),Instrumentalities(交际渠道的选择,如口头还是书面和语码的选择,如用母语还是外语等),Norms of interaction and interpretation(交互和理解的规范/方式),Genre(语类/口头或书面语言活动的种类)(参见 Kramsch, 1999;朱永生,2005)。这些因素结合在一起成为一个整体,在交际时共同影响和决定着语言形式的选择和语言结构。因此,在语言使用中,情景和上下文语境的作用怎么强调也不过分。请看下面几个例子:

E. 你一定要带上伞,由于天上有很多乌云。

F. 我不禁流下眼泪。

G. 都三岁了,还这么贪玩。

从这几个例子来看,留学生似乎都理解了"由于"(表示原因)、"不禁"(表示抑制不住、禁不住)、"都"(表示已经)的抽象意义,但仍然不能为汉语母语者所接受。E 句中,除了"由于"应置于第一个分句,且常与"所以""因此"同现配合之外,还混淆了交际渠道,前一个小句偏向口语,而后一个小句却使用了带有书面语色彩的"由于"来解释原因。

F 句中的"不禁"是将原因/情况和感情失控的结果衔接起来的语言标记。当人们听到"不禁"时,便明白前一句是在说明原因/情况。从话语的角度出发,"不禁"句前必须出现表示原因/情况的句子:[听到这个不幸的消息,我不禁流下(了)

眼泪。]孤零零一个句子,就显得非常突兀,"前言不搭后语"。另外,在话语中使用"不禁"还有一个重要的条件,即它不能用在对话中应答,而必须是说话者独白的描述。在课堂教学中,不少教师都不讲词语的使用条件或语境,只告诉学生"不禁"的意思是"控制不住自己",于是学生就造出了F这样的句子。

G句没有句法错误。通常,"三岁"和"贪玩"符合我们心理层级中的价值期待:三岁的孩子自然就是贪玩的。但随着年龄的增长,孩子就向反向发展,如果是一个十六岁的高中生,就不应该再贪玩了。通常在年龄前用表示已经的"都……了,还……"结构是预设在某个年龄段的人就不应该做什么或怎么样了,如果还做什么或怎么样就违反常理了。学生在使用"都"时,只注意了句法条件,却没有将社会心理因素考虑在内。其实这也是传统的虚词教学中常见的问题。

"尽管语境的重要性早就有前辈学者大声疾呼过,但目前的外语教学在实施过程中对语言的形式的关注仍然多于内容。教学活动更多地还是以句子为基本单位来进行,而不是把连贯的语段或语篇作为体会或分析语言的基本单位。"(Hadley,2004)

2.2 情景教学法(Situational Approach)又称视听整体结构法(The audio-visual global and structural method)或视听法(Audio-visual Approach),创造于上个世纪50年代的法国,因其鲜明的特色和对二语/外语教学的特殊贡献,一直延续至今,因此不论是今天流行的课堂教学法还是教材,都可以看到情景教学法的身影。其精髓也被后来的其他教学法,比如交际法或交际语言教学所吸收。从情景教学法的三个名称,可以看出它所具有的最重要的三个方面的特点:首先是视听结合。这里的视不是指看书,而是指看幻灯和电影的画面或情景。画面展示的情景视觉感受和录音播放的听觉感受相结合,双通道同步作用于人的大脑,使其把声音和画面情景自然地联系起来用于整体感知话语,以帮助理解话语内容和记忆的长期贮存。其次是情景。视听法的创始人认为,在人们运用语言进行交际时,面前呈现着具体的、真实的情景,情景又决定着说话时所要选择的方式、节奏和语调,而活的口语又总是情景化了的。培养听、说、读、写能力必须创造出能看得到的现实情景,同时结合自然、正常的语速和语音、语调的完整结构的录音(章兼中,1983:120)。再次是所谓整体和结构。情景法强调,听懂和理解语言材料总是在听完整的结构基础上实现的,要把一个情景、上下文或图像跟一组词及意义经常地联系在一起。这些词和意义组成一个整体,并按照结构的方式发挥作用(章兼中,1983:119)。我们要让学生在真实的、有意义的语料和环境相结合的整体中掌握词语的含义和用法，而不是孤立地学习只言片语。所以，在情景教学法中，“整体”和“结构”是其突出的重点。

情景原则下的虚词教学就是要让学生在真实的、有意义的、情景化了的材料输入中，体会虚词的作用和用法，或者说“整体”和“结构”，而非单纯地在孤立的语言片段中体会高度抽象化的语言现象描写和语法规则解释。

三、情景教学法在虚词教学中的运用

3.1 情景教学法认为，在儿童入学后，其另一种视觉感知能力（即看书、阅读文字）和视觉记忆能力不断加强，相对来说，听觉感知能力和听觉记忆能力则有所减弱。这在儿童学习外语时表现得很突出，成人则更是如此。在对外汉语教学中我们注意到，不少学生看着书听录音似乎就听懂了，而抛开书光听录音就听不懂。这一现象表明他们的听觉感知似乎更加依赖于视觉感知。情景法希望通过视觉图像和声音的结合，提高学习者的听觉能力，“从而改变成年人习惯于借助眼睛学说外语[①]的传统的教学方法”（章兼中，1983：123）。声音和图像画面的结合可以使学习者直接建立起意义上的联系，有助于摆脱母语的干扰。

情景教学也符合认知心理学的理论。有关基于图示理解（schema-based understanding）的研究表明，在情景/语境中学习语言（比如在更大的话语构架中）会比在“只言片语”（bits and pieces）或孤立的句子结构中加工语言更容易（Hadley，2004：161）。

Hadley在其名著《在语境中教语言》（2004：90－91）中阐述了其外语课堂教学的五条原则，其中第一条就是必须为学习者提供操练/练习在目的语文化可能遇到的各种情景中使用语言的机会，在情景中学习语言并把学到的知识用于应对真实的语言使用的环境。我们认为在虚词教学中，情景的作用表现在两个方面：一方面是视听教学手段的运用和语境的提供（尤其是使用条件），这样可以使汉语学习者在情景中整体感知并理解虚词的使用规则和使用条件，体会其用法；另一方面可以利用视听教学手段和教师的话语设置情景，创造语境，给学习者提供使用虚词（进行表达）的环境和条件。

---

① 即通过看书本学习外语。

3.2 利用情景进行虚词教学，关键是情景的设计与教师的诱导。这里我们举两个例子，一个是教师给出语境，让学生体会归纳虚词的使用条件，另一个是多媒体情景教学的例子（见 3.3）。

第一个例子是虚词“果然”的教学。“果然”①解释为：表示事实与所说或所料相符。释例为：果然名不虚传。/他说要下雪，果然下雪了。② 中文释义和举例同上，英译为 really，indeed，as expected。《汉英词典》（1980）③，释为 really，as expected，sure enough。教材的生词翻译也是 really，as expected。教师按照传统的方式，上课时根据词典的解释向学生转述：“果然”的意思就是：一个/这个事情或者情况跟你说的、想的一样。学生马上就造出了句子：

H. 老师（招呼语），我果然不爱他。

学生造出这样的句子，也许是根据教材的英文翻译把“果然”理解为“真的、确实”，也许是由于教师解释的缘故，学生觉得自己讲的情况跟自己想的是一致的。

尝试引入情景教学时，教师首先给出（说出）一组具有上下文语境的例子，让学生在语境中体会“果然”的使用条件和意思：

(1) 他说要下雪，果然下雪了。

(2) 她说她要跟她先生离婚，果然离了。

(3) 我说他不会来的，他果然没有来。

(4) 早就听说上海博物馆很好，昨天我去看了，果然不错/名不虚传。

(5) 医生说他的病不太严重，果然没过两天他就好了。

……

通过这组例子，学生可以体会到“果然”的使用条件：它通常放在第二个句子里，表示后面发生的情况与前面说的一样（教师可再归纳一下）。在后来的测试中，同样是用“果然”造句，有个意大利班共 13 个同学，基本上都造出了合格的语句，没有一个人出现把“果然”单用的情况：

I. 医生说这种药有效果，吃了以后，我的病果然好了。

J. 听说那个电影真不好。看了以后果然真的不好。

---

① 中国社会科学院语言研究所. 现代汉语词典（第 5 版）. 北京：商务印书馆，2005.

② 中国社会科学院语言研究所. 现代汉语词典（汉英双语）. 北京：外语教学与研究出版社，2002.

③ 北京外国语学院英语系《汉英词典》编写组. 汉英词典. 北京：商务印书馆，1980.

K. 我整天(今天一天都在)告诉你们她不愿意来,果然她没来。

L. 昨天他感觉不好,果然今天没有上课。

M. 我们都觉得她不会来,果然她没有来。

N. 他不太努力,果然他的汉语水平不太高。

O. 在意大利老师告诉我在中国人山人海,到上海,人果然太多了!

P. 气象预报说今天天气会转阳(阴),果然晚上下了大雨。

Q. 我爸爸很喜欢喝酒,昨天他的一个朋友送给他一瓶非常贵的葡萄酒,果然他高兴得要命。

R. 医生说这种药很有效果,吃以后,果然我觉得好一点儿。

S. 他说这部电影值得去看,所以昨天我去看,果然它非常好看。

T. 大家都知道在国庆节的时候买飞机票很难,果然她排了很长时间的队。

U. 我在意大利的时候我的朋友对我说,"上海又漂亮又时髦"。刚到这里的时候我发现上海果然是这样。

教材中还常有用"果然"完成句子的练习,如:

我听说这部电影很好看,______________________。(果然)

我们曾尝试把这个题型倒过来,给出下半句,让学生说出/写出使用"果然"的语境(前提),效果也不错。

3.3 传统的情景教学法的视听媒体是幻灯片/电影与录音,随着科技的进步,视听媒体已由过去的幻灯片/电影与录音相结合发展为使用现代多媒体技术。多媒体技术为语言学习提供了视觉及听觉的共同刺激,两者同步作用于大脑,诱发其做出更为迅速的信息处理。还因为多媒体能被很容易地无限量重复使用,其唤起知觉的强大功能,也能促进记忆材料的长期贮存。多媒体技术可以设置和创造出生动、有趣和逼真的情景,呈现给学习者多种多样的交际活动。媒体本身的特性及其作用促使其成为情景教学中的重要手段。比如虚词"居然"的教学。一方面我们可以利用多媒体技术(PPT、FLASH、DVD等)设置各种表示"出乎意料""没有想到"的事件场景,诱导学生使用"居然"。比如:设置一个谦谦君子式的公司职员偷办公室同事东西的场景,诱导学生说出类似"他居然是小偷""我真没想到他居然会做出这种事来"等话语。另一方面,图像画面所呈现出来的说话者(即学生所要扮演的角色),其夸张吃惊的表情及生动的肢体语言,也更能让学习者感知"居然"表情达义的功能。下面请看利用情景进行“居然”教学的一个实例片段：

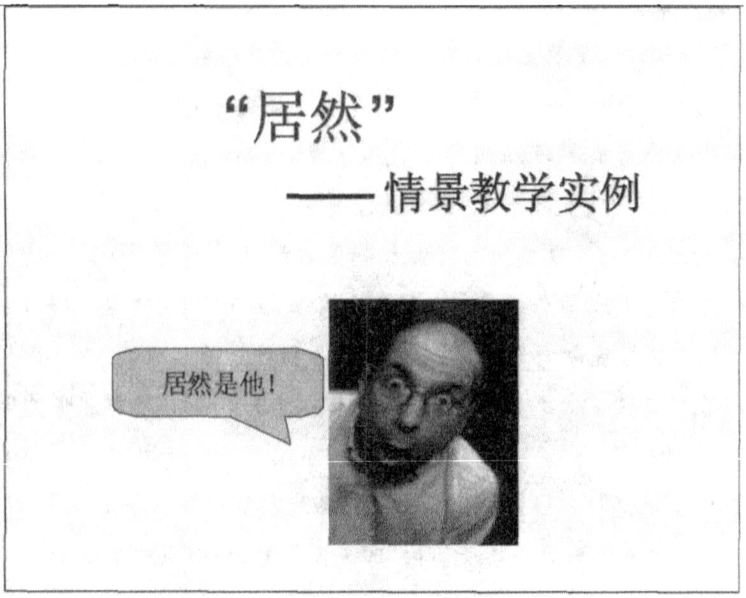

图片来源：www.google.com

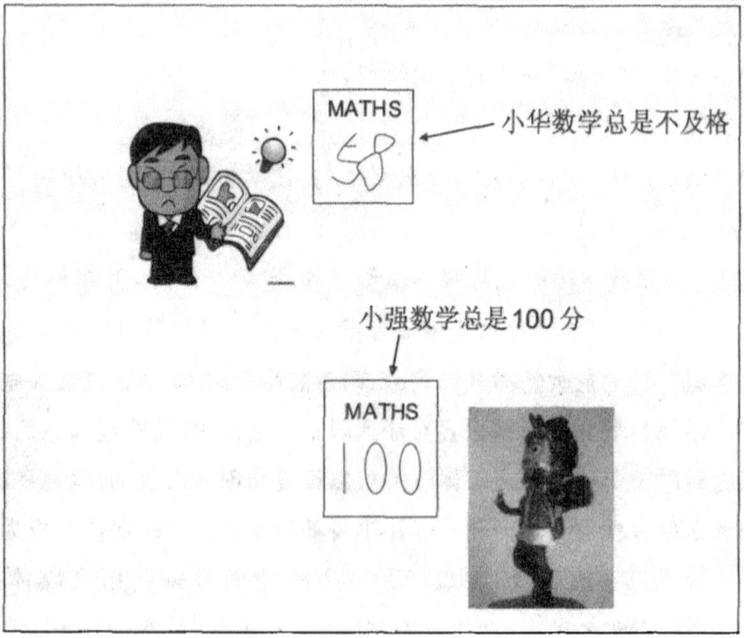

图片来源：www.tucoo.com，blog.sina.com.cn

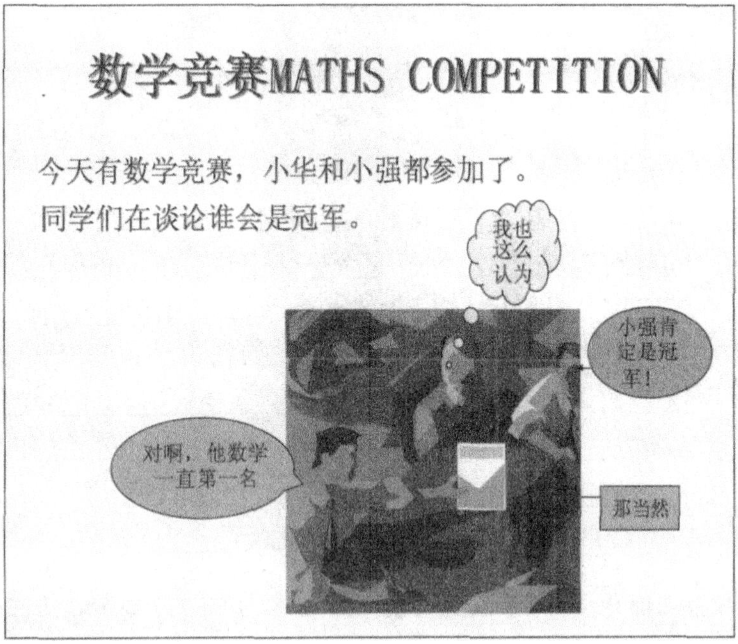

图片来源：microsoft word 自带剪贴画

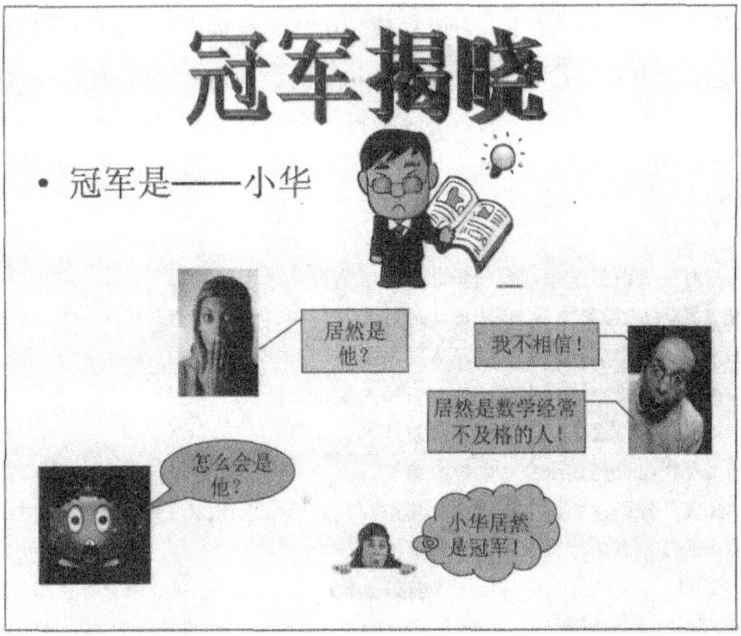

图片来源：www. google. com，www. qqship. com

· 理解“居然”的意义：没有人相信小华会当冠军，但是小华当了冠军。

· 说明“居然”出现的使用条件：

存在“甲”事实/事件→应该发生与“甲”相符的预期结果“乙”→“乙”没有出现，而出现了与“乙”相反的结果“丙”，“居然”出现在句子“丙”中，表没有想到，出乎意料。

四、结语

虚词由于其功能意义的多样化且高度抽象，给教学带来不少困难。情景教学法可以改变传统的教学方式，创造出各种符合交际需要的场景、语境和情景，一方面让学习者在完整的一段情景活动中，理解虚词的抽象意义和使用条件，并长期储存此类记忆（比如通过图示），另一方面又让学习者在情景中使用虚词。在实际的交际过程中，学习者可以通过激活大脑中的情景图示，并选择相关的虚词信息组织成话语，以达到流利交际的目的。从这个意义上说，语言教学都应该是情景化的。

参考文献

金立鑫. 对外汉语教学虚词辨析[M]. 北京：北京大学出版社，2005.

莱夫，温格. 情景学习：合法的边缘性参与[M]. 上海：华东师范大学出版社，2004.

李晓琪. 现代汉语虚词讲义[M]. 北京：北京大学出版社，2005.

彭小川. 现代汉语虚词探索与研究[M]. 广州：暨南大学出版社，2007.

邵敬敏. 现代汉语通论[M]. 上海：上海教育出版社，2001.

张谊生. 现代汉语副词研究[M]. 上海：学林出版社，2000.

章兼中. 国外外语教学法主要流派[M]. 上海：华东师范大学出版社，1983.

朱永生. 语境动态研究[M]. 北京：北京大学出版社，2005.

Kramsch, C. *Context and Culture in Language Teaching*[M]. 上海：上海外语教育出版社，1999.

Hadley, A. O. *Teaching Language in Context*[M]. 何向明导读. 北京：外语教学与研究出版社，2004.

Hymes, D. H. *Foundations in Sociolinguistics: An Ethnographic Approach*[M]. Philadelphia: University of Pennsylvania, 1974.

（原文刊于《对外汉语研究》，2010 年第 6 期。合作者张皎雯）

CSL课堂教学中的非预设事件及其教学资源价值探讨

摘　要　CSL课堂教学中的非预设事件指课堂教学进程中出现的一系列不在教师预先准备范畴内或预设内的课堂事件，它们具有一定的偶发性和随机性，会影响教师预设的教学进程，并引起教师对教学内容、教学思路及教学方法的调整。本文主要探讨CSL课堂教学中的非预设事件。首先对预设事件和非预设事件加以定义，其次尝试从来源角度将非预设事件分为四类并分别加以讨论，然后阐述各类非预设事件的教学资源价值。文章最后指出，非预设事件是一种可以利用的课堂教学资源，以教学资源为中心的课堂教学一定会比仅以教材为中心的道路走得更宽，更有前景。

关键词　CSL课堂教学　预设事件　非预设事件　教学资源　价值

一、预设事件与非预设事件

英国哲学家和数学家怀特海在《教育的目的》(2002:10)中有这样一个观点："当你凭据经验来分析教育的中心任务时，你会发现，圆满完成这一任务取决于对多种可变因素做精妙的调整。这是因为我们是在与人的大脑而不是与僵死的物质打交道。"根据怀特海的思想，我们可以把课堂过程看作是一系列复杂事件的组合，这些事件体现出一定程度的随机性，而教学效果则依赖于教学互动过程，其中包括教师对"多种可变因素"进行调整。

邹为诚(2000)在论及语言习得时特别关注"语言输入的机会"。他认为："高效的语言输入不仅要依靠教学材料和课程设置，更重要的还必须依靠教师捕捉语言输入的机会。教师在合适的机会出现时，要及时、大量地提供能被学生理解的输入。这就要求我们密切关注教师是如何与学生交流的，这种交流是否出现在最佳时机，是否最有效地组合了语言的输入和输出，是否促使了学生将输入转化为'吸收'？大量的教学实践与研究证实，从语言输入转化为语言吸收的关键是'机会'"。

他关于教师“在合适的机会出现时,要及时、大量地提供能被学生理解的输入”的观点正暗合了怀特海“对多种可变因素做精妙的调整”的教育思想。“机会”一词是很耐人寻味的:如果教师的教学预设是封闭的和按部就班的,理论上就只需考虑何时“输入”的简单问题,而所谓“合适的机会(出现)”显然不是指某个具体的已预先规定好的简单时间刻度,而是指一种随机发生的课堂境遇。这种境遇是靠“捕捉”而不是“预设”获得的,预设对这样的境遇不具有可控性,这也就意味着,决定这些境遇出现的还有非预设的因素。

我们所说的CSL(汉语作为第二语言)课堂教学中的预设事件主要是指课堂教学的预案和设计,也可以理解为备好的教案或设计好的教学思路,它是教师预先准备好的(有经验的教师甚至在教案中已“预测”到一些课堂教学中可能发生的事件,并且制定了应对策略)。教案设计与课堂教学是相辅相成的,可以说是课堂教学的“打印预览”(吴勇毅,2003)。从这一点上说,实际的课堂教学过程就是预设事件的逐一发生。以往的对外汉语教学研究和教师培养、培训多注意预设事件(崔永华、杨寄洲,2002;吴勇毅,2003;姜丽萍,2006;郑艳群,2009),比如教案的设计与准备,包括各种教学手段和教学技术的介入与运用。恰如赵金铭(2003:2)所说:“教案是教师以某种教学理论为指导,根据自己的理解,将教材中有关材料重新编排、处理和加工,使之更利于学生理解、吸收和掌握。所以,教案是教师在授课前以课时或以单元为单位编制的具体教学方案。它是授课的主要依据,是保证教学质量的重要措施。……它是一种训练型的课堂操作程序。”但对外汉语教学界对CSL课堂教学中的非预设事件几乎没有什么专门的研究。

所谓非预设事件,就是指课堂教学进程中出现的一系列不在教师预先准备范畴内或预设内的课堂事件。它们具有一定的偶发性和随机性,会影响教师预设的教学进程,并引起教师对教学内容、教学思路及教学方法的调整。这些非预设事件所具有的教学资源价值将在下文进一步阐释。

二、非预设事件的分类

我们尝试从来源角度将非预设事件分为四类。

2.1 随机产生的非预设事件

这类事件通常发生在课堂上，但跟教学无直接关系，属于非教学事件。它包括课堂的背景事件和学生的非学习行为两类。背景事件可以是天气变化（如刮风、下雨、起雾、天色、冷热等）、电器故障（如忽然停电、电脑死机、录音设备或空调故障等）、课堂造访（学生走错教室、办公室通知活动、教师或实习生听课等）、每日的师生着装打扮及用品（如发型变化、服饰及用品的样式、颜色变化等）、教室的清洁卫生（如垃圾未及时清理、黑板未擦、桌椅摆放等）、环境噪声（如手机铃响、装修噪声、操场喧闹等），等等。学生的非学习行为主要包括纪律事件和行为动作事件，例如迟到、早退、缺席、打哈欠、打瞌睡、开小差、发呆、闹肚子、上厕所、赶苍蝇、拍蚊子、削铅笔、讲闲话，等等。

这类事件与教师事先的教学预设无关，具有不可预测性，但语言教师和学生常常会对这类事件做出回应。课堂上学生听到手机铃声忽然响起时，听课的注意力就会分散；教室外面突然天色漆黑、大雨倾盆时，关注点也会从教学内容转移到窗外；闹肚子或烟瘾上来了要暂时离开教室，就会产生一定的动静并影响教师和其他学生的情绪状态。教师受其影响，也常常会回应这类事件，例如看到外面下雨就可能将教学的例句、话题跟下雨、天气等事件相关联；听到突然有人敲门，也可能为了回应这个外部事件而将教学内容、方法和过程进行调整。

2.2 由预设产生的非预设事件

这类事件在汉语教学的课堂中是频发的，其表现形式一般是由预设引发或导致的学生意外提问、质疑，也可表现为由于预设失误、不足而产生的意外事件。例如在课堂学习时，学习者会有意无意地将新学的语言内容与以前所学的进行对比、辨析。教师在教“根据”这个词时，有学生就要求辨析“根据”跟“按照”的区别。而这些需要对比或辨析的内容有时（甚至常常）不在教师的预设之中。例如有教师在教“毕竟”前，准备好了“毕竟”和“究竟”的辨析，但没想到上课时学生却要求辨析“毕竟”和“反正”。有的学生在教师对某些词语或规则做出辨析或解释后还会根据自己所“掌握”或“理解”的语言事实来质疑教师所讲的内容。学生在学完某一语言形式的用法后，有时会尝试侧向迁移到另一个情景中去，他们会问：“老师，可不可以这样说？”以求得教师的确认。有时，这种“移植”（可能是“活用”也可能是“过度泛化”)会出乎教师的意料。这些都是由预设引发或产生的非预设事件。

学生在操练和运用语言的过程中会出现一些错误,这些错误除了学习者自身的因素外,有一部分可能是由教师的预设失误或不足所导致的。教师的失误或不足包括:词汇、语法、语用规则解释力不强,提问不切合实际,预设的操练方式不佳,高估或低估了学生的认知能力和语言水平,等等。而学生的操练或运用错误既可以向教师提示学习者自身的或中介语的某些特点,也可以映射出教师的教学预设水平。

2.3 由学生偶发兴趣产生的非预设事件

这类事件通常是由学生提问引发的,但它与上一类事件不同,它是由教学预设间接激发出来的,与教学预设之间的相关度较低,有更大的偶然性。例如某老师在教学生坐出租汽车的常用套语时,准备好的是“向左拐”“向右拐”“慢一点”“快一点”等,可学生突然用英语问“turn around”和“back up”用汉语怎么说。学生的提问在某种意义上其实也是对教师的提示,在一定程度上显示出这两个套语的实用性和重要性。有的教师在遇到这样的情形时就会立刻在相关内容里增补这两个套语的教学。同样是教学生如何坐出租汽车,别的教师就可能被学生问及如何用汉语表达“请打开后盖箱”和“上高架”,但却没有被问及怎么说“调头”和“倒车”。由此可见,同样一个情景,不同的学生有不同的关注点和兴趣点。再举一个比较极端的例子,某教师组织学生讨论,话题跟交通规则有关。某学生或许是从交通规则这个当下话题中联想、跳跃到了跟“警察”有关的思绪上,看上去似乎没有来由地突然问了一句:“老师,中国的警察有没有狗?”这个问题本身跟教师教学预设的关系比较远,基本上属于学生偶发的个人兴趣事件。

由预设直接产生的非预设事件有一定的必然性和课堂共性,而由预设间接引发的非预设事件,常因不同的学生、不同的兴趣点和不同的课堂环境而改变,具有较大的偶然性和离散性。

2.4 由教师偶发兴趣或灵感产生的非预设事件

这类非预设事件用通俗的话说就是教师在课堂上的“心血来潮”。第一种情形是教师被某个情景或细节触发,突然对某一个问题或话题产生兴趣,暂时离开自己的教学设计,引领学生朝着自己的兴趣方向展开(是否属于“跑题”,“跑”了多远,要视具体情况而定)。这种情形许多教师都有切身体会。第二种是教师突发灵感或者说“灵光闪现”,认为自己在课堂上临时、当下想出的设计和内容比原来预设的要好,从而及时调整、修改自己的预设甚至抛弃原先的预设。举个例子来说,某教师在教经贸汉语课时,碰到“理性”和“感性”两个词依次出现。这位教师原先的预设是通过让学生讨论下列三个问题来掌握这两个生词:(1)学数学和学画画的人有什么不一样?(2)请谈谈对后面两个句子的看法:“我太喜欢这个房子了,我现在就可以付给你钱”;“这房子是不错,但是缺点也很多,你能不能再降一点价?”(3)有个女人特别喜欢买衣服,可是买回来的很多衣服一次都没穿过。请评价一下她的消费行为。可是在刚问完第一个问题之后,原先的设想在闪念之间被推翻,第二个问题变成了:“在看一个让人伤心的电影时,女人哭了起来。男人告诉她:‘不用哭,这只是一个电影,生活不是这样的。’请你评价一下这个男人和女人。”这个问题得到了学生的热烈回应,因为新的调整要优于原先设想的问题。这样的成功调整是大脑的一次偶然“擅自行动”,它在“鬼使神差”中完成,并非由现实场景直接或间接地引发。这类突发教学灵感,其出现机理也许很难把握,但从根本上说,或许源于教师深层的知识结构和教学经验的积累。

三、非预设事件的教学资源价值

所谓教学资源,通常指可以用于教学的一切事物和条件,包括在课堂里能够产生教学价值的各种事件。邹为诚(2000)指出:“语言输入的最佳项目是学习者身边的事物和思想。因为这些地方的知识和概念最具有可理解性、重复率和突显性,同时也最能引起学生的兴趣、共鸣和参与热情。”这也就是 Ellis(1985:161)所说的“遵守‘此时此地’原则”(Adherence to the“here-and-now”principle)。当非预设事件在 CSL 课堂教学中发生时,它是否能成为“此时此地”的教学资源,其价值何在?我们将在这一节中讨论。

3.1 非预设事件向教学资源的转化

上文所说的第一类非预设事件,即随机产生的非预设事件,其教学资源特性,如果放在一般意义上的大中小学课堂里有可能会被质疑,因为它们与当下的教学内容无关。但从第二语言教学的角度来看,它们却具备教学资源的特征。一旦它们与语言学习发生关联,并用于教学,就可以成为教学资源,显现其价值。也就是说,这些事件一旦真实发生,就是可理解输入出现(同时也是表达输出)的机会,尤其对汉语水平较低的学生来说更是如此,因为这些事件本身解释力强,有助于学习者理解相关的语言知识和语言表达。例如,某位老师在教副词"才"时,恰好有一名学生姗姗来迟,于是这位老师就发问:"你怎么才来呀?别的同学早就来了。"依赖即时场景,学生很容易体会到"才"所表达的事情发生得晚的意思。

不过,这类非预设事件要转化为教学资源,被教师所利用,还需基于教师对学生汉语水平的了解和对事件的敏感性。例如上课时突然有人敲门,这是一个偶发事件,如果教师的教学对象是程度很高的汉语学习者,这一事件就可能被忽略。教师在开完门(处理事情)后继续自己的教学过程,因为他/她并未将这件事视为教学资源。如果教学对象是初级学习者,老师就有可能故意先不开门,而大声说"请进""你找谁"或"你有什么事儿",也可能故意说"教室里没有人"或"我们都不在"之类的话,以达到操练相关句型或功能的目的,那么敲门这个事件就被用于教学,变成了教学资源。当然,如果教师对此类事件不敏感,它们也不会自动转化为教学资源。

有时这类偶发事件会和正在执行的教学设计产生高度关联,因而受到某些教师的"偏爱"。例如某位教师上课时教室里的日光灯突然掉下来,虽然没有砸到人,但让大家非常吃惊和后怕。巧合的是,这位老师正在教的语言项目是"大吃一惊""大叫一声"和"吓了一跳"等动量补语结构,于是在后怕之余教师马上带着学生"活学活用"这个语言形式。这种事件出现的概率虽然很小,但小概率事件的发生却造就了语言吸收和教学的良机,甚至会让师生终生难忘。在研究中我们发现,教师会利用不同的非预设事件来教授和操练同一个语言点。例如有的老师利用学生迟到事件操练"刚刚来";有的老师则利用学生上厕所事件操练"刚刚出去";有的教师看见学生吃面包就故意让其请已经用过早餐的学生吃,以引出"刚刚吃过"这样的口头表达。一个语言点的教学可以依赖几个不同的非预设事件,这就给了我们一个启示:如果将这些随机产生的非预设事件进行细致的梳理、总结、归类,并将其与特定的汉语结构、功能教学相联系,建立起一些关联范式的话,这些非预设事件的教学资源价值就会更大程度地显现出来。如何将非预设事件转化为预设事件,我们将另文探讨。

3.2 非预设事件的辅助、检验和修正功能

第二类非预设事件实际上是由教学预设产生的，或者说是由教师的教学所引发的。由于它们是频发的，因此大多数教师都会应对此类事件，尽管他们应对此类事件的具体态度（典型的消极应对是“中国人就是这么说的”“这是中国人的习惯”等）和投入时间有很大差异。一般来说，教师应对完学生的提问或质疑后会尽快回到自己原先预设的轨道上来，即“言归正传”，但也有教师，尤其是“新手”表示，有时应对此类事件会很费劲，且并不能如自己所愿很快回到原先预设的轨道上来，会耗费比最初预想更多的时间和精力，甚至有可能导致整堂课教学的失败。当然相反情况亦有，例如，有教师在教“妩媚”“婀娜”“娇嫩”这三个词时原本觉得会有些困难，但意想不到的是班上已经有几个女同学很快理解了意义并开始运用。她们指着一个经常生病的女孩说“她很娇嫩”，指着另一个身材和形体特别好的女孩说“她很婀娜”，还争先恐后地指着自己说“我很妩媚”。这种出乎教师预想的正确运用当时就成为课堂教学的资源，并帮助班上其他同学理解了这三个词的意义，体现了“语言输入的最佳项目是学习者身边的事物和思想”（邹为诚，2000），而这样的非预设事件作为一种教学资源辅助了教学的顺利进行。

由预设产生的学生的提问和质疑等通常是跟预设的教学内容相关但又经常指向教材和教案之外的内容，教师很难回避，若善加利用可以成为很好的课堂教学资源。例如教师对学生实际运用汉语而产生的偏误（有经验的教师会对一些典型偏误进行预设，但不可能概全）可以即时纠正、辨析并解释成因，或可成为当下教授内容的扩展和深化。

由于这类非预设事件的产生源于教学预设，是学生对课堂教学的即时反馈，因此它们不仅具有直接利用的价值，还在一定程度上具有检验和修正教学预设及其实施的功能。它们可以透露出两方面的信息，一是教学预设是否存在自身的缺陷，二是学习者在学习过程中的实际难点和教学预设中的难点是否一致。尽管此类事件的产生会挤压教师有限的课堂时间，但其向教师昭示的很可能是对学习者至关重要的某个方面。如果教师是个有心人，比如课后做教学日志，这类非预设事件就有可能帮助他们增补和修改教学预案，甚至成为教材修订的基础之一，变为另一种新的具有实际利用价值的教学资源。教师在教学预设的增补和修正过程中既能增加自己关于语言及教学程序的结构性知识，也能储备关于不同特点学习者的非结

构性经验等。

3.3 兴趣事件对教学效果的作用

第三类非预设事件是由学生在课堂上的偶发兴趣产生的(或者说是由教学内容间接引发的),有时并非直接针对教学内容。举个例子,有位教师上课讲到"宠物"这个生词时,有个美国同学忽然冒出一句:"我捡了一只猫",这个话题与教学设计还算关联,但接下来其他同学的兴趣一下子转移到该不该收养流浪猫的问题上,随之学生自发展开的讨论与教学预设拉开了距离。

对待这类非预设事件,教师的态度是不同的。有的教师认为没有必要对此类兴趣事件投入关注和热情,更没有必要支持,理由是在课堂教学中,教学计划和进度是第一位的,任何对此不利的事件都应该排除。有的教师则认为可以对此类事件给予适当关注,但不需要投入太多的时间来处理。比如举上面例子的那位教师就说:"我碰到这样的问题时,一般会先顺一顺学生,先不打断他们,让他们稍微发展一下自己的话题,然后再总结一下他们的结论,最后回到自己的教学轨道上来。"这部分教师偶尔会有舍弃原先的预设而迁就学生的情况,但在大部分情况下还是会将学生的这种"自由发挥"拉回到原来的教学计划中去的。但也有教师认为教语言不能太死抠书本,只要学生产生了兴趣,哪怕是放弃原先设计好的内容也在所不惜("信马由缰"或许是个比较恰当的比喻)。有位教师叙述了自己听一堂口语课的经历:授课教师因早晨晚起未吃早饭,带着一包饼干进了教室,估计是打算课间休息时吃。有学生看到后发问:"老师,你是不是没吃早饭?你现在吃吧,没关系。"接着这位同学似乎对这包饼干产生了兴趣,又问:"这是中国的饼干吗?"老师觉得学生对中国食品有兴趣需要回应,于是就开始与班上同学聊关于中国及各国食品的话题,包括巧克力、冰淇淋、奶酪、葡萄酒、比萨饼、麦当劳等等,从食品包装聊到食品质量,再从食品质量聊到食品安全,最后又聊到健康,整节课完全抛弃了教材内容。听课教师课后抱怨说:"这算怎么回事?这不是脚踩西瓜皮吗?整个一个意识流。"

其实,教师的不同态度反映了他们对此类事件是否可作为教学资源的不同看法,第一种态度是不认可这类事件具有教学资源的价值;第二种态度是承认或认可这类事件具有一定的教学资源价值;第三种态度显然是高估了这类事件的教学资源价值。我们认为,课堂教学是计划性与自发性、控制与自由之间的一场博弈,由于教学理念的不同，教师对这类非预设事件采取的立场也不同，但注意两极之间的平衡却是十分重要的。

兴趣事件也是情绪事件。Kunstwilson *et al*.（1980）提出的情感优先假说认为，对刺激的简单情感属性加工要比更高级的认知属性加工的速度快得多（转引自艾森克、基恩，2004：751）。这一看法意味着对学生兴趣的正确把握能使课堂教学获得事半功倍之效。从 CSL 课堂教学的微观层面上考察这类偶发的兴趣事件至少可以得到两方面的启示：（1）学生的兴趣常常是由交际需求推动的，而交际需求与教材的顺序、教学的顺序可能不同步（也许根本就不可能同步）。当学生表现出交际方面的合理需求和相关兴趣时，输入的最佳时机已经出现。如果教师在此时告诫学生："你别打断我，我们先把这个练习做完"，那就是舍近求远的资源浪费。马克斯·范梅南在《教学机智》（2001）一书中指出，教育时机位于我们教学实践的中心，"在教育时机的这一瞬间你必须行动"（第 55 页）。学生偶发的兴趣事件作为一种教学资源，教师不应该浪费，关键是如何把握，如何合理利用。（2）教师对学生兴趣的深入了解也是重要的课堂资源。不同国别的学生，语言背景、文化背景的差异原本就很大，而其个体差异则更大，对学生兴趣的充分了解会给课堂教学带来很多输入便利，对学生的学习动机也会有激发作用。同时，跨文化交际的敏感性和对学生文化背景的把握会有助于教师充分了解学生的兴趣。

态度和兴趣会作用于学习效果，由学生偶发兴趣产生的非预设事件，若教师善加诱导且利用得当，可有效地提高课堂学习效果，自然就具备了教学资源的属性。加涅（1999：20）指出，在激发学生学习兴趣过程中所"暗含的管理活动是旨在以有效方式完成学习的任何系统所必需的。显然，它们是教师要完成的最重要的职能"。教师需要有把学生的兴趣事件转化为教学资源的能力，使其成为有效的语言学习的手段，起到促进语言学习的重要作用。

3.4 教师的自控与学生的互动

第四类非预设事件有两种情形，其中之一是由教师被课堂教学的某个情景或细节触发而产生的，它可以使我们看到教师在教学过程中所流露出来的突发的自我兴趣。尽管由此引发的偏离教学预设的现象的程度和频率因人而异，但确有其积极的一面。伊丽莎白·琼斯、约翰·尼莫（2004）认为，教师自身的积极性可能被自己的兴趣激发或者调动，教师自我兴趣的带入会给受教育者更积极的知识和情感的双重影响。当然，在此类事件中，教师应保持相应的自我纪律，即应以学生的兴趣和关注为准绳。我们认为教师偶发的兴趣如果不能和学生的兴趣产生互动，那就不是合理的教学资源。如果教师的偶发兴趣与学习者兴趣之间出现了交汇点，这类事件就具备了教学资源的属性，若善用，教学的好机会出现的概率就会增加。当教学者对教学的内容充满激情时，其感染力是不同寻常的，而双方兴趣的互动共振则会激荡出意想不到的效果。

在此类事件向教学资源的转化中，教师的"元认知监控"能力是尤其重要的。"元认知监控"是"认知者对自己认知活动的监视与控制"（鱼霞，2007：83）。教师对自己教学活动一般都会进行有意识的监察、评价和反馈，对自己的教学进行调整、修正和有意识的自控。在自我兴趣产生时，教师需要运用"元认知监控"能力以避免远离教学目标的"天马行空"，也需要运用它去寻找与学生兴趣的交汇点。至于另一类突发的教学灵感事件，即所谓"灵光乍现"，其实也是跟"元认知监控"能力有关的。

人类经验中的灵感事件不能被设计，因为灵感具有稍纵即逝、无法重复的特点。可是很多教师都经历过被自己灵感点燃的课堂，灵感会让先前平庸的预设一下子变得灵动且充满生机。"灵光乍现"是每位汉语教师都拥有的潜在财富，是教师进入课堂时就"随身携带"的潜在教学资源，这是任何现代化教学技术手段都无法替代的。这种潜在资源向现实资源的突然转化有时会给课堂带来令人惊奇的效果，尽管教师们不一定知道这种转化是否会来又何时发生。教师们有时会用"今天状态很好""今天很出彩"这样的话语来自我评点今天的"发挥"，在这里，"今天"指称的兴许就不是一个必然发生的预设事件，而是一个即时的、临场的、甚至是出乎意料的非预设事件。灵感虽然稍纵即逝，但如果把握住这类事件且进行适当的教学反思，不但可以对教学预设大有裨益，而且对提高教师的临场机智也具有意义。

由教师偶发兴趣或灵感产生的非预设事件，其价值在于可以调整教学者在课堂中的即时状态和教学思路，让其发挥出超常的热情和创造力，把非预设事件转换为一个杰出的教学事件。

四、结语

我们在研究中发现，当论及上述四类非预设事件的教学资源价值时，CSL 教师都比较肯定和重视那些看上去能与教学设计发生关联的非预设事件，而并不关注它们究竟是由何种原因形成的。这些非预设事件由于和教学内容、教学目标的相关性比较大，因而被教师所利用，成为教学资源，帮助教师巧妙地达成了自己原先设定的教学目标，所以得到了教师的肯定。教师对未与教学发生关联的非预设事件似乎兴趣不大，可事实上，这些非预设事件大部分都有与教学关联的可能性，只是很多被错过了。非预设事件如果未与教学关联就只具有潜在教学资源价值，其资源价值从理论向实践转换时需要一个必要条件，那就是必须和教学产生互动和关联。“教育的任务不是避免这种偶然事件，而是充分发挥它的教育教学价值。”(罗祖兵，2008)

CSL 的课堂教学设计传统上是围绕教材展开的，是以教材为中心而不是以教学资源为中心的，因此并不太关心可以从教材之外额外获取的教学资源(多媒体和网络资源的利用已开始改变这种状况)，但教材只是教学资源的一部分，课堂本身还存在着很多资源，教材以外还有很多资源有待开发和利用。通过对 CSL 课堂教学中非预设事件的考察，可以发现它们都是可利用的课堂教学资源，而以教学资源为中心的课堂教学一定会比仅以教材为中心的课堂教学走得更宽，更有前景。

参考文献

艾森克，M. T.，基恩，M. J. 高定国，认知心理学(第四版)[M]. 肖晓云译. 上海：华东师范大学出版社，2004.

崔永华，杨寄洲. 汉语课堂教学技巧[M]. 北京：北京语言大学出版社，2002.

怀特海著. 教育的目的[M]. 徐汝舟译. 北京：生活 · 读书 · 新知三联书店，2002.

加涅，R. M. 著. 学习的条件和教学论[M]. 皮连生等译. 上海：华东师范大学出版社，1999.

姜丽萍. 教师汉语课堂用语教程[M]. 北京：北京语言大学出版社，2006.

罗祖兵. 生成性教学的基本理念及实践诉求[J]. 高等教育研究，2008(2).

马克斯 · 范梅南著. 教学机智——教育智慧的意蕴[M]. 李树英译. 北京：教育科学出版社，2001.

吴勇毅. 对外汉语教学课堂教案设计[M]. 北京：华语教学出版社，2003.

伊丽莎白 · 琼斯，约翰 · 尼莫著. 生成课程[M]. 周欣等译. 上海：华东师范大学出版社，2004.

鱼霞. 反思型教师的成长机制探新[M]. 北京：教育科学出版社，2007.

赵金铭. 论“教案”(代序)[A]. 吴勇毅主编. 对外汉语教学课堂教案设计[M]. 北京：华语教学出版社，2003.

郑艳群. 汉语多媒体教学课件设计[M]. 北京:北京语言大学出版社,2009.

邹为诚. 语言输入的机会和条件[J]. 外语界,2000(1).

Ellis, R. *Understanding Second Language Acquisition* [M]. Oxford: Oxford University Press, 1985.

Kunstwilsonm, W. R. & Zaionc, R. B. Affective discrimination of stimuli that cannot be recognized. [J]. *Science*, 1980, 207(4430):557-558.

(原文刊于《世界汉语教学》,2011 年第 2 期。合作者石旭登)

建国以来我国对外汉语教学法研究述评
(1950—1986)

新中国的对外汉语教学从1950年起步，迄今36载，从单纯的传授语言到建立起专门的学术研究机构，36年来有了很大的发展。对外汉语教学作为一门专门的学科已开始被大家所承认。

但是作为一门年轻的学科，在研究的深度和广度上都还处于初始阶段，尤其是教学法理论的研究更为薄弱。从已发表的论文内容所涉及的范围来看，谈对外汉语教学中具体问题的(包括语音、词汇、语法、文字、对比等)为多。教学法理论方面：谈具体课堂教学和五种技能训练的最多，谈教材设计、评论教材的也有一定数量，但探讨测试问题的就比较少，论总体设计的则鲜有。此外，阐述教学法的重要理论问题以及对国外教学法理论进行介绍评价的文章也不够。

本文试图对建国以来对外汉语教学法的研究情况作一个回顾，它包括36年来对外汉语教学法的变迁，对涉及教学法理论的几对基本矛盾的认识过程，并在此基础上提出我们自己的一些看法。

一

关于我国50年代对外汉语教学的原则和教学法，大部分同志都用“语法翻译法”来概括(张道一，1982；钟梫，1979；刘珣等，1982)。他们认为：“在60年代初以前，汉语作为外语教学普遍采用语法—翻译法，形式多为‘唱双簧’，即懂汉语的教师用汉语主讲有关的语言知识，会外语的教师即席翻译。”(施光亨，1983)但也有同志不同意或不完全同意这种意见，他们认为：“50年代，我国的对外汉语教学基本上是语法翻译法，强调系统语法知识的讲授。但又不完全是，从教材和教法上看，言语技能的训练仍占有较大比重，课堂上也并不全用母语。”(杨石泉，1985)

我国20世纪50年代到60年代初(确切地说到1964年左右)对外汉语教学的原则究竟是什么？又采用了什么样的教学法呢？

50 年代我国的教育学、心理学普遍受苏联学术界的影响，特别是普通语言学，简直就是走苏联的路子（方经民等，1985、1986）。作为外语教学的理论基础之一，苏联的普通语言学，尤其是斯大林关于语言学的论述，不仅影响着苏联的俄语教学，而且也使我国的对外汉语教学带上了这种烙印。《教非汉族学生学习汉语的一些问题》（周祖谟，1953）中说："我们必须建立以新的语言学[1]为基础的教学方法来进行汉语教学。斯大林同志的天才著作《马克思主义与语言学问题》对于我们有重大的指导意义。他说：'语言的语法构造和基本词汇是语言的基础，是语言特点的本质。'因此我们要使学汉语的人能够充分掌握汉语，就必须注重词汇教学和语法教学。[2] 这是汉语教学的基本原则。"原则即如此，那么"在全部教学过程中，词汇教学和语法教学应当是教学的中心，别的都要围绕着这一个中心来进行。"而且课堂教学过程也基本上可以采用苏联的五段课堂教学制度。可见，我国 50 年代对外汉语教学重视系统语法知识（词法和句法）的讲授和基本词汇的教学，这和汉语教学受当时苏联普通语言学和形态丰富的俄语教学法的影响不无关系。正因为是按照普通语言学的理论来制定对外汉语教学的原则，所以语法知识的讲解和基本词汇教学成了重点，成了达到教学目的的主要手段。很显然，我国对外汉语教学从一开始它的理论基础就和语法翻译法有所不同，当然不能说没有联系，但不是走正统的语法翻译法的路子。

关于语言技能的掌握，当时已提出了听、说、读、写四个方面全面发展的要求。因为我们的教学目的是教会学生实际应用汉语，所以"四者之中，能听能说是基本的要求，能读能写是进一步的要求"，"首先要重视口语的训练"（周祖谟，1953），把口语练习提到了比较重要的地位。这也许是凭直观经验得出的认识，但这种认识也已大大超出了语法翻译法的框架，而和直接法、听说法有不谋而合之处。

课堂教学的方法，当时比较典型的看法，一是主张采用综合法。所谓综合法，是把直接法和翻译法配合着来用。因为这样可以兼采两者之长处。练习直接听讲，可以很快提高听和说的能力；而难懂或抽象的概念则可借助翻译法来予以解决（周祖谟，1953）。另一主张认为教学方法应以比较法为主，因为比较是借助学生自己语言的翻译和比较来教授另一种语言的。同时，他们也认为：尽管比较法是主要

---

① 指斯大林的语言学说。——本文作者注

② 下画线为本文作者所加。

的方法,但它并不排斥直接法,在某些情况下,也可以两种方法并用。从这里我们可以看到,课堂教学所采用的方法是多种并举,或以一种为主,兼取其他。它体现了当时我国的对外汉语教学法理论并没有专走哪一家的路子,或者是专以哪一家的教学法理论做指导。

教材在一定程度上体现了教学思想及其教学法。1958 年出版的我国第一部正式供外国留学生学习汉语使用的课本《汉语教科书》是一部以语法为主线讲授语法理论知识的教材。这本教材搭起了对外汉语教学语法的框架,这个体系成了后来教材编写的蓝本。一般公认这套教材的语法部分影响最大,成就最高。所以也有同志说它是在语法翻译法的影响下编写的(刘珣等,1982)。

我们认为简单地把这套教科书归结为语法翻译法的产物,是不够全面的。它之所以会以语法为中心,强调语音、词汇、语法的系统性,和当时在斯大林语言学说指导下的苏联对我国普通语言学、俄语教学的影响有关,也和对汉族学生的汉语教学有关(对外汉语教学语法体系就是脱胎于汉语教学法体系,在 1958 年的书中虽加强了实用性,但痕迹仍很明显)。从教材本身看,言语技能训练是占了较大比重的,而且课文内容的选择及课文的编写都具有一定的针对性,不能说完全没有考虑到学生运用语言的需要。当然也并不排斥语法翻译法的影响。以解释语法为核心的问题是存在的。

对 50 年代教学法的批评(包括对教材本身以及对教材的使用,即课堂教学)主要来自两个方面。一是认为重视语音、语法等的理论讲解,不注重实践,或者说不注重技能的培养,尤其是交际能力的培养(钟梫,1979)。这一看法基本是对的。但是如果说当时的对外汉语教学完全忽视了言语技能的培养,我们不能苟同。这在上文已分析过,此处不再赘述。二是说教材编写以及课堂教学用翻译法,唱"双簧"。我们认为对外汉语课堂教学采用的是多种方法,并不拘泥于一格。《语言学院六十年代对外汉语教学法回顾》(任远,1984)一文指出:"五十年代直到六十年代初,对外汉语教学语音语法阶段的开头几周(共约七周),确曾用过汉语教师带'教学翻译'上主课的方式,但这段时间只占全学年的五分之一左右,而且带'翻译'完全是一种不得已的措施,从全局看,也不是以通过翻译进行讲解作为教学的主要手段。"可见翻译法的使用不仅不贯串整个教学过程,而且由于客观条件的限制带有不得已的性质,因为当时从事对外汉语教学这项工作的同志多半不熟悉学生的母语。

概括50年代我国的对外汉语教学，我们认为有以下几个特点：

1. 从一开始进行对外汉语教学就比较明确地提出了我们的教学目的是教会学生实际应用汉语。

2. 基本词汇教学和比较系统的语法知识的讲授是教学的重点，是达到教学目的的主要手段。教科书以语法为主线，按照由浅入深、循序渐进的原则编排，但言语技能的训练在教科书和课堂教学中仍占有一定比重；有一定的重理论知识讲授、轻语言实践的倾向。

3. 提出了要培养学生的"四会"能力，要听说读写全面发展，特别是指出口头训练要放到首要或较重要的地位。

4. 在课堂教学中，确有带翻译唱"双簧"的情况，但并不贯串教学的全过程。教学方法多样，不拘泥于一格，有翻译法、比较法、直接法、综合法。

纵观上述特点，与语法翻译法的特点作一比较（章兼中，1983；方立、吴炘，1977），我们认为我国50年代的对外汉语教学并不是单纯走语法翻译法的道路，而是有我们自己的特色的。

二

60年代我国的对外汉语教学和研究有了新的发展和变化。主要表现在两个方面：一是对实践性原则的认识与贯彻，这是认识论方面的转变，是理论上的深入；二是由于认识上的深入和客观条件的限制，课堂教学采用了以相对直接法为主的形式。

强调实践性原则，强调对外汉语教学是实践汉语，这是60年代汉语教学最重要的特点。这个认识是建立在对50年代对外汉语教学较为深刻的反省之上的。50年代我们通过基本词汇的教学和比较系统的语法知识的讲授使学生掌握汉语，走的是从理论到实践的路子。到了60年代，大家认识到"通过大量接触和运用语言材料来掌握语言，这是学好实践外语的必经之路。想先从理论着手或主要从理论着手来掌握实践外语，那是达不到目的的"（钟梫，1979）。这样的认识从今天的认知心理学和生成语言学的角度看是有片面性的，但强调学外语要实践，则是完全正确的。

由于把实践性放到了第一位，听、说技能的训练也就成了贯彻实践性的入手项。侧重听说,成了以后很长一段时间对外汉语教学所遵循的原则。

当时把对实践性原则的理解和贯彻局限于"精讲多练"。今天看来,这样的认识仍是很肤浅。特别是从社会语言学、语用学的角度看,没有考虑到如何正确运用语言进行社会实践的问题,例如在不同的社会实践中说什么和怎么说。当然,这一点不必苛求于那个时代。

这一时期在课堂教学中采用了相对直接法。我们觉得在对外汉语教学中使用直接法很难说是在国外直接教学法理论的影响下采用的,更多的是出于多年来外语课堂教学的经验和效果。60 年代之所以会在课堂教学中一开始就采用以直接法为主的形式,不能说与对实践性原则的认识无关。但客观上的原因(学生来自各个国家,国别多、语种多)决定了不采用直接法不行。《语言学院六十年代对外汉语教学法回顾》(任远,1984)一文中说:"六十年代改用一开始教师便直接用汉语讲课的方法,但这种改变仅仅限于前七周相应课程的授课,并不涉及整个教学原则的变换,而且各教学阶段依旧沿用同样的教材,因此还不能说是教学法的根本改革。"[①]我们认为这个评价是比较正确的,因为当时似乎并没有对国外直接教学法理论做比较全面、深入的研究和介绍,所以也就很难说整个的对外汉语教学都以直接教学法的理论原则和方法作为指导,只是在课堂教学中采用了直接法,而且这种方法的使用并没有改变以系统语法为中心的局面(直接法通常是不用翻译——包括书面,也不做语法分析的),只不过是改讲授理论为归纳理论而已。50 年代教学法的主要原则、三要素体系以及教材仍然保留下来了。因此不能对当时的直接法评价过高,它只是课堂教学中采用的一种具体手段,更何况当时也只提了"相对"二字。

课堂形式的改变(以直接法展示,以归纳法总结),"精讲多练"的实践性原则的贯彻使得 1958 年的《汉语教科书》已不再能适应新的教学形式的要求。由于众所周知的原因间隔了一段时间以后,1971 年出版了代表 60 年代对外汉语教学和研究水平的《基础汉语》。和 1958 年本相比,以系统语法知识讲授为中心的框架改成了范句加语法注释的形式。这样范句的操练就具体体现了实践性原则,便于课堂直接教学,语法注释则把系统的语法体系由明线变成暗线,继承了下来。这一点为后来的所有教科书所效仿,体现了我们的对外汉语教学是在继承中发展,没有走过单纯的直接教学法的道路。

---

① 下画线为本文作者所加。

总结60年代我国的对外汉语教学，我们可以看到有以下几个特点：

1. 由于认识上的转变，强调实践性原则，贯彻“精讲多练”的方针，将听说技能的训练放到语言教学的首位。

2. 在课堂教学中采用了相对直接法，但是以传授系统语法为中心的局面并没有改变。

60年代的对外汉语教学仍然没有形成一整套包括总体设计（教学大纲及教学设计）、教材编写、课堂教学及语言测试在内的我们自己的教学法体系。应该指出的是，对教学法理论的研究仍很薄弱。

三

从1973年到1981年大约八九年左右的时间，对外汉语教学经历了一个以听说法（句型法）为主的综合法教学时期。

体现在教学主导思想上，首先是对实践性原则的再认识。60年代所强调的实践性原则主要体现在课堂教学的“精讲多练”上，具有较大的局限性，对实践性原则本身也缺乏理论阐述。到了70年代，认识到“所谓实践性原则……，就是根据辩证唯物论的认识论的原理，组织和引导学生通过大量的、自觉的[①]语言实践来掌握汉语，以培养他们运用汉语进行交际的能力”（吕必松，1977）。因此实践性原则应“贯穿在整个教学体系中”，成为汉语教学的一个基本原则。这就是当时对实践性原则的理解。

值得引起大家注意的是，作为对外汉语教学的基本原则，提出实践第一的观点包含着对直接教学法理论的修正，同时也应看到，修正的理论根据并不是作为句型法理论基础的行为主义心理学的刺激反应学说和经验主义的哲学以及机械主义的语言学说，而是辩证唯物主义的认识论。

在实践第一的原则指导下，当时提出了要紧密地结合学生社会实践的需要来确定课堂教学的基本内容，要打破旧的脱离实际的“科学系统”（指单纯从语言科学的系统性出发来安排教学内容），代之以新的符合实践性原则的科学系统。这一思想基本上是对的。但是由于受当时政治因素的影响，在对外汉语教学中贯彻实践

① 不是不自觉的、单纯的模仿和机械操练。——本文作者注

性原则时出现了一些偏向。例如在教材建设中把一些政治内容作为社会实践需要编进了教材,而不顾对外汉语教学这门学科本身的科学性、规律性以及特殊性。在组织课堂教学中不是完全出于教学的需要,而是和当时的政治要求相联系,把以“走出去、请进来”为主要形式的“开门办学”片面理解为是贯彻实践性原则的必要途径,这显然是不适当的。

在贯彻实践性原则这一教学思想的指导下,关于听、说、读、写四种技能之间关系的处理,提出了“听说领先”“突出听说”的主张。这里所说的“听说领先”“突出听说”包括两个方面:一是说在四种技能中“听说”的地位应先于“读写”,即以听说带读写;二是说在具体的每堂课教学中,学生可先不看书,进行听说训练,再进行阅读或写作训练。需要指出的是,这和国外的听说法是有所不同的。国外听说法的“听说领先”指四项技能严格按照次序在整个教学过程中一项一项地进行。具体来说,是在入门阶段要经过一段较长时间的不出现文字的听说训练后(先学会说话)再出现文字,进行读写训练。因为他们认为,按照儿童学习语言的过程,先语后文,口语教学和阅读教学可以是相异又相关的两回事(章兼中,1983)。我们的对外汉语教学似乎没有要求也从未严格按次序一项一项进行四项技能的训练,当时的听说和读写是同步进行的。反映在教材上,无论是 1977 年的《汉语课本》[①]还是 1980 年的《基础汉语课本》[②]都是按照这样的原则编写的。由此可见,我们的对外汉语教学只是吸收了听说教学法的一些理论和方法,并非全盘照搬。

那么,当时提出“全面要求,突出听说,读写跟上”原则的主要理论根据是什么呢?我们认为有国外直接教学法的影响,也有听说法的烙印。认为口语(言语、听和说)是第一性的,文字是第二性的,在这一点上的认识,直接法和听说法是共同的。从语言学基础说,前者主要是从幼儿学习母语的过程得出,后者是从调查、抢救没有文字的印地安语言得出的。我们对外汉语教学似乎依据了前者的理论,认为儿童学母语都是先学说话后识字。突出听说,符合人们(其实多指儿童)学习语言的一般规律,而且汉字虽难,但比不上听说难(杜厚文,1977;吕必松,1977)。这种认识今天看来有一定的片面性,是多借鉴了儿童学母语的经验,少考虑了成人学外语的特点。当代的认知心理学、转换生成语言学都强调人类的“理性”,要探索人

① 北京语言学院编. 汉语课本[M]. 北京:商务印书馆,1977.

② 北京语言学院编. 基础汉语课本[M]. 北京:外文出版社,1980.

类语言的“普遍语法”，也就是尽管人类的各种语言不同，但却有共同的内在规律。按照乔姆斯基的观点，人类的“语言知识”（表现为“语言能力”）具有遗传性、普遍性，它表现为一套普遍语法，各种具体语言的语法表现只是普遍语法的变异而已。如果这种观点是有点道理的话，那么正如皮特·科德（1983）所说：“一切语言都有某些共同的基本特征（语言的普遍现象），所不同的只是它们的外部特征或者比较表面的特征；一旦学到了这些基本特征之后（通过母语表现形式），学习第二语言的表现形式（即第二语言）也就成了比较容易的事了。”所以第二语言学习只是原有的语言行为的扩大和延伸。成年人已经掌握了第一语言（母语），有了很强的思维能力和各种语言共有的普遍特征。他们学习任何一样东西时，都要先问“为什么”，学习第二语言，他们也是先理解，弄懂了道理以后再模仿的。

1977 年的《汉语课本》和 1980 年的《基础汉语课本》属于同一类型，体现了当时教学法体系。1977 年本首先引入了句型教学①，但无论从教学体系的科学性、内容的合适性还是兴趣性来看，这本书都不是成功的教材。1980 年本是 1977 年本的完善，不仅 1977 年本的缺点有了很大的改正，还配了教师手册。这样初步形成了以常用句型为重点，通过替换练习使学生掌握语法点，以语法体系为暗线、语法注释为形式，通过课文训练学生综合运用汉语的技能体系。尽管 1980 年本是一套以结构为纲的课本，没有吸收时髦的功能法，交际法不突出，课文内容还有缺陷，有些句子是日常交际中不说或少说的，但它仍不失为一套集历年编写教材之大成、各方面都较成熟的优秀课本。

是不是我们强调了实践第一，突出了听说，引进了句型操练就可以认为这一时期的教学法体系采用了国外的听说教学法或叫句型教学法呢？不是。因为这一时期仍不是走句型法单一的道路。《对外国学生的基础汉语教学》（李景蕙等，1980）一文把这个时期的教学法体系概括为“综合法”，即句型法和传统法的“综合”。它是在既着眼于传统法的长处又保留句型法的优点（既重视语法讲解也注意句型操练）的基础上逐步形成的符合我们教学特点的教学法体系。《基础汉语课本》也就是遵循了这一教学法原则编写成的。

回顾这一时期的对外汉语教学，我们可以看到以下几个特点：

1. 这段时期是对外汉语教学作为一个专门的学科在教学以及科研等各方面

---

① 听说法以刺激一反应为模式的句型操练在这儿得到了体现。

开始从不成熟逐步趋于成熟的时期。

2. 同五六十年代的教学相比，这一时期有了不少变化。引进了句型教学，但不是照搬句型法的全部理论，而是继承了以往重视语法教学、重视利用学生母语的教学传统；在实践性原则的思想指导下，开始形成了一个以“结构”为纲兼顾传统法的综合教学法。

3. 对这样一个教学法体系的缺点，即在一定程度上忽视了语言的交际功能，已有所认识，出现了想吸收国外功能法某些长处的趋势，提出了在采用综合法时，“还要注意吸收功能法的重视语言的交际功能，重视培养学生用语言作事的能力等优点，把它合理地、恰如其分地融化到我们的教学中来”(李景蕙等，1980)的观点。

四

进入 80 年代以来，我国的对外汉语教学领域呈现出欣欣向荣的景象。特别是对外汉语教学法的研究开始深入、全面地发展。研究的内容，有总论教学法原则及方法的，有阐述教材编写原则和评价教材的，也有探讨汉语作为外语教学的性质及特点的。具体课程及课堂教学的研究比过去丰富多了，过去没有涉及或很少涉及的总体规划、课程设置、测试等方面的问题也有了探索。此外还有评介国外教学法理论以及运用新的语言学理论、教学法理论分析汉语教学中的问题的文章等等。

综观这几年的对外汉语教学，和前一时期以结构为主的综合法时期相比，有这样一些变化和趋向：在教学法上多种并举、吸取功能、力求综合；在四项技能上全面要求、变听说读写为读写听说；在课程设置上变一门课综合训练多种技能为几门课训练单项技能；在教材编写上，各种类型的教材层出不穷，体系不一，但都在考虑如何结合功能加强学生交际能力的培养。

先谈谈教学思想上的认识发展。语言的本质是社会交际工具，这似乎已是一个古老的话题了。但检讨一下我们以往的语言研究和语法教学就会发现，我们更多的是注重了“工具”(语言结构)本身，而忽视了“交际”。社会语言学的兴起，提出了要把“工具”放到“交际”中去，在交际中研究语言的功能。在这样的背景下，20 世纪 70 年代，功能教学法以崭新的姿态首先在英国开始了外语教学的革新。到 70 年代末 80 年代初，功能法开始影响我国的对外汉语教学。

如何继承以往教学法的优点，吸收功能法的长处，结合对外汉语教学的特点，扬长避短，形成一套更符合教汉语特点的教学法体系，是目前教学法研究的主要问题之一。

《实用汉语课本》的作者在《试谈汉语教科书的编写原则》(刘珣等，1982)一文中提出，要“从我们总的教学目的和汉语教学的特点出发，把功能、句型、语法三个方面恰当地、有机地结合起来，从而建立我们自己的汉语教科书的科学体系”的设想。《语言教学中结构、意义和功能的结合》(吕必松，1984)一文认为，“在语言教学中要把结构、意义和交际功能全面结合起来”，并提出了一个以语法规则为纲，把交际场合和语义范畴作为一条暗线来贯穿的结构、功能相结合的大纲。吕必松(1985)又指出：“所谓结构和功能相结合，就是在编排教学内容的先后顺序时，首先考虑句型或语法点的难易程度；在围绕某个句型或语法点组织语言材料时，首先考虑学生的交际需要，着眼于培养他们的交际能力。”他们认为，以功能为纲不可能兼顾语法教学的系统性，而以语法规则为纲，却可兼顾交际功能。

这种对外汉语教学的“结构—功能”综合法主张结构与功能结合而以结构为主，在理论上的重要根据是考虑交际固然是头等重要的事，但是交际需从语言结构入手。语言的结构是有限的，常用句型是可以统计出来的，可以按易难排列，有客观标准；而功能项目是无限的，即使有所谓常用的功能项目，也多是凭主观测定的，随机性很大，初学者难以把握，况且一个功能项目可有多种表达形式，对于初学者，这又破坏了循序渐进的原则。在表达的多样性(难易同现)和循序渐进(先易后难)之间，结构—功能大纲选择了后者；对于初学者来说，掌握结构的要求大于交际的要求(虽然从学习者的心理来说，交际的迫切性可能更大)，立足于教学，在追求结构规则的系统性和交际性之间，结构—功能大纲选择了前者。

以上是第一种综合法形式。《教材的针对性》一文在谈到编写日本学生用基础汉语课本时，从学生交际的需要出发，提出了另一种综合形式，即“以典型的交际情景为主线，把语言功能寓于情景之中，而以语言的结构为副线”。具体做法是：按交际性原则，用情景法组织教材，设计典型的交际情景(如家庭、问候、介绍、买东西、问路等)，在情景中让学生学会语言功能项目(如询问、介绍、同意、道歉等)，再选择语言结构和常用词汇，尽量使之自然地结合起来。

我们的对外汉语教学要不要走纯功能的路子，能不能全盘接受功能法的主张呢？有的同志认为不完全接受，至少在基础教学阶段不能完全采用。有的同志认为至少是目前阶段还不打算走功能之路。但仍有不少同志在这方面做了一些尝试,并有了一定的成果。如属于初级教材的《汉语速成》[1],属中级以上教材的《说什么和怎么说》[2]。

采用综合法进行对外汉语教学,集传统法、听说法、功能法于一身,从理论上说似乎是应该的和可能的,但在实际贯彻中显然有不少问题需要解决。拿结构—功能法来说,以语言结构为纲,有了语言结构形式的系统性,虽能随机地安排一定的交际场合—情景,但功能项目的贯彻失去了系统性(尽管功能项目的所谓系统性有很大的主观性),特别是不太可能使初级的学生学会用多种形式来表达同一个功能项目。搞得不好,结合功能项目就成了一句空话,只剩下了系统结构加上随机的情景。如果采用第二种综合法,最大的问题就是语言结构的安排较难照顾到系统性。如果要顾及这一问题,循序渐进,那么为了项目第一,就可能会造出一些人工痕迹较多的句子。我们认为能否处理好结构与功能的关系,使二者有机地结合起来,是各种综合法的关键所在。结合的方法也不一定只限于"结构—功能",用"功能—结构"的方式也未尝不可,甚至在初级阶段可只考虑结构和情景的结合。亚历山大(1982)曾讲过功能结构型不适于初级学者,实际上也未必如此。我们无须在一上课就导入复杂的功能项目,可以用情景导入,在情景中暗含简单的功能,再选用表示某个功能的最简单的结构,这样同样可以用于初学者。

结构、功能相结合的教学法理论在教材编写的指导思想上也有所反映。《基础汉语教材纵横谈》(任远,1985)认为:"以语言结构为主线,吸收功能法的长处,是目前较为切实可行的编写(教科书的)方法。"《结合语言教学法原则编写教材》一文提出了"从交际功能出发编写短文。以句型教学为主,置句型于短文之中"的具体编写原则,也是主张结构与功能相结合。

目前以这种"结构—功能"综合法编写的教材,已出版的主要有《实用汉语课本》[3]、《基础汉语25课》[4],将问世的有《基础汉语续25课》[5]以及北京语言学院的

---

① 刘英林等. 汉语速成. 北京:北京语言学院出版社,1982.

② 邱志朴. 说什么和怎么说. 南京:江苏人民出版社,1990.

③ 刘珣. 实用汉语课本. 北京:商务印书馆,1981.

④ 华东师范大学对外汉语教研室. 基础汉语25课. 上海:华东师范大学出版社,1983.

⑤ 华东师范大学对外汉语教研室. 基础汉语续25课. 上海:华东师范大学出版社,1989.

《现代汉语教程》[①]《科技汉语教程》[②]《中医汉语》[③]。

对于掌握四种技能的认识也在转变之中。我们的对外汉语教学受直接法和听说法的影响，在较长一段时间内遵循着“听说领先”“以听说带读写”的原则。至今仍然有很多同志遵循这个原则(徐缦华，1981)。

诚然，幼儿学习语言是按照听说读写的顺序进行的。他们的语言能力和思维能力也是同步发展的。从这一点来看，行为主义以刺激—反应解释人类获得母语的过程，不能说完全没有道理。但若以行为主义的刺激—反应学说来解释成年人第二语言的获得，就会产生一个重大的错误。那就是没有把成年人的逻辑思维能力考虑进去，没有看到成年人第二语言能力的发展和他们思维能力的发展并非是同步的。他们的思维能力高于第二语言能力。《基础汉语教学课型设计和教材编写的新尝试》(吕必松，1985)一文阐述了从听说读写转变到读写听说的认识上的主要根据，一是成年人学习第二语言跟儿童习得母语的过程不完全相同。成年人的智力已得到了充分的发展，而且有学习和使用母语的经验，因此不但可以不完全按照听、说、读、写的顺序进行学习，而且可以在同一时间内学习几种语言技能。从读写开始，学生可以同时利用听觉和对汉字的视觉，这可能更能促进理解和记忆。二是以读写课打头，是汉语教学的特点所决定的。按照先读写后听说的顺序教学，可能更符合汉语教学的规律。读写领先可以解决汉字特殊性的矛盾。它既可以为听说训练扫清文字上的障碍，又可以使所学的汉字在后续课型中通过应用而得到复习巩固，可能会取得较好的教学效果。

在从听说读写到读写听说这样一个认识的转变中，我们也可以看到苏联的自觉对比法(和自觉实践法)的某些影响。《谈语言教学的针对性》一文说：“根据成年人理解能力强和逻辑思维严密的特点，教师在整个教学过程中，自始至终要贯彻‘理解记忆在先，模仿活用在后’的原则。”这就是说，学生通过母语掌握生词及语法点，正确理解了教师在课堂上对句型、语言现象和语言规律的讲解，这些都是“理解记忆在先”。在此基础上进行的句型操练、转变、举一反三是“模仿活用在后”，而且如上面所说，读写又可以促进理解和记忆，“因此，成年的外国人学习汉语，在理解

① 李德津等.现代汉语教程.北京：北京语言学院出版社，1988.

② 北京语言学院.科技汉语教程.北京：北京语言学院出版社，1984.

③ 北京语言学院.中医汉语.北京：北京语言学院出版社，1984.

的基础上首先进行‘读写’，然后训练‘听说’，我们认为更符合学生的认识规律，将有助于他们更快地掌握汉语”。(徐缦华，1981)

值得注意的是，目前这种先读写后听说的方法，与功能法的主张是有所不同的。功能法认为听说读写四种技能不是孤立的，而是一种综合的言语活动，口语与书面语同等重要。“听、说、读、写四种言语活动的先后顺序，多少快慢都决定于目标，从教学的全过程来看，四种言语活动的先后顺序是无关紧要的。在听说基础上培养读写能力与开始阶段突出书面语而在后阶段进行听说训练，其结果可能是一样的。重要的是根据目标确定四种活动的适当比例。”(章兼中，1983)

关于课程设置问题，从我国对外汉语教学初创阶段起就有争论。所谓“先语后文”(即先读注音字母或拼音，学拼音练说话，然后速成汉字)、“语文一体”(即综合教学、精读课形式，“语文并进”、综合练习四种技能)、“分科教学”(即“语文分进”、单项训练某种技能)之争，主要围绕两个问题，一是语言和文字的关系，二是四种技能之间的关系。关于前者，目前大部分教材的处理是：在练习发音阶段(或称拼音阶段)少出现或不出现汉字。待此阶段一过，则语言和文字的学习齐头并进。关于后者，以往以精读课挂帅的综合教学形式一直占上风。这种形式可以概括为“一套教材、一门课、四种技能综合训练”。所谓“一套教材”是指在最初阶段只使用一套综合性的通用教材，不分什么听力、口语、阅读、写作教材；所谓“一门课”是说不把四种技能分成四门课来上，而是以一贯之。北京语言学院的做法是由两位老师担任一门课，一位上课文，一位上句型(别的学校做法不一)，依靠一套教材、一门课，把四种技能的全面训练综合承担起来。经过一段时间的教学以后，再使用不同的教材，分口语、听力、阅读、写作等课程，以加强单项技能的训练。课程和技能之间的关系见图1。

目前北京语言学院正在试验一种新形式的分科教学。这种形式可以概括为“一套三本、三门课、四种技能”分担训练。所谓“一套三本”是指教材是一套有“共核”的三本书，包括读写、听力、说话三种单项专用教科书；“三门课”是读写、听力、说话课；四种技能分摊在三门课中。课程和技能之间的关系见图2。他们这种按语言技能划分课型的主要理由是：(1)不同的语言技能要通过不同的方法来训练。听、说、读、写是四种不同的语言技能，习得方法也不同。精读课虽然要求对听、说、读、写进行全面训练，但在实际教学中并不是同时训练四种技能。(2)精读课的训练方式实际上是口语和书面语不分，对口语和书面语要区别对待

（吕必松，1985）。

对这种按语言技能来划分课型的做法，我们想提一些自己的看法。人类运用语言进行交际，一个交际过程需要由交际的双方共同构成，交际的双方是相互联系的。例如交际的两个人，一方说，则另一方听；另一方说，则这一方听，大家既发出信息又接受反馈。这个交际过程如图3所示：

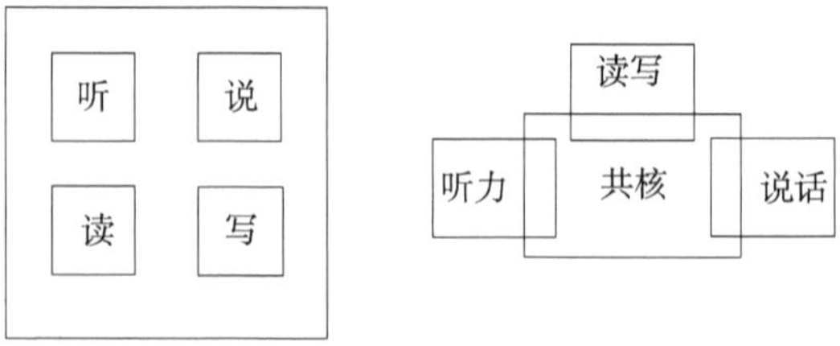

图1　　图2

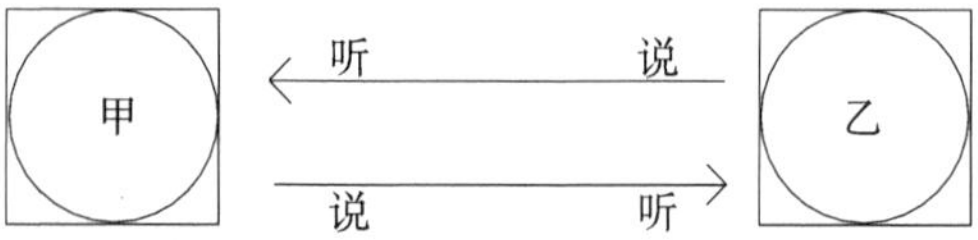

图3

可见在交际中，听、说原本是不可分的。读写也同样是相互关联的。正如语言教学法专家亚历山大（1982）所说："这四种技巧哪一种也不孤立存在，它们经常相互影响。听力并不是简单的听，听的同时还做别的：边听边译，边听边模仿，边听边记录，边听边报告等，并没有一种单独的听。所有这四种技巧都是这种情况，都同时有在做别的事情的成份。"从社会语言学的观点看，这四种技能在交际过程中是一种综合性的言语活动。从实际的课堂教学来看（教学的双方——教师和学生本身就构成了一个交际场合），教师说，学生听；教师提问，学生回答；教师的板书以及课文都是学生要读的；从习字开始到各种书面作业都是学生要写的。不可能有学生只听不说或只练说不练听和读（说话课本是要读的）的课。正如亚历山大（1982）所说："读、听、说、写四种技巧并不能分成四个格子，这是听，这是说，这是读，这是写。我们要教的是'听同时做某事'，'读同时做某事'，'写同时做某事'。"从初级学生学语言的角度来看，虽然有很强的交际欲望，但没有用语言来交际的能力。此时结构的训练占主导地位，但这种以结构为主的训练是以听说读写四个方面同时进行的。学生既要听懂会说，又要会读会写。我们认为在初级阶段以精读课来同时教授四种技能，符合交际的原则，也适应学生的需要。目前在初级阶段我们是用一套教材，以精读课挂帅，辅以练习课的形式进行教学的。即一位教师讲练课文的主要内容，另一位教师负责精读课的各种技能练习，配合精读课。这样在一种课型中充分练习四种技能并根据学生的不同情况在技能训练方面有所侧重。亚历山大(1982)曾经说过："请记住，在使用一套教材时，这套教材完全可以传授所有这些技巧。你们不必开单独的会话课，单独的写作课或单独的阅读课。所有这些都在同一套教材里教。""我们用'教材'这个词时，就意味着这套教材是要教所有这些技巧的。"用一套有"共核"的三本教材，四种技能分摊，好像是以不同的方法训练不同的技能，可能有所侧重，但事实上不可能一种课型只训练一种技能，而让学生和教师(主要是在基础阶段)感到技能训练之间有隔裂感。至于口语和书面语的问题，我们以为从零开始的初级阶段，学生所学的语言一般都是口语的，即使是课本上所写的话也应是口语的书面表现形式，而不是真正的口语或书面语之分。

我们强调初级阶段进行四种技能的训练不宜将课型分得过细，并不是因此而反对分课型教学。在中级乃至高级阶段，分课型重点训练某一项技能还是必要的。在这个阶段进行的分课型技能训练是在一定的基础上进行的。即学生经过基础阶段的综合性训练，在四种技能的掌握上已打下了基础。此时的分课型技能训练有利于集中突破薄弱环节，加速单项技能的掌握，提高交际水平。

回顾36年来我国对外汉语教学法的发展，我们得到的感觉是动态的，也就是说它是在不断总结经验，吸取新的理论和方法，结合对外汉语教学的特点，朝着逐步形成我国自己的对外汉语教学法理论及教学法体系的方向发展，中国特色愈来愈显著。但应该看到我们的对外汉语教学工作者对具体的课堂教学法(狭义)甚有研究，但对教学法理论(广义，包括吕必松同志所指出的四个方面)还探讨得比较少。对作为教学法理论基础的教育学、心理学、普通语言学以及社会语言学、心理语言学、应用语言学本身和如何运用到对外汉语教学中去缺乏研讨，对国外教学法理论介绍得也不够。图4以简图形式展示了从理论研究到技能培养的全过程，其中的每一部分都是我们教学法理论研究的对象。而在理论深度及定量分析这两方面更需我们做出进一步的努力。

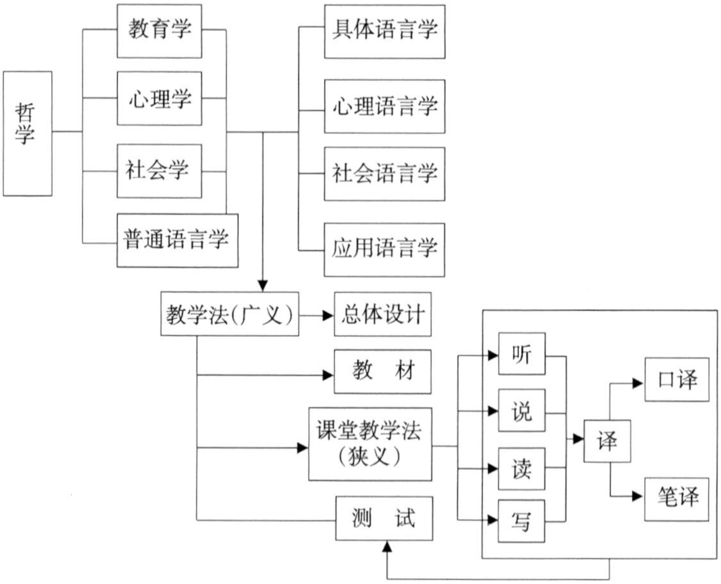

图 4

参考文献

杜厚文.在专业汉语教学中试行突出听说、读写跟上的教法[J].语言教学与研究,1977(1).

方经民,吴勇毅,陈国芳.我国的理论语言学 1949—1984[J].外语界,1985(2);语文导报,1985(11);华东师范大学学报(社科版),1986(2).

方立,吴炘.语言理论与教学法[J].语言教学与研究,1977 增刊(一).

李景蕙,程美珍,刘英林.对外国学生的基础汉语教学[J].语言教学与研究,1980(4).

刘珣,邓恩明,刘社会.试谈基础汉语教科书的编写原则[J].语言教学与研究,1982(4).

吕必松.谈谈基础汉语教学中的几个关系[J].语言教学与研究,1977(2).

吕必松.语言教学中结构、意义和功能的结合[J].对外汉语教学,1984(3).

吕必松.基础汉语教学课型设计和教材编写的新尝试[J].语言教学与研究,1985(4).

皮特·科德.应用语言学导论[M].上海:上海外语教育出版社,1983.

任远.语言学院六十年代对外汉语教学法回顾[J].对外汉语教学,1984(3).

任远.基础汉语教材纵横谈[J].语言教学与研究,1985(2).

施光亨.外语在对外汉语教学中的作用[J].语言教学与研究,1983(2).

徐缦华.外国人短期汉语教学浅谈[J].语言教学与研究,1981(2).

亚历山大.语言教学法十讲[M].北京:北京语言学院出版社,1982.

杨石泉. 汉语教学法三论[J]. 对外汉语教学,1985(2).
张道一. 新中国对外国人进行汉语教学的三十二年[J]. 语言教学与研究,1982(3).
章兼中. 国外外语教学法主要流派[M]. 上海:华东师范大学出版社,1983.
钟梫. 十五年汉语教学总结[J]. 语言教学与研究,1979(2).
周祖谟. 教非汉族学生学习汉语的一些问题[J]. 中国语文,1953(7).

(原文刊于《对外汉语教学研究会第二次学术讨论会论文选》,北京语言学院出版社,1987 年。合作者徐子亮)

学习观念与学习策略

第二语言教学:形式与意义的博弈(一)*

——教学法与学习者的视角

摘　要　随着交际语言教学(CLT)和任务型语言教学(TBLT)的"深入人心",随着教学对象的年龄层次越来越多样化,近期的汉语作为第二语言教学/外语教学的倾向是所谓淡化语法,淡化语法形式的教学,甚至不教语法("零语法"教学)。然而,第二语言教学/外语教学究竟要不要教语法?语言形式的教学还需要不需要?语法形式的操练对语言习得到底有没有用?这是值得我们深思的问题。作为系列研究(一),本文从第二语言/外语教学法的导向和学习者的取向角度讨论了这些问题。

关键词　语法教学　形式　意义　教学法导向　学习者需求

一、引言

随着交际语言教学(CLT)和任务型语言教学(TBLT)越来越深入人心,随着教学对象的年龄层次越来越多样化,随着汉语国际传播和推广的快速发展,近期的汉语作为第二语言/外语教学的倾向是所谓重意义(meaning)交流,重交际能力培养,而淡化语法,淡化语法形式(forms)的教学,甚至主张不教语法("零语法"教学)。比如最近的不少文章都在探讨任务型教学法的运用,热衷于讨论如何在教学中引入任务,如何设计任务或者活动,乃至完成任务或活动的方式等,但很少有人深究:在热闹的任务和活动背后,我们究竟想干什么?第二语言/外语教学的宗旨是什么?第二语言教学/外语教学究竟要不要教语法?语言形式的教学还需要不需要?语法形式的操练对语言习得到底有没有用?产生这种现象的原因是多方面的,既有实用主义的需要,也有语言教学和语言习得理论的背景,本文主要从教学

---

* 此文在庆祝张斌先生九十华诞从教六十周年学术研讨会暨《现代汉语描写语法》首发仪式上宣讲,2010年11月27—28日,上海师范大学。

法的导向和学习者的取向探讨这些问题。

二、教学法的导向：误导？

在目前形式与意义的博弈中，意义占了上风，其中一个重要因素是教学法的倡导。上个世纪五六十年代流行的听说法（the Audiolingual Method/Audiolingualism）（章兼中，1983；Richards & Rodgers，1986；束定芳、庄智象，1996），依据结构主义语言学的理论（口语是第一性的，语言是由小的单位根据组合和聚合规则层层组合而成的结构系统），强调语言形式（forms）的学习，就语法而言主要是句型和规则的掌握，但“句型不仅具有结构意义，还具有词汇意义和社会文化意义（弗里斯把人们说某一句话的实际情景称为社会文化意义）”（章兼中，1983：99）。Hockett（1959）指出：“正是这些基本句型构成了学习者的任务。他们需要操练（drill），操练，再操练，只要有足够的词汇，就可以使得这种操练成为可能。”（见Richards & Rodgers，1986：46）各种形式的句型操练和对话（背诵、记忆）构成了听说法课堂练习的基本手段。听说法又依据行为主义心理学的理论，认为语言的习得是通过刺激——反应——强化的过程，最终形成自动化的习惯而获得的。听说法招人批评的主要原因，除了其理论基础之外，还因学习者发现，他们很难把学到的技能转移到课堂之外的真实交际中，且枯燥无味（Richards & Rodgers，1986：59）。

自从Hymes（1972）提出交际能力的概念后，第二语言教学就此转向，把语言教学的目标由过去的培养语言能力（主要是语法能力）改为培养交际能力。在交际能力理论和功能语言理论（Halliday，1970、1975）双重推动下产生的交际法（Communicative Approach/CA）或意义更宽泛的交际语言教学（Communicative Language Teaching/CLT）提出了与听说法大相径庭的语言教学理念与原则。Finocchiaro & Brumfit（1983）通过对比归纳出了22项听说法和交际法的区别性特征，我们看其中几项交际法与听说法相对立的主要原则：1）意义至上（Meaning is paramount）；2）对话围绕着交际功能，通常无须记忆；3）情景化是一个基本的前提；4）语言学习是学习交际；14）交际能力是追求的目标（即有效且适合使用语言系统的能力）；19）流利和可接受的语言是主要目标，准确不是抽象的，要在情境中决定（又可参见Richards & Rodgers，1986：67－68；束定芳、庄智象，1996：203－205）。

正是由于交际语言教学的倡导,语言形式的学习,尤其是准确的语言形式的掌握被逐渐排斥了。在有些学者和教师看来,只要能够交流和沟通,即使是有缺陷的语言也是可以接受的,因此对学生话语中的错误/偏误,采取容忍的态度,甚至听之任之(这个问题后面还要讨论)。尽管如此,交际法跟听说法一样,仍然有一个供学习者学习和掌握的清单,即功能—意念大纲(听说法提供的是语法大纲或者说结构大纲),其中包括表达功能和意念的语言形式。语法大纲和功能—意念大纲都有一个共同的假设,即学生应该按照列出的项目清单学习,一旦掌握了这些清单上的项目,也就等于掌握了语言(吴勇毅,2004、2006)。

到了任务教学法(Task-Based Approach/ TBA)或任务型语言教学(Task-Based Language Teaching/ TBLT),就走得更远了。根据 Richards & Rodgers (2001:223)的定义,任务型语言教学是一种把任务作为核心单位用以计划和组织语言教学的途径/方法。它把人们在社会生活中所从事的各种活动或者说所做的事情视为"任务",把培养学习者完成任务的能力作为教学目标。"为了完成任务,学习者以'意义'为中心,尽力调动各种语言和非语言的资源进行'意义'共建,以达到解决某种交际问题的目的。"(魏永红,2004:1)由于任务型语言教学强调"干中学"(learning by doing),而"干"或者说"完成任务/做事情"又可以"不择手段"(不一定只用语言的手段),因此,在有些人看来,只要想方设法完成任务(具体说就是某个"活动"),并且在完成任务的活动中能进行"有效的"意义沟通和合作,语言形式掌握得如何并不重要,其典型表现就是在有些所谓任务型语言教学的课堂里,学习者在热热闹闹的活动中尝试完成某个任务,并努力用"错误百出"的语言进行意义协商和沟通,把正确的语言形式的学习和掌握通通忘到脑后去了[①]。任务型语言教学认为,在完成任务的活动中,意义是首要的(meaning is primary),目的是要解决某个交际问题,而完成任务是优先的(task completion has some priority),要按照完成任务的结果来评估(Skehan,1998:95)。尽管任务型语言教学的本意也许并非是不关注语言形式,但其教学目标的设定,以及它所提倡的达到教学目标的手段,一开始就非常容易使其出现偏颇,忽略语言形式的学习和掌握。正如 Skehan & Foster(2001:184)所指出的:如果不加以适当控制,任务教学法就可能过分强调"把事儿给办了",而牺牲了教学的根本目标:发展语言学习者的目的语能力(转引

① 热闹完后,学生到底学到了什么?这也正是近期汉语作为第二语言教学中出现的问题之一。

自吴中伟，2005)。为了解决这种“离谱”的现象和问题，Long(1985、1991)提出了任务教学法也要“聚焦形式”(focus on form/FonF)，以别于纯粹的“聚焦意义”(focus on meaning/ FonM)，后者以自然法(Natural Approach, Krashen & Terrell, 1983)为典型代表[Long 把听说法称为“聚焦形式点”(focus on forms/FonFs)的教学法]。但实际上，“聚焦形式”是以“聚焦意义”为核心基础的，它不是预先安排好系统地教授语言形式，即“聚焦形式点”，而是当完成任务的交际活动出现问题时，暂时地、偶发地把学习者的注意力转移到某个特定语言形式上来(Oxford, 2006; Ellis, 2006)。所以 Oxford 把它称为“聚焦意义加上暂时聚焦形式”(FonM with temporary FonF)(同上)。

我们认为，交际法、任务教学法把培养学习者的交际能力、完成任务的能力(从某种程度上讲是一种“就事论事”的能力)作为自己的教学目标，从某种意义上说，或者说在某种程度上是偏离了语言教学的根本轨道，即掌握目的语本身。培养学习者的交际能力从理论上讲是不错的，但交际能力是由复杂因素构成的，尽管 Canale & Swain(1980)把 Hymes 的交际能力具体化为语法能力、社会语言能力、语篇能力和策略能力，但不可否认，这当中蕴含了许多非语言因素，涉及个人的认知能力、情感因素、个性性格、知识背景、经历经验等等。就拿说母语的人来说，按理语言都没有问题，但我们仍然会说某某人跟人交际/交流有问题，或谁谁文字功夫很好，但跟人口头打交道不行；有的老师写文章做研究可以，但却不会上课；现在很多孩子在电脑上很厉害，什么都敢表达，但不会也不愿意跟人面对面交流；走出校门，不少学生没有社会经验，不会处理工作或社会生活中的各种问题，凡此种种。可见交际能力和完成任务的能力中的许多东西原本不该是语言教学负责的。

过去把第二语言/外语教学的目标锁定在掌握语言本身，语法教学主要是离散的语法结构(discrete grammatical structures)的展示说明(presentation)，让学生进行操练(practice)，使其能够表达(production)，目标单纯些，但不够注意语言使用的社会文化因素和环境，不够重视语言形式在运用中所表达的功能，不够关注不同的语法形式在交际中所传递的意义。课堂教学关注的或者说所负责的是语言本身：我把语言(尤其是语言形式)教给你，至于你会不会用，用得好不好，那是出了校门你自己的事儿。(七十年代我国的外语教学有所谓“开门办学”一说，外语系高年级的学生有条件的话会去“涉外单位”实习一段时间，直接跟外国人接触，这种“实战”就是为了解决一些运用的问题。)交际语言教学,尤其是任务型语言教学想把学习者在社会生活里运用第二语言/外语的问题都拉到教室里课堂上来解决,加之交际能力和完成任务的能力中有许多东西原本不该是语言教学负责的(见上),使得二语/外语课堂严重“超负荷”了。又由于过于强调“意义沟通”(可以“不择手段”)和“把事儿给办了”(要办完多少事儿才算学会了语言呢?),只聚焦在意义,往往容易出现偏颇,忽视语言形式的准确性,导致学习者语言水平,特别是表达水平无法提高。“如果在第二语言习得过程中只关注意义,关注交际的成功,而不关注形式,就是忘记了语言教学的根本目的——提高目的语的能力,并将导致大量的化石化现象。”(吴中伟,2005)

近年来有学者(周健,2003、2005;张旺熹,2007、2010)提出语感培养是汉语作为第二语言教学的核心,是对外汉语教学的基本任务,我们认为这是一种向语言能力回归的思考,值得关注和深入探讨。从某种意义上说,培养语言能力的核心就是培养语感。

三、学习者的取向:要不要语法教学?

现在人家都说语言教学要以学生为中心,要以学生的需求为教学基础,并且承认学生对语言、对语言学习的观念会对学习动机和学习策略的选择产生重要的影响。那么学生对课堂语法教学和语法学习究竟是怎么看的?他们需不需要语法教学?他们的观念和看法跟教师的有没有差异?对外汉语教学界没有做过这方面的研究,但在国际上有人做过。Schulz(2001)曾就学习一种新语言中显性语法教学(explicit grammar instruction)和纠错(error correction)的作用对哥伦比亚师生和美国师生的观念和看法(perceptions/beliefs)进行过调查,其样本为哥伦比亚教师122 人,学生 607 人;美国教师 92 人,学生 824 人。以下是经过我们简化和翻译的总的统计结果表(表 1):

表1　总的统计结果

项目	同意/非常同意（百分比）		决定不了（百分比）		不同意/强烈反对（百分比）	
	哥伦比亚	美国	哥伦比亚	美国	哥伦比亚	美国
1. 正式学习语法对最终掌握一门外语至关重要（essential）	82(生) 59(师) ***23***(师生差)	80(生) 64(师) ***16***(师生差)	10(生) 17(师) −7(师生差)	15(生) 20(师) −5(师生差)	8(生) 24(师) ***16***(师生差)	5(生) 15(师) 10(师生差)
2. 如果我学习和练习语法，我相信我的外语提高得非常快	77(生) 71(师) 6(师生差)	48(生) 38(师) 10(师生差)	19(生) 16(师) 3(师生差)	33(生) 20(师) ***13***(师生差)	4(生) 13(师) 9(师生差)	19(生) 36(师) ***17***(师生差)
3. 学习语法有助于学习一门外语	93(生) 84(师) 9(师生差)	85(生) 74(师) ***11***(师生差)	4(生) 9(师) −5(师生差)	12(生) 16(师) −4(师生差)	3(生) 7(师) 4(师生差)	3(生) 7(师) 4(师生差)
4. 我喜欢学习语法	76(生) 30(师) ***46***(师生差)	46(生) 18(师) ***28***(师生差)	14(生) 21(师) −7(师生差)	26(生) 47(师) ***−21***(师生差)	10(生) 48(师) ***38***(师生差)	28(生) 35(师) 7(师生差)
5. 在我的二语/外语课程中应该有更多正式的语法学习	51(生) 31(师) ***20***(师生差)	26(生) 21(师) 5(师生差)	27(生) 21(师) 6(师生差)	36(生) 25(师) ***11***(师生差)	23(生) 48(师) ***25***(师生差)	37(生) 53(师) ***16***(师生差)

续表

项目	同意/非常同意（百分比）		决定不了（百分比）		不同意/强烈反对（百分比）	
	哥伦比亚	美国	哥伦比亚	美国	哥伦比亚	美国
6. 用外语写作或读自己写的东西时，我总是惦记着语法	58(生) 35(师) ***23***(师生差)	68(生) 27(师) ***41***(师生差)	24(生) 18(师) 6(师生差)	25(生) 39(师) ***−14***(师生差)	17(生) 47(师) ***30***(师生差)	7(生) 32(师) ***25***(师生差)
7. 在真实的环境中练习外语比学习和操练语法句型更重要	66(生) 82(师) ***−16***(师生差)	69(生) 80(师) ***11***(师生差)	18(生) 8(师) 10(师生差)	19(生) 7(师) ***12***(师生差)	16(生) 11(师) 5(师生差)	12(生) 9(师) 3(师生差)
8. 我不喜欢在课堂上被纠错	4(生) 28(师) ***−24***(师生差)	4(生) 22(师) ***−18***(师生差)	6(生) 21(师) ***−15***(师生差)	9(生) 24(师) ***−15***(师生差)	90(生) 51(师) ***39***(师生差)	87(生) 48(师) ***39***(师生差)
9. 学生在课堂上出错时，教师不应该纠正	3(生) 35(师) ***−32***(师生差)	2(生) 33(师) ***−31***(师生差)	3(生) 17(师) ***−14***(师生差)	4(生) 18(师) ***−14***(师生差)	95(生) 48(师) ***47***(师生差)	94(生) 48(师) ***46***(师生差)
10. 如果教师不改正我交上去的书面作业，我感觉被欺骗了	74(生) 88(师) ***−14***(师生差)	65(生) 80(师) ***−15***(师生差)	6(生) 5(师) 1(师生差)	21(生) 18(师) 3(师生差)	20(生) 8(师) ***12***(师生差)	13(生) 1(师) ***12***(师生差)
11. 当我说外语犯错误时，我希望得到教师的纠正	97(生) 39(师) ***58***(师生差)	90(生) 30(师) ***60***(师生差)	2(生) 21(师) ***−19***(师生差)	9(生) 28(师) ***−19***(师生差)	1(生) 40(师) ***39***(师生差)	2(生) 41(师) ***39***(师生差)

续表

项目	同意/非常同意（百分比）		决定不了（百分比）		不同意/强烈反对（百分比）	
	哥伦比亚	美国	哥伦比亚	美国	哥伦比亚	美国
12. 当我用外语写作犯错误时，我希望得到教师的纠正	98(生) 93(师) 5(师生差)	97(生) 92(师) 5(师生差)	1(生) 0(师) 1(师生差)	3(生) 8(师) —5(师生差)	1(生) 8(师) 7(师生差)	1(生) 0(师) 1(师生差)

注：我们把具有显著差异的百分比用斜体字加粗显示

项目1到项目7是对语法作用的看法和观念，项目8到项目12是对纠错的反馈。从表1我们大致上可以看出师生之间的差异很大(根据Schulz的规定，差异在10%或低于此的均不具显著性，即可以忽略)。学生对语法教学和学习的肯定程度要大大超过教师，我们推测，教师受交际语言教学等的影响很大是其中的一个重要原因(参见上一节)。学生之间差异最大的是项目2、4、5，哥伦比亚学生高于美国学生29%、30%和25%，表明哥伦比亚学生比美国学生更相信语法学习的作用，希望课堂上有更多的正式的语法教学(more formal study of grammar in FL/L2 courses)。

我们把Schulz的调查结果重新进行了一些整理，便于阐述和分析。首先看一下哥伦比亚教师和美国教师的态度(见表2)：

表2 哥伦比亚教师 vs. 美国教师

项目	同意/非常同意（百分比）	决定不了（百分比）	不同意/强烈反对（百分比）
1. 正式学习语法对最终掌握一门外语至关重要(essential)	59(哥教师) 64(美教师) —5(差)	17(哥教师) 20(美教师) —3(差)	24(哥教师) 15(美教师) 9(差)
2. 如果我学习和练习语法，我相信我的外语提高得非常快	71(哥教师) 38(美教师) 33(差)	16(哥教师) 20(美教师) —4(差)	13(哥教师) 36(美教师) —23(差)

续表

项目	同意/非常同意 (百分比)	决定不了 (百分比)	不同意/强烈反对 (百分比)
3.学习语法有助于学习一门外语	84(哥教师) 74(美教师) 10(差)	9(哥教师) 16(美教师) —7(差)	7(哥教师) 7(美教师) 0(差)
4.我喜欢学习语法	30(哥教师) 18(美教师) 12(差)	21(哥教师) 47(美教师) —26(差)	48(哥教师) 35(美教师) 13(差)
5.在我的二语/外语课程中应该有更多正式的语法学习	31(哥教师) 21(美教师) 10(差)	21(哥教师) 25(美教师) —4(差)	48(哥教师) 53(美教师) —5(差)
6.用外语写作或读自己写的东西时,我总是惦记着语法	35(哥教师) 27(美教师) 8(差)	18(哥教师) 39(美教师) —21(差)	47(哥教师) 32(美教师) 15(差)
7.在真实的环境中练习外语比学习和操练语法句型更重要	82(哥教师) 80(美教师) 2(差)	8(哥教师) 7(美教师) 1(差)	11(哥教师) 9(美教师) 2(差)
8.我不喜欢在课堂上被纠错	28(哥教师) 22(美教师) 6(差)	21(哥教师) 24(美教师) —3(差)	51(哥教师) 48(美教师) 3(差)
9.学生在课堂上出错时,教师不应该纠正	35(哥教师) 33(美教师) 2(差)	17(哥教师) 18(美教师) —1(差)	48(哥教师) 48(美教师) 0(差)
10.如果教师不改正我交上去的书面作业,我感觉被欺骗了	88(哥教师) 80(美教师) 8(差)	5(哥教师) 18(美教师) —13(差)	8(哥教师) 1(美教师) 7(差)
11.当我说外语犯错误时,我希望得到教师的纠正	39(哥教师) 30(美教师) 9(差)	21(哥教师) 28(美教师) —7(差)	40(哥教师) 41(美教师) —1(差)
12.当我用外语写作犯错误时,我希望得到教师的纠正	93(哥教师) 92(美教师) 1(差)	0(哥教师) 8(美教师) —8(差)	8(哥教师) 0(美教师) 8(差)

从总体上看，哥伦比亚教师相对来说比美国教师更倾向于赞成语法教学，但差异不大(都不太高)。最大的不同是项目2“如果我学习和练习语法，我相信我的外语提高得非常快”和项目4“我喜欢学习语法”。就项目2而言，哥伦比亚教师赞成此观点的大大高于美国教师(差异为33%)，而反对此观点的则显著低于美国教师(差异为23%)；项目4哥伦比亚教师赞成此观点的和反对此观点的都高于美国教师(差异为12%和13%)。

我们把两国学生和两国教师的统计结果归并起来看其差异(见表3)：

表3 两国学生 vs. 两国教师

项目	同意/非常同意 (百分比)	决定不了 (百分比)	不同意/强烈反对 (百分比)
1. 正式学习语法对最终掌握一门外语至关重要(essential)	81(生) 61.5(师) 19.5(师生差)	12.5(生) 18.5(师) —6(师生差)	6.5(生) 19.5(师) —13(师生差)
2. 如果我学习和练习语法，我相信我的外语提高得非常快	62.5(生) 54.5(师) 8(师生差)	26(生) 18(师) 8(师生差)	11.5(生) 24.5(师) —13(师生差)
3. 学习语法有助于学习一门外语	89(生) 79(师) 10(师生差)	8(生) 12.5(师) —4.5(师生差)	3(生) 7(师) —4(师生差)
4. 我喜欢学习语法	61(生) 24(师) 37(师生差)	20(生) 34(师) —14(师生差)	19(生) 41.5(师) —22.5(师生差)
5. 在我的二语/外语课程中应该有更多正式的语法学习	38.5(生) 26(师) 12.5(师生差)	31.5(生) 23(师) 8.5(师生差)	30(生) 50.5(师) —20.5(师生差)
6. 用外语写作或读自己写的东西时，我总是惦记着语法	63(生) 31(师) 32(师生差)	24.5(生) 28.5(师) —4(师生差)	12(生) 39.5(师) —27.5(师生差)
7. 在真实的环境中练习外语比学习和操练语法句型更重要	67.5(生) 81(师) —13.5(师生差)	18.5(生) 7.5(师) 11(师生差)	14(生) 10(师) 4(师生差)

续表

项目	同意/非常同意（百分比）	决定不了（百分比）	不同意/强烈反对（百分比）
8. 我不喜欢在课堂上被纠错	4(生) 25(师) —21(师生差)	7.5(生) 22.5(师) —15 (师生差)	88.5(生) 49.5(师) 39 (师生差)
9. 学生在课堂上出错时，教师不应该纠正	2.5(生) 34(师) —31.5(师生差)	3.5(生) 17.5(师) —14(师生差)	94.5(生) 48(师) 46.5(师生差)
10. 如果教师不改正我交上去的书面作业，我感觉被欺骗了	69.5(生) 84(师) —14.5(师生差)	13.5(生) 11.3(师) 2(师生差)	16.5(生) 4.5(师) 12(师生差)
11. 当我说外语犯错误时，我希望得到教师的纠正	93.5(生) 34.5(师) 59 (师生差)	5.5(生) 24.5(师) 19(师生差)	1.5(生) 40.5(师) 39(师生差)
12. 当我用外语写作犯错误时，我希望得到教师的纠正	97.5(生) 92.5(师) 5(师生差)	2(生) 4(师) —2(师生差)	1(生) 4(师) —3(师生差)

注:生:哥伦比亚学生 & 美国学生,师:哥伦比亚教师 & 美国教师

从项目 1 到项目 7,学生对语法教学和学习的认同程度都大大高于教师,其中有显著差异的就占 5 项(反对的意见则呈相反态势),尤其是第 4 项“我喜欢学习语法”和第 6 项“用外语写作或读自己写的东西时,我总是惦记着语法”,师生之间的差异更是达到了 37%和 32%,可见语法在学生的观念和运用中的地位。我们认为成人(Schulz 调查的是 young adults)学习或习得第二语言/外语是不可能完全摆脱语法学习和运用的,Schulz 的调查完全证明了这一点。

对于项目 8,有 88.5%的学生愿意在课堂上被纠错,而只有 49.5%的老师觉得应该如此(差为 39%);94.5%的学生认为教师在课堂上应该纠正学生的错误,而只有 48%的教师认为应该如此(差为 46.5%),这对那种认为只要意义沟通成功,语法形式正确与否不重要,或交际是最重要的,应尽量少纠正学生错误的观点是一个有力的反驳。有意思的是(项目 11),学生说话时犯错,非常希望得到教师的纠正(93.5%),而教师只有少部分人赞成如此(34.5%),差别为 59%,而不赞成纠错

的教师倒有 40.5%(这再次证明教师普遍受到这个时代交际语言教学的影响,而学生则不然);但是对书面的错误,学生和教师几乎没有差异(5%),绝大多数学生和教师(97.5% vs. 92.5%)都觉得不能容忍,应该纠正。教师对口语错误和书面错误的不同立场(学生的立场是一致的:两者都要纠正)是出于对不同语言技能掌握的认识还是出于职业的道德,我们这里不做讨论。

通过对 Schulz 所做研究的再分析和阐述,我们可以得到两点结论:(1)学习者和教师对待语法教学和语法学习的观念有很大的差异,他们重视语法的程度远远超出教师的想象。那么我们应该遵从学生的取向,还是完全信奉某些教学法的主张(甚至改变学生的取向)呢?(2)正式的语法教学是必要的,也是必须的。至于通过什么途径进行语法教学更有效,尤其是对语言形式的掌握,那需要研究证明且群策群力的。

齐沪扬(2010)指出:"语法研究的终极目的,就是寻找语法形式与语法意义之间的对应关系",借用到语言教学上,我们汉语作为第二语言/外语的教学不也就是在追求让学习者了解和掌握语言形式与意义和功能的匹配关系,以获得真正的目的语能力吗?

参考文献

齐沪扬. 作为第二语言的汉语语法研究面临的问题[J]. 对外汉语研究,2010(6).

束定芳,庄智象. 现代外语教学——理论、实践与方法[M]. 上海:上海外语教育出版社,1996.

魏永红. 任务型外语教学研究[M]. 上海:华东师范大学出版社,2004.

吴勇毅. 功能大纲的理论研究与基本框架. 对外汉语教学探索[M]. 上海:学林出版社,2004.

吴勇毅. 从交际语言教学到任务型语言教学[J]. 对外汉语研究,2006(2).

吴中伟. 语言教学中形式与意义的平衡[J]. 对外汉语研究,2005(1).

张旺熹. 语感培养是对外汉语教学的基本任务[J]. 世界汉语教学,2007.

张旺熹. 对外汉语教学语法研究概说——课题与路向[J]. 对外汉语研究,2010(6).

章兼中. 国外外语教学法主要流派[M]. 上海:华东师范大学出版社,1983.

周健. 论汉语语感教学[J]. 汉语学习,2003(1).

周健. 汉语作为第二语言教学应突出语感培养[J]. 对外汉语研究,2005(1).

Canale, M. & Swain, M. Theoretical bases of communicative approaches to second language teaching and testing [J]. *Applied Linguistics*, 1980(1): 1—47.

Ellis, R. Current issues in the teaching of grammar: An SLA perspective [J]. *TESOL Quarterly*, 2006(40.1):83—107.

Finocchiaro, M. & Brumfit, C. *The Functional-Notional Approach: From Theory to Practic* [M]. New York: Oxford University Press, 1983.

Halliday, M. A. K. Language structure and language function [A]. *New Horizons in Linguistics* [C]. Ed. J. Lyons. Harmondsworth: Penguin, 1970: 140—65.

Halliday, M. A. K. *Learning How to Mean: Explorations in the Development of Language* [M]. London: Edward Arnold, 1975.

Hockett, C. F. (1959) The objectives and process of language teaching [A]. *English Teaching Extracts* [C]. Ed. D. Byrne. London: Longman, 1969.

Hymes, D. On Communicative Competence [A]. *Sociolinguistic* [C]. Ed. J. B. Pride & J. Holmes. Harmondsworth: Penguin, 1972: 269—93.

Krashen, S. D. & Terrell, T. D. *The Natural Approach: Language Acquisition in The Classroom*[M]. Hayward, CA: Alemany, 1983.

Long, M. H. A Role for Instruction in Second Language Acquisition: Task-based Language Training[A]. *Modeling and Assessing Second Language Acquisition* [C]. Ed. K. Hyltenstam & M. Pienemann. Clevedon: Multilingual Matters, 1985: 77—99.

Long, M. H. Focus on Form: A Design Feature in Language Teaching Methodology [A]. *Foreign Language Research in Cross-cultural Perspective* [C]. Ed. K. de Bot, R. Ginsberg & C. Kramsch. Amsterdam: John Benjamins, 1991: 39—52.

Oxford, R. L. Forty years of language teaching [J]. *Language Teaching*, 2006(40):1—15.

Richards, J. & Rodgers, T. *Approaches and Methods in Language Teaching*[M]. Cambridge: Cambridge University Press, 1986.

Richards, J. & Rodgers, T. *Approaches and Methods in Language Teaching* (*second edition*) [M]. Cambridge: Cambridge University Press, 2001.

Schulz, R. A. Cultural differences in student and teacher perceptions concerning the role of grammar instruction and corrective feedback: USA-Colombia [J]. *The Modern Language Journal*, 2001(85. ii): 244—58.

Skehan, P. *A Cognitive Approach to Language Learning* [M]. Oxford: Oxford University Press, 1998.

Skehan, P. & Foster, P. Cognition and Tasks [A]. *Cognition and Second Language Instruction*[C]. Ed. P. Robinson. Cambridge: Cambridge University Press, 2001.

(原文刊于《语法研究的深化与拓展》,商务印书馆,2015 年)

第二语言教学:形式与意义的博弈(二)

——师生语法教学观念的对比研究

摘　要　近期的汉语作为第二语言/外语教学有所谓重意义(meaning)交流,重交际能力培养,而淡化语法,淡化语法形式(forms)教学的倾向,甚至主张不教语法("零语法"教学)。本文是实证研究,目的是要通过调查分析了解汉语教师和汉语学习者对课堂语法教学的认识,对显性和隐性教学、对演绎法和归纳法、对句型操练和交际训练、对纠错、对语法术语使用等的看法;具体考察"教师认知""教学理念"与"学习观念"之间究竟存在什么样的差异,教师的语法教学理念与学习者的学习观念又从何而来。

关键词　汉语语法教学　形式　意义　教学观念　师生　对比

一、引言

在《第二语言教学:形式与意义的博弈(一)》中我们指出,随着交际语言教学(CLT)和任务型语言教学(TBLT)越来越深入人心,随着教学对象的年龄层次越来越多样化,随着汉语国际传播和推广的快速发展,近期的汉语作为第二语言/外语教学的倾向是所谓重意义(meaning)交流,重交际能力培养,而淡化语法,淡化语法形式(forms)的教学,甚至主张不教语法("零语法"教学)。我们从"教学法的导向"(是不是误导?)和"学习者的取向"(要不要语法教学?)讨论了第二语言教学/外语教学究竟还要不要教语法(形式)的问题,并对 Schulz(2001)的材料进行了重新分析,发现了一些很有意思的情况,充分显示出师生之间语法教学理念的巨大差异,并推测其可能的来源。

本文是进一步的实证研究,主要目的是通过调查分析了解汉语教师和汉语学习者对课堂语法教学的认识,对显性和隐性教学、演绎法和归纳法、句型操练和交际训练、纠错、语法术语使用等的看法。我们想具体考察“教师认知”[①]（Borg，2003）、“教学理念”与“学习观念”之间究竟存在什么样的差异，教师的语法教学理念与学习者的学习观念又从何而来。

二、研究设计

2.1 研究对象

教师：中国某大学汉语教师 50 名（回收教师问卷 50 份，其中有效问卷 42 份）。从教龄结构看，老教师（≥10 年）15 人，最长教龄 35 年（1 人），新教师（≤2 年）27 人，最短教龄 4 周（1 人）；从所教课型看，口语教师 14 人，阅读（综合课）教师 28 人。

学习者：中国两所大学和一所美国国际教育机构的在华学生共 124 名（回收学习者问卷 124 份，其中有效问卷 104 份），有效问卷中，“汉字文化圈”学习者 43 人（包括日本、韩国、越南等），“非汉字文化圈”学习者 61 人（包括欧美和其他国家）。被调查的对象均是成年汉语学习者，其中学习汉语时间 3 年以上者（≥3 年）9 人（最长学习时间为 6 年）；3 年以下 1 年以上者（＜3 年，＞1 年）40 人；1 年及 1 年以下者（≤1 年）55 人（最短学习时间为 2 个月）。男生 43 人，女生 61 人。

2.2 研究工具

我们采用了问卷调查和访谈两种研究手段。

教师问卷为中文，分为两个部分，第一部分是被调查教师的基本信息，包括性别、课型和教龄等，第二部分是在参考了 Schulz（1996、2001）和 Borg & Burns（2008）的基础上设计的“CSL 教师语法教学理念和行为”调查表（附录一），该表包括 42 个题目（参见表 1）：

① “教师认知”（teacher cognition）指教师的所知、所信、所想（the unobservable cognitive dimension of teaching——what teachers know，believe，and think），见 Borg（2003）.

表1　CSL教师语法教学理念和行为

题号	内容
Q1	在国内，对成年汉语学习者来说，正式的课堂语法教学对掌握汉语至关重要。
Q2	课堂语法教学能促进学生的汉语学习。
Q3	一般来说，如果侧重语法学习和训练，那么学生的汉语水平提高得最快。
Q4	学生喜欢学习语法。
Q5	一般来说，我觉得现在的汉语课上应该有更多的语法教学。
Q6	学生在说汉语时总惦记着语法。
Q7	学生在用汉语写作时总是惦记着语法。
Q8	一般来说，课堂上，在交际活动中学习语言比讲解和操练语法形式更重要。
Q9	到真实的生活中运用汉语是提高学生语法水平的最佳途径。
Q10	通过反复的句型操练，可以提高学生使用汉语的准确度。
Q11	懂语法规则的学生比不懂语法规则的更能有效运用语言。
Q12	在我的课堂上，我经常通过句型操练来进行语法教学。
Q13	反复的句型操练可以提高学生汉语的流利度。
Q14	我经常运用演绎，即先讲规则再示例的方法来讲解语法点。
Q15	学生想要直接的语法知识讲解。
Q16	我认为学生自己发现语法规则更有效。
Q17	我的学生喜欢通过例句来学习语法。
Q18	对成年学习者来说，直接教授语法规则更合适。
Q19	在我的课堂上，我经常通过语言交际活动来进行语法教学。
Q20	课后纠错比在课堂中纠错效果好。
Q21	讲解语法时，我会用语法术语。
Q22	语法教学一定要通过语法术语来讲解。
Q23	教师不应该在课堂中纠正学生的发音或者语法错误，除非这些错误影响到语言理解。
Q24	大多数学生不喜欢在课堂中被纠错。
Q25	教语法时，教师的主要角色是解释语法规则。
Q26	了解语法术语对学生的语法学习很重要。
Q27	我认为学生知道一些基本语法术语。
Q28	纠正学生口语中的语法错误是教师的一个重要职责。

续表

题号	内容
Q29	一般来说,我纠错的效果很好,同样的错误学生不会再犯。
Q30	学生作业中出现的语法错误应该全部改出来。
Q31	学生作业中出现的语法错误,我会督促其订正。
Q32	我经常纠正学生口语中出现的语法错误。
Q33	在向学生解释语法时,我不愿意说:这是汉语或中国人的习惯。
Q34	碰到一些很难解释的语法时,我会说:这是汉语或中国人的习惯。
Q35	我的语法教学理念来自我以前的外语学习经历。
Q36	我的汉语本体语法知识扎实丰富。
Q37	我的语法教学理念受到学术界研究理论的影响。
Q38	我从专业学习中得到语法教学理念。
Q39	一般来说,在课堂中讲授语法我很有自信。
Q40	我的语法教学理念来自我积累的教学经验。
Q41	我的汉语本体语法知识还需要提高。
Q42	我从职业培训中得到语法教学理念。

问卷中的42个题目总体上可以归为10组(参见表2):

表2 CSL教师语法教学理念和行为归类

考察的内容	题号
G1 对课堂语法教学重要性的看法	Q1,Q2,Q3,Q5
G2 演绎法和归纳法的使用情况	Q14,Q16,Q17
G3 对显性语法知识和显性语法教学的看法	Q11,Q15,Q18,Q25
G4 对形式训练和交际活动的看法	Q8,Q9,Q10,Q12,Q13,Q19
G5 对学生学习语法的看法	Q4,Q6,Q7
G6 对语法术语的看法	Q21,Q22,Q26,Q27
G7 对说"这是汉语的习惯"的看法	Q33,Q34
G8 对纠错的看法	Q20,Q23,Q24,Q28,Q29,Q30,Q31,Q32
G9 教师语法教学理念的来源	Q35,Q37,Q38,Q40,Q42
G10 对自身语法知识的看法	Q36,Q39,Q41

问卷要求教师根据自己的认知,对这些理念和行为表达出看法。量表采用李

克特量表(Likert Scale),答案从“非常同意”“同意”“基本同意”“不同意”到“非常不同意”分为5度,依次对应从5到1的不同分值。调查结果使用SPSS18.0进行统计和分析。

问卷最后有2道开放性问题,一道是关于教师的语法教学难点,另一道是关于教师的具体语法教学策略。在收集数据的同时,我们对10位具有一定典型性的教师进行了访谈,并将访谈内容录音再转写出来。这10位教师的编号为A、B、C、D、E、F、G、H、I、J,具体情况参见表3:

表3 受访CSL教师情况

编号	性别	教龄(年)	所教课型
A	男	23	中级口语
B	女	11	初级阅读(综合课)
C	男	16	中高级阅读(综合课)
D	男	35	高级阅读(综合课)
E	女	16	中级阅读(综合课)
F	女	2	初中级口语
G	女	2	初级阅读(综合课)
H	男	2	中级阅读(综合课)
I	女	1.5	初级口语
J	女	2	中级听力

开放性问题和访谈的目的是为了更好地解释数据,也希望能从中发现新内容和新问题。

学习者问卷是在教师问卷基础上修改而成的“CSL学生语法学习观念和行为”调查表(附录二),该表共有40道题(参见表4):

表4 CSL学生语法学习观念和行为

题号	内容
Q1	现在对我来说,在课堂上正式地学习汉语语法非常重要。
Q2	现在汉语课上的语法教学对我很有帮助。
Q3	如果重点学习和练习语法,我的汉语提高得最快。
Q4	我喜欢学习语法。

续表

题号	内容
Q5	我在说汉语时总想着语法。
Q6	我觉得现在的汉语课上应该有更多的语法学习。
Q7	我在用汉语写作时总想着语法。
Q8	我觉得在 role play 这样的语言交际活动中学习语言很有效。
Q9	我觉得句型操练可以使我的汉语更流利。
Q10	到现实生活中运用汉语是提高语法水平的最好办法。
Q11	我觉得句型操练可以使我的汉语更准确。
Q12	我的老师经常安排活动来练习语言。
Q13	我经常通过操练、做习题的方法来练习语法。
Q14	我觉得老师讲解和操练语法形式更有效。
Q15	我觉得老师在课后纠正错误比在课堂中纠正好。
Q16	我自己发现语法规则时语法学习更有效。
Q17	纠正我口语中的语法错误是老师的一个重要职责。
Q18	对于我来说,直接学习语法规则更合适。
Q19	我需要老师清楚地讲解语法规则。
Q20	我的老师讲解语法时会用到语法术语,
Q21	我了解一些基本的语法术语。
Q22	了解语法术语对语法学习很重要。
Q23	老师不应该在课堂中纠正语法错误,除非这些错误影响到语言理解。
Q24	我的语法学习观念来自我以前学语言的经历。
Q25	我喜欢在课堂上被纠错。
Q26	我的语法学习观念受到学习环境的影响。
Q27	遇到很难的语法点,我可以接受老师说:这是汉语或者中国人的习惯。
Q28	我喜欢通过例句来学习语法。
Q29	懂语法规则能更好地运用汉语。
Q30	我作业中出现的语法错误,老师应该全部纠正出来。
Q31	我会认真订正作业中老师改出的错误。
Q32	一般来说,我觉得老师的纠错很有用。
Q33	遇到很难的语法点,我不喜欢老师说:这是汉语或者中国人的习惯。

续表

题号	内容
Q34	我喜欢老师经常纠正我口语中出现的错误。
Q35	我不喜欢老师经常纠正我口语中的错误，会打击我的自信心。
Q36	一般来说，我会忘记老师纠正的错误，还会再错。
Q37	我的语法学习观念受到老师的影响。
Q38	学习语法时，老师的主要作用就是解释语法规则。
Q39	我的语法学习观念受到一些语言学习理论的影响。
Q40	学习语法一定要学习语法术语。

问卷中的40道题总体上可以分为9组，与教师问卷归类的前9组互相对应（参见表5）：

表5　CSL学生语法学习观念和行为归类

考察的内容	题号
G1 对课堂语法学习重要性的看法	Q1，Q2，Q3
G2 对归纳法的看法	Q16
G3 对显性语法知识和显性语法学习的看法	Q18，Q19，Q28，Q29，Q38
G4 对形式训练和交际活动的看法	Q8，Q9，Q10，Q11，Q12，Q13，Q14
G5 对学习语法的看法	Q4，Q5，Q6，Q7
G6 对语法术语的看法	Q20，Q21，Q22，Q40
G7 对教师说"这是汉语的习惯"的看法	Q27，Q33
G8 对纠错的看法	Q15，Q17，Q23，Q25，Q30，Q31，Q32，Q34，Q35，Q36
G9 学生语法教学观念的来源	Q24，Q26，Q37，Q39

学习者问卷采用的是双语，分为中英、中日、中韩三种，以方便不同母语背景的学生使用。与教师问卷相同，也要求学习者根据自己的认识，对调查表中的语法学习观念和行为表达出自己的看法。问卷的最后2道是开放性问题，目的在于发现学生语法学习的难点和具体的语法学习策略。在收集数据的同时，我们通过单独面谈（共5人）、小组讨论（第一组3人，第二组4人）以及QQ聊天（1人）的方式深入调查访谈了13位学生。这13位学习者的编号为A、B、C、D、E、F、G、H、I、J、K、

L、M,具体情况参见表 6:

表 6　受访 CSL 学生情况

编号	性别	国籍	汉语水平
A	女	日本	中级
B	女	日本	中级
C	女	日本	初级
D	男	加拿大	中级
E	男	澳大利亚	中级
F	女	韩国	初级
G	女	韩国	中级
H	女	韩国	初级
I	男	法国	中级
J	男	美国	中级
K	女	阿尔及利亚	初级
L	男	英国	初级
M	女	越南	高级

三、结果与初步分析

3.1 教师的观念

由于篇幅的关系,这里我们只讨论 G1、G3、G5、G8 和 G9。

3.1.1 对课堂语法教学重要性的认识(G1)

表 7　教师对课堂语法教学重要性的认识

选项	Q1	Q2	Q3	Q5
5	14	16	3	1
4	19	19	12	12
3	6	6	14	9
2	2	1	13	20
1	1	0	0	0

续表

选项	Q1	Q2	Q3	Q5
均值	4.02	4.19	3.12	2.86
标准差	0.950	0.773	0.942	0.926

注:为了便于解释,我们主要用百分比结合均值来解释数据(下同),五个选项从高到低排列为:“非常同意”“同意”“基本同意”“不同意”“非常不同意”。通常情况下,“同意”和“不同意”蕴涵“非常同意”和“非常不同意”。

关于课堂语法教学的重要性,有78.6%的教师赞同“在国内,对成年汉语学习者来说,正式的课堂语法教学对掌握汉语至关重要”(Q1),其中33.3%的教师非常赞同。83.3%的教师认为“课堂语法教学能促进学生的汉语学习”(Q2)。由均值也可以看出,教师对这两个观点的认可度非常高,承认课堂语法教学中的重要地位。访谈中,教师这样表示:

语法教学还是很重要的,虽然我尽量在情境中淡化它,但还是作为重点来讲的,因为不给清晰结构的话,自然习得的用起来很容易会出现错误,老师给学生一个结构以后,学生用起来会少犯一点错,对成人来说更容易。——教师G

对成人来说,要在课堂上清晰地告诉他语法,为什么是这样,规则是相对稳定的,懂了这个可以举一反三。——教师D

语法教学还是很重要的。很明显,学生一开始都差不多,但是喜欢学语法、认真学语法的学生进步很快,他们说出来的句子准确度明显很高;有的学生很顽皮,语法课总是开小差,错误就很多。大部分学生都是很认真的,那些他们语言里没有的语法现象,学生学了之后会改正错误的说法,意识到之前说的是不对的。但是不认真学语法的人却是一直在犯这种错误。——教师E

跟上面两道题相比,教师对“一般来说,如果侧重语法学习和训练,那么学生的汉语水平提高得最快”(Q3)的看法分歧比较大,只有35.7%的教师赞同这一看法,33.3%的教师基本赞同,但也有31%的教师反对/不同意这一观点。可见,虽然教师承认课堂语法教学的重要性,但有一部分的教师并不认同语法学习和训练是提高学生汉语水平最快、最有效的手段。进一步的分析发现,除了教学理论等的影响,课型也是影响教师观念的一个因素(口语课和听力课的教师跟阅读课/综合课的教师对此看法有所不同)。Q5("我觉得现在的汉语课上应该有更多的语法教学")的统计显示,尽管教师充分肯定课堂语法教学的重要性和作用,但对课堂上是否要增加更多的语法教学却持相对保守的态度,只有31%的教师认为应该增加,21.4%的教师基本同意,有47.6%的教师反对增加更多的语法教学。

3.1.2 对显性语法知识和显性语法教学的看法(G3)

表8 教师对显性语法知识和显性语法教学的看法

选项	Q11	Q15	Q18	Q25
5	9	4	4	1
4	18	14	16	4
3	14	15	18	12
2	1	9	4	20
1	0	0	0	5
均值	3.83	3.31	3.48	2.43
标准差	0.794	0.924	0.804	0.914

有64.3%的教师认同(其中21%的教师非常同意)"懂语法规则的学生比不懂语法规则的更能有效运用语言"(Q11),还有33.3%的教师基本同意这一观点(两者相加达到97.6%)。显然,汉语教师对显性语法知识(作用)的认可度是相当高的。访谈中,有教师认为懂语法规则是运用语言的基础,如果学生懂语法规则就可以举一反三,进步快,句子准确度也比较高;不认真学习语法规则的学生很容易犯错误,而且错误很难更正。

关于显性语法教学,有47.6%的教师赞同"对成年学习者来说,直接教授语法规则更合适"(Q18)这一看法,另有42.9%的教师基本赞同(两者相加为90.5%)。教师认为在初中级阶段给学生一个清晰的语言结构非常重要,学生应该具备一定的语法意识,况且教学对象都是成年人,接受能力比较强,显性的语法教学可以节省时间。教师G的观点具有一定代表性:

> 我觉得清晰的讲解可以帮助学生整理思路,如果光是举例子他们还是不会用,很多学生的思维是必须要有个结构在那里,否则用起来不放心,不自信。

李泉(2007)把隐性语法教学(他称为潜藏式语法教学)分为三类:①传意的语法教学,学生透过传意的语言活动把语言内化,进而掌握语言规律;②句型教学而不附加语法说明，学生透过大量同句型句子的学习，进而掌握相关语言规则；③儿童借大量母语语料的输入而掌握语言规律。事实上，隐性语法教学的途径有多种，但我们在开放式问题中要求教师回答语法教学的策略，没有一位教师提及上述或其他隐性语法教学的方法，可见，运用隐性方式教授语法的教师并不多见。

在教师看来(42.9%非常肯定或肯定，35.7%基本肯定)，“学生想要直接的语法知识讲解”(Q15)，但也有 21.4%的教师否定这一观点，这在某种程度上反映了教师的矛盾心理，教师自己觉得显性语法教学对汉语学习有帮助，但又觉得学生对显性语法教学可能不那么认同，或许是认为学生在二语环境中有更多接触真实语言的机会，而课堂上语法规则的讲解容易使学生感到枯燥乏味，因而把握不住。Q25(“教语法时，教师的主要角色是解释语法规则”)的统计显示，不少教师们并不认可自己在课堂上的角色就是解释语法规则(47.6%)，其作用超过这个角色，只有31%的教师同意这个观点(21.4%基本同意)。

3.1.3 对学生学习语法的看法(G5)

表 9　教师对学生学习语法的看法

选项	Q4	Q6	Q7
5	0	1	3
4	11	8	18
3	12	17	16
2	19	15	5
1	0	1	0
均值	2.81	2.83	3.45
标准差	0.833	0.853	0.803

在上面的解释中，我们已经提到教师对学生语法学习观念把握不住。这一组(G5)的统计显示，只有 26.2%的教师同意“学生喜欢学习语法”(Q4)，28.6%的教师基本同意这一看法，但却有 45.2%的教师反对这一观点。教师认为语法学习重要但并不认为学生也喜欢学习语法，这似乎是从学生角度考虑的，符不符合实际将在下文讨论。

在学生口头表达方面，有 21.4%的教师认为“学生在说汉语时总惦记着语法”(Q6)(40.5%基本同意)，却有 38%的教师反对这一观点。有的教师表示他们自己也不清楚学生在说话时是否想着语法；有的教师则认为学生在说话时更注重交际的意义，形式是第二位的，特别是一些初学者用汉语表达时常常是蹦词或短语，认为对方能领会意思就行了。

在写作方面，有一半的教师(50%)认为“学生在用汉语写作时总惦记着语法”(Q7)，另有38.1%的教师基本同意这一观点。教师普遍认为写作时学生有更多的时间思考语法(句子写得对不对)，这时他们对语法的关注度要远远高于说话的时候。但有意思的是，有的教师认为学生想的不一定是汉语语法，而是其母语语法，然后把它直接翻译过来。

3.1.4 对纠错的看法(G8)

表10 教师对纠错的看法

选项	Q20	Q23	Q24	Q28	Q29	Q30	Q31	Q32
5	1	6	1	5	0	6	5	5
4	2	25	27	17	7	24	16	15
3	9	6	10	13	20	10	16	10
2	30	5	3	7	13	2	5	12
1	0	0	1	0	2	0	0	0
均值	2.38	3.76	3.57	3.48	2.76	3.81	3.50	3.31
标准差	0.697	0.850	0.770	0.917	0.790	0.740	0.862	1.024

大多数教师(73.8%)赞同“在课堂上教师应该纠正学生的语法错误”(Q23)[①]，认同度很高。有66.7%的教师认为“大多数学生喜欢在课堂上被纠错”(Q24)，但也有9.5%的教师反对此说法，他们觉得纠错容易打击学生的自信心，因而学生不会喜欢。

Krashen(1982)等人认为向学习者提供正确的可理解性输入是第二语言习得的唯一必要条件，负面证据/信息(Negative evidence)是无效的，纠正错误只会增加学习者的焦虑程度，妨碍学习。主张交际法的学者也不主张纠错，他们认为交际活动中意义是最重要的。但近年来，有不少学者认识到成人在课堂环境中习得一种语言可能更需要教师的纠正，认为纠正学习者的错误可以帮助学习者对语言输入所做的推理起一定的限制作用，诱导他们的假设趋于正确，少走弯路(温晓虹，

① 这里的“错误”包括学习者的失误(mistake)和偏误(error)。

2008)。虽然大多数汉语教师受到交际法(作为一种潮流)的影响,但他们直觉上或实践中仍然相信学生能从纠错中有所收获,因此他们有责任纠错,也假设大多数学生喜欢纠错。这同时也反映了教师对语言准确性的重视程度。

尽管大多数教师赞同在课堂上应该纠正学生的语法错误,但是在"纠正学生口语中的语法错误是教师的一个重要职责"(Q28)这一点上,只有52.4%的教师表示认同(31%的教师基本认同)。相应的,只有不到一半(47.6%)的教师表示"我经常纠正学生口语中出现的语法错误"(Q32),反对纠错的教师有23.8%。教师对学生口语中的错误容忍度较高的原因,我们认为一方面是受到交际语言教学思想的影响,另一方面也是源于自己教学实践的经验,即认为口语交流时更关注于意义,经常纠正学生的语法错误会打断学生,不利于语言流利性的发展,同时也会打击学生的自信心。另外,我们发现这两道题的统计数据显示,口语老师的得分大大高于阅读老师;经过独立样本 t 检验发现,Q28 的 p 值为 0.022,Q32 的 p 值为 0.031,均$<$0.05,具有显著差异。可见口语教师更加认同这两种说法。

相对于口语而言,教师更注重纠正学生书面语中的语法错误。有71.4%的教师赞同"学生作业中出现的语法错误应该全部改出来"(Q30)(23.8%基本赞同),显然,教师在批改书面作业时很关注语言形式,并认为自己有责任改出学生的语法错误。访谈中,所有的教师都表示一定会纠正学生作业中出现的错误,但有的教师是改出全部的语法错误,有的教师只改出大的语法错误。

另外,有一半的教师(50%)表示"学生作业中出现的语法错误,我会督促其订正"(Q31)。访谈中有教师表示:

> 改完学生的作业后还是需要复检的。——教师 A
>
> 学生作业中错误我会都改出来,还会和学生当面交流,让学生自己再做一遍。——教师 B
>
> 作业里面的错误我都会全改出来,一定要求订正还要检查。——教师 D

但有38.1%的教师只是基本同意这一说法,11.9%的教师表示反对。可见有相当一部分教师在督促学生订正错误方面力度不够,其结果可能会降低教师改错的作用。

尽管多数教师都会纠错,但是纠错的效益到底有多大,教师并不敢保证。数据显示,只有16.7%的教师肯定自己的纠错效果:"一般来说,我纠错的效果很好,同样的错误学生不会再犯”(Q29),47.6%的教师持基本肯定,但有35.7%的教师不能肯定。访谈中也有教师表示自己也不清楚纠错对学生到底有没有用:

我觉得口语课上无法过多地强调语法,即使纠正过,如果学生没有记下来,那他很可能会忘记,下次可能还会再错。——教师F

改错的效益是一个颇为复杂的问题,目前的研究结果并不一致(温晓虹,2008)。

关于纠错的时机,有71.4%的教师反对“课后纠错比在课堂中纠错效果好”(Q20)这一说法,认为课堂中纠错的效果比较好:

我偏向课堂纠错。我觉得课堂中接受好,课后关注在意义上,只有课堂大家才都关注形式。——教师C

重要的我会在课上纠正,让大家都知道。但是某些学生总是犯同样的错误,课后我还是会提点一下的。——教师F

我会在课堂上当场纠错。看错误的类型,如果是一个人,我会私下地跟他说,如果是三五个人的错,我会写在黑板上强调一下。——教师B

显然,教师认为课堂纠错比课后纠错效果好的原因之一是能够引起全体学生关注当下出现的语言形式问题,以避免大家再犯同类错误。

3.1.5 教师语法教学理念的来源(G9)

表11 教师语法教学理念的来源

选项	Q35	Q37	Q38	Q40	Q42
5	1	4	5	9	3
4	15	17	22	23	5
3	11	8	5	9	9
2	14	13	10	1	23
1	1	0	0	0	2
均值	3.02	3.29	3.52	3.95	2.62
标准差	0.950	1.019	0.994	0.731	1.011

数据显示,76.2%的教师承认“我的语法教学理念来自我积累的教学经验”(Q40)(21.4%基本同意,均值为3.95),认同度很高;64.3%的教师同意“我从专业

学习中得到语法教学理念”(Q38)(23.8%不同意);50%的教师认同“我的语法教学理念受到学术界理论研究的影响”(Q37)(31%不认同);38.1%的教师赞同“我的语法教学理念很大程度上来自以前的外语学习经历”(Q35)(35.7%不赞同);只有19%的教师认为“我从职业培训中得到语法教学理念”(Q42)(59.5%反对,均值为2.62)。由此可得出序列:Q40>Q38>Q37>Q35>Q42,从中可以看出教师在职培训的缺失(新教师在访谈中普遍反映需要职前培训)和一线教学实践对教师教学理念形成的重要性。在访谈中,教师谈到:

> 我教语法的理念是从课堂教学中琢磨出来的,第一适合我,第二学生掌握好,比较轻松。——教师F

国外的研究发现,二语教师的语法教学理念很大程度上来源于自己的语言学习经历而非二语习得理论,教师很少根据理论或者某种教学法来调整自己的教学策略(Eisenstein-Ebsworth & Schweers,1997)。我们的研究结果与国外的研究结果存在很大的差异,中国人的传统观念“实践出真知”和教师的专业背景(我们的调查对象有中文背景的,也有英文背景的,但更多的是对外汉语本科或研究生背景的)或可解释为什么排在前三位的是Q40、Q38和Q37。

3.2 *t* 检验结果

为了进一步考察师生对“语法教学理念和行为”的看法是否存在统计意义上的显著差异,我们运用独立样本 *t* 检验的方法对师生组的均值进行了检验,结果如下(见表12):

表12 师生8组“语法教学理念和行为”的平均分及其显著性差异检验

组别	身份	均值	均值差	*t* 值	df	p 值
G1	学生	3.96	.192	1.43	146	0.153
	教师	3.77				
G2	学生	2.84	−.777	−5.279	136.75	0.000**
	教师	3.61				
G3	学生	3.85	.307	2.72	146	0.007**
	教师	3.55				

续表

组别	身份	均值	均值差	*t* 值	df	p 值
G4	学生	3.94	.216	2.37	146	0.019*
	教师	3.73				
G5	学生	3.51	.478	3.85	146	0.001**
	教师	3.03				
G6	学生	3.36	.645	5.431	109.99	0.000**
	教师	2.71				
G7	学生	3.33	1.070	6.95	146	0.000**
	教师	2.26				
G8	学生	3.81	.467	6.64	145	0.000**
	教师	3.34				

注：* p <.05，* * p<0.01

检验结果显示，在 8 组题目(参见 2.2)中，只有第一组“对课堂语法教学/学习重要性的看法”师生之间不存在显著差异，其余 7 组都存在显著差异或极其显著的差异。我们将在下文结合学习者的观念，讨论 G1、G3、G5、G8 和 G9 五组。

3.3 学生的观念

3.3.1 对课堂语法学习重要性的认识(G1)

表 13　学生对课堂语法学习重要性的认识

选项	Q1	Q2	Q3
5	45	35	25
4	43	48	31
3	10	17	31
2	6	4	13
1	0	0	4
均值	4.22	4.10	3.58
标准差	0.847	0.807	1.103

关于课堂语法学习的重要性，表 13 统计数据显示，有 84.6%的学生同意“现在

对我来说，在课堂上正式地学习汉语语法非常重要”(Q1)，其中43.3%的学生非常同意这一说法，这两个数据都高于教师的比例(78.6%和33.3%)。有79.8%的学生承认“现在汉语课上的语法学习对我很有帮助”(Q2)(16.3%基本同意)。有53.8%的学生同意“如果重点学习和练习语法，我的汉语提高得最快”(Q3)，有16.3%的学生反对这一观点。学生认同这一看法的比例远高于教师(35.7%)，而反对/不同意这一看法的远小于教师(31%)。在访谈中，学生说：

> 如果没有课堂上老师的讲解，我就不会语法。我看得懂意思，但是不知道哪里是语法点，老师会深入讲解语法，所以很重要。——学生K
>
> 我主要是在课堂上学习语法，回家以后就不学语法了。我在法国学过两年汉语，当时有专门的语法课，很重要，所以我现在觉得阅读课也很重要，因为有很多语法。——学生I
>
> 我只在课堂里学语法。——学生L

从总体上看，尽管教师和学生对课堂语法教学重要性的认识都很高，且看法比较一致，但学生对语法学习作用的认可度还是高于教师(虽未达到显著差异的程度)。我们假设，或许学生以往的二语/外语学习经历是其中的一个重要原因(见下)。

3.3.2 对显性语法知识和显性语法教学的看法(G3)

表14　学生对显性语法知识和显性语法教学的看法

选项	Q18	Q19	Q28	Q29	Q38
5	15	35	46	45	24
4	29	37	23	40	41
3	39	29	30	17	25
2	18	2	4	2	12
1	3	1	1	0	2
均值	3.34	3.99	4.24	4.23	3.41
标准差	1.020	0.887	0.853	0.791	1.013

关于显性语法知识的作用，有81.7%的学生赞同“懂语法规则能更好地运用汉语”(Q29)这一观点，其中43.3%的学生非常同意，学生比教师(64.3%)更加认同这一说法。

在显性语法教学方面,42.3%的学生认为“对于我来说,直接学习语法规则更合适”(Q18),37.5%的学生基本同意这一说法(两者相加为79.8%)。学生认为懂得清晰的语法规则有助于他们正确地运用汉语,而教师的看法(47.6%赞同、42.9%基本赞同,两者相加为90.5%)基本符合学生的实际情况,尽管还有20.2%的学生反对这一看法。

在“我需要老师清楚地讲解语法规则”(Q19)这个题目上,有69.2%的学生认为需要或非常需要,27.9%的学生基本同意这一说法(两者相加为97.1%);显然教师大大地低估了学生的需求:只有42.9%的教师同意,35.7%的教师基本同意(两者相加为78.6%)“学生想要直接的语法知识讲解”。

对这一组的题目(G3),师生的观点存在着非常显著的差异(G3:$t=2.72$,$p=0.007<0.01$)。教师明显低估了学生对显性语法知识和显性语法教学的需求。

3.3.3 对学习语法的看法(G5)

表15 学生对学习语法的看法

选项	Q4	Q5	Q6	Q7
5	18	6	6	36
4	40	23	23	41
3	28	43	43	22
2	17	27	30	3
1	1	5	2	2
均值	3.55	2.98	3.01	4.02
标准差	0.994	0.955	0.908	0.924

统计数据显示,从总体上看,师生对语法学习的看法存在着非常显著的差异(G5:$t=3.85$,$p=0.001<0.01$)。

有超过一半的学生(55.8%)表示“我喜欢学习语法”(Q4)(26.9%基本同意,两者相加为82.7%),其中有17.3%的学生表示非常喜欢,而教师仅有26.2%认为学生喜欢学习语法(28.6%基本同意,两者相加为54.8%),没有一名教师认为学生非常喜欢学习语法,反过来倒有45.2%的教师反对这一观点。教师的看法和学生的实际情况差异很大,这应该引起教师的重视(包括教学观念和教学策略的改变)。

学生自己认为“我在说汉语时总想着语法”(Q5)的占总数的27.9%,基本同意的占41.3%(两者相加为69.2%),但也有相当一部分学生(30.8%)表示不是这样的。这和教师的看法基本相符(21.4%认同,40.5%基本认同,38.1%反对)。访谈中,有的学生认为,说话的时候想太多的语法不好,想多了就怕出错,怕出错就不敢说。另外,也有学生认为汉语的语序很随意,比如"吃饭了吗"和"饭吃了吗"都可以,对话的时候只要对方能听得懂就行了,所以说话时不是很注重语法形式。相反,他们反映词汇是口语表达的一大瓶颈,因为"你不知道那个词就说不出来"。

同时我们也发现,有的学生刚开始说汉语时非常注重语法结构或规则,待习惯养成之后说话时就不会多考虑语法规则了:

我会重复、记忆短语和句型,直到记上为止,然后说的时候自然就出来了,不用去想。——学生F

我试着把规则变成一个方程式(formula),比如汉语语法最基本的规则是:when who where do what,这个方程式对我正确地说出汉语帮助很大。刚开始的时候我还会想然后再说,但是后来通过练习,这些方程式就变成了一个routine(自动化了),我能准确地说出来,我不要去想如何放时间和地点。——伊朗女生(开放性问题)

在写作方面,大部分学生(74%)承认"我在用汉语写作时总想着语法"(Q7),这一点比教师的看法(50%)要高许多。有的学生也提到写作时自己会用母语语法思考:

我写汉语的时候一般用我母语里的用法。——土耳其学生(开放性问题)

3.3.4 对纠错的看法(G8)

表16 学生对纠错的看法

选项	Q15	Q17	Q23	Q25	Q30	Q31	Q32	Q34	Q35	Q36
5	5	33	37	43	42	25	63	37	35	8
4	18	48	29	45	37	41	36	46	47	21
3	15	22	28	9	20	31	5	11	12	36
2	42	1	5	5	4	5	0	8	8	35
1	24	0	5	2	1	2	0	2	2	4
均值	2.40	4.07	3.85	4.17	3.85	3.79	4.56	4.04	4.01	2.94
标准差	1.162	0.767	1.022	0.918	0.963	0.931	0.588	0.975	0.970	1.003

这一组(G8)师生的看法表现出非常显著的差异(G8:$t=6.64$,$p=0.000<0.01$)。

有63.5%的学生赞成“在课堂中老师应该纠正语法错误”(Q23)(教师为73.8%)。84.6%的学生赞同“我喜欢在课堂上被纠错”(Q25),教师为66.7%,相差17.9个百分点,显然,教师对纠错的担心(打击学生的自信心、面子问题、影响交流等)是多余的。访谈中学生表示,教师没有必要这样担心,学语言过程中出错很正常,老师纠正是件好事:

只要是有错误,我就希望老师纠正我。不会打击信心,我们不是中国人,说错了就要改,完全没有问题。——学生B

老师经常纠错不会打击我的积极性,我会感谢老师。现在我是初级,我汉语还不太好。我现在应该说错,所以老师要纠正我,这样我才能知道。——学生A

在纠正口语中语法错误的问题上,师生之间存在着很大差异。有77.9%的学生认为,“纠正我口语中的语法错误是老师的一个重要职责”(Q17)(基本同意的为21.2%,两者相加为99.1%),而只有52.4%的教师这么认为(31%的教师基本认同,两者相加为83.4%);有79.8%的学生表示“我喜欢老师经常纠正我口语中出现的错误”(Q34),而只有47.6%的教师表示“我经常纠正学生口语中出现的语法错误”,教师的行为没有达到学生的期望。学生非常注重教师对他们口语中语法错误的纠正,他们认为平时在一般场合和中国人交流时很少得到纠正,所以老师有责任指出他们的错误,有澄清语言(clarify language)的责任。而教师那种认为经常纠正学生口语中的语法错误会打断学生的语言,不利于语言流利性的发展,同时也会打击学生的自信心的想法,或许是“一厢情愿”和“杞人忧天”。

对于作业中出现的错误,师生的看法差不多,有76%的学生认为“我作业中出现的语法错误,老师应该全部纠正出来”(Q30)(19.2%基本同意),这和教师的数据比较接近(71.4%同意,23.8%基本赞同)。有63.5%的学生表示“我会认真订正作业中老师改出的错误”(Q31),比教师的督促率(50%)高不少。

对于纠错的效果,与教师疑虑不同(参见3.1.4),绝大多数学生(95.2%)认为“我觉得老师的纠错很有用”(Q32),他们对教师的纠错给予了充分的肯定,尽管有27.9%的学生承认“我会忘记老师纠正的错误,还会再错”(Q36),还有34.6%的学生基本同意这一说法。学生表示他们常会犯一些同样的错误,容易遗忘是他们的一大问题，而这就是影响了改错的效果。

关于纠错的时机，学生的看法和教师接近，有63.5%的学生反对“老师在课后纠正错误比在课堂中纠正好”（Q15），而教师是71.4%。学生在访谈中谈到：

> 我喜欢在课上被老师纠正。因为如果老师不纠正我，我就不知道我说得对不对，我希望得到即时的反馈（correct me immediately when I am wrong）。——学生A
>
> 上课纠正好，下课后我要休息。——学生L

可见师生都比较倾向于在课堂上纠错。教师普遍认为课堂上学生对语言形式和语言准确性的关注度比较高，纠正普遍的错误可以引起全班同学的注意；学生则希望有即时的反馈。当然，也有一些学生喜欢下课后和老师讨论问题，请老师指出错误。

3.3.5 学生语法学习观念的来源（G9）

表17 学生语法学习观念的来源

选项	Q24	Q26	Q37	Q39
5	14	11	17	8
4	36	37	45	24
3	32	37	26	39
2	15	14	12	18
1	7	5	4	15
均值	3.34	3.34	3.57	2.92
标准差	1.094	0.961	1.022	1.138

有学者认为学习者的观念可能是学习者无意识观察模仿的结果，也可能是学习者有意识地听取老师、父母以及同学的建议所获得的（Wenden，1999）。数据显示，有59.6%的学生认为“我的语法学习观念受到老师的影响”（Q37），48.1%的学生同意“我的语法学习观念来自我以前学语言的经历”（Q24），46.2%认同“我的语法学习观念受到学习环境的影响”（Q26），有30.8%的学生表示“我的语法学习观念受到一些语言学习理论的影响”（Q39）。就影响程度而言，其顺序是：Q37>Q24>Q26>Q39。可见，学生的语法学习观念主要受教师、先前的语言学习经历和学习环境（社会环境、课堂环境、人文环境等）影响较大，受学习理论的影响较小。在访谈中学生表示：

我以前学过日语和英语,我都是这么学习的。——学生 F

我以前学过英语和法语,所以我知道语法很重要,特别是我们已经是成人了,不是小孩子,学外语需要语法。——学生 A

学生以前的语言学习经历和环境会改变学生的语法学习观念,比如:

我在越南学习英语的时候,老师很看重语法,但是我们的口语很差,不能听说,基本上是白学了,所以到中国以后我更注重听说。——学生 M

学生来到中国以后,语言环境发生了变化(从外语到二语),语法学习观念也受到了一定的影响,比如开始注重交际等。访谈中学生说:

我现在住在中国人家里,经常和中国人交流,这对语法帮助很大。——学生 E

到中国以后可以跟中国人说,所以我更注重听说,进步很快又有用。——学生 M

还有的学生表示自己的学习观念受到了班级里其他同学的影响:

我们班里有会两三种语言的同学,他们很重视语法学习,我会受他们的影响。——学生 D

Puchta(1999)认为,学习者的观念可能会受到其所在地文化的影响,通过观察、模仿他人形成一些观念。李端芳、杭菊(2002)认为:"学习者个体之间也会互相影响,随着学习者在认知方面的逐渐成熟,他们可能会不断地反思自己的学习过程,对原有的观念进行调整或者在此基础上发展新的观念。"这一点得到了证实。

我们在访谈中发现,不同课型(比如阅读课、口语课)、不同课型的教师对学生的语法学习观念可能会产生不同的影响:

我在香港的时候学广东话,老师主要讲口语,所以我没有学语法;来上海以后,每天上阅读课,老师教我们怎么用语法。——学生 B

学习者的观念还受到认知风格[①](徐子亮,2010)和个性的影响(Abraham & Vann, 1987),有自己的一套学习习惯:

---

① 认知风格是指"学习个体在学习过程中对信息进行加工的方式,它是在学习过程中受学习条件、环境和个人的禀赋、素质而形成和发展的"(徐子亮,2010)。

我觉得老师的影响不大，每个人有每个人的学法。——学生 A

老师也没有多少语法学习方法指导，受同学影响也不大，主要还是自己的学习习惯。——学生 F

对比教师语法教学理念的来源（参见 3.1.5），学生的语法学习观念的来源很不相同，而教学法理论、学习理论的影响主要施加在教师身上，对学生的影响有限（或者是通过教师来灌输的），访谈中很少有学生表示受到过语言学习理论的影响。由于来源不同，教师跟学生对语法教学和语法学习产生的"观念差"或许是影响课堂语法教学方法和教学效果的重要因素之一。这一点以往的汉语教学并没有注意到。

参考文献

李泉．对外汉语语法教学研究综观[J]．语言文字应用，2007(4)．

李瑞芳，杭菊．国外学习者观念研究刍议[J]．西安外国语学院学报，2002(4)．

温晓虹．汉语作为外语的习得研究——理论基础与课堂实践[M]．北京：北京大学出版社，2008．

徐子亮．汉语作为外语学习的研究：认知模式与策略[M]．北京：北京大学出版社，2010．

吴勇毅．第二语言教学：形式与意义的博弈（一）——教学法与学习者的视角[A]．庆祝张斌先生九十华诞从教六十周年学术研讨会暨《现代汉语描写语法》首发仪式[C]．上海师范大学，2010．

Abraham, R. & Vann, R. Strategies of Two Language Learners: A Case Study [A]. *Learners Strategies in Language Learning*[C]. UK: Prentice Hall International Ltd, 1987: 85—102.

Borg, S. Talking about grammar in the foreign language classroom [J]. *Language Awareness*, 1998a(7).

Borg, S. Teachers' pedagogical system and grammar teaching: A qualitative study [J]. *TESOL Quarterly*, 1998b(32).

Borg, S. Studying teacher cognition in second language grammar teaching [J]. *System*, 1999a (27).

Borg, S. The use of grammatical terminology in the second language classroom: A qualitative study of teachers' practices and cognitions [J]. *Applied Linguistics*, 1999b(20).

Borg, S. Teachers' theories in grammar teaching [J]. *ELT Journal*, 1999c(53).

Borg, S. Self-perception and practice in teaching grammar [J]. *ELT Journal*, 2001(55).

Borg, S. Teacher Cognition in Language Teaching: A review of research on what language teachers think, know, believe, and do [J]. *Language Teaching*, 2003(36).

Borg, S. *Teacher Cognition and Language Education: Research and Practice* [M]. Great Britain: Biddles Ltd, King's Lynn, Norfolk, 2006: 109—135.

Borg, S. & Burns, A. Integrating grammar in adult TESOL classrooms [J]. *Applied Linguistics*, 2008(29.3): 456—482.

Eisenstein-Ebsworth, M. & Schweers, C. W. What researchers and practitioners do: Perspectives on conscious grammar instruction in the ESL classroom [J]. *Applied Language Learning*, 1997(8).

Ellis, N. At the interface: Dynamic interaction of explicit and implicit language knowledge [J]. *Studies in Second Language Acquisition*, 2005(27).

Ellis, R. *Instructured Second Language Acquisition: Learning in the Classroom*[M]. Oxford: Blackwell, 1990.

Ellis, R. Current issue in the teaching of grammar: An SLA perspective[J]. *TESOL Quarterly*, 2006(40.1).

Krashen, S. *Second Language Acquisition and Second Language Learning* [M]. Oxford: Pergamom Press, 1981.

Krashen, S. *Principles and Practice in Second Language Acquisition* [M]. New York: Pergamon Press, 1982.

Puchta, H. Creating a Learning Culture to Which Students Want to Belong: The Application of Neuro-Linguistic Programming to Language Teaching [A]. *Affect in Language Teaching* [C]. Cambridge: CUP, 1999.

Schulz, R. A. Focus on form in the foreign language classroom: Students' and teachers' views on error correction and the role of grammar [J]. *Foreign Language Annals*, 1996(29).

Schulz, R. A. Cultural differences in student and teacher perceptions concerning the role of grammar instruction and corrective feedback [J]. *The Modern Language Journal*, 2001 (85.ii): 244—258.

Wenden, A. L. An introduction to meta-cognitive knowledge and beliefs in language learning: Beyond the basics [J]. *System*, 1999(27).

[原文刊于《语言学与华语二语教学:语用能力培养的理论与实践》,商务印书馆(香港)有限公司,2014 年。合作者孙希]

附　录

附录一：CSL 教师语法教学理念与行为调查问卷

亲爱的对外汉语教师，您好！感谢您参加我们的调查，这份问卷调查的是对外汉语教师的语法教学理念和一些课堂行为，旨在更好地促进汉语语法教学。请您根据自己的实际情况作答，谢谢您！

课型：____________ 教龄：____________ 性别：____________

项目	非常同意	同意	基本同意	不同意	非常不同意
1. 在国内，对成年汉语学习者来说，正式的课堂语法教学对掌握汉语至关重要。					
2. 课堂语法教学能促进学生的汉语学习。					
3. 一般来说，如果侧重语法学习和训练，那么学生的汉语水平提高得最快。					
4. 学生喜欢学习语法。					
5. 一般来说，我觉得现在的汉语课上应该有更多的语法教学。					
6. 学生在说汉语时总惦记着语法。					
7. 学生在用汉语写作时总是惦记着语法。					
8. 一般来说，课堂上，在交际活动中学习语言比讲解和操练语法形式更重要。					
9. 到真实的生活中运用汉语是提高学生语法水平的最佳途径。					
10. 通过反复的句型操练，可以提高学生使用汉语的准确度。					
11. 懂语法规则的学生比不懂语法规则的更能有效运用语言。					
12. 在我的课堂上，我经常通过句型操练来进行语法教学。					
13. 反复的句型操练可以提高学生汉语的流利度。					
14. 我经常运用演绎，即先讲规则再示例的方法来讲解语法点。					

续表

项目	非常同意	同意	基本同意	不同意	非常不同意
15.学生想要直接的语法知识讲解。					
16.我认为学生自己发现语法规则更有效。					
17.我的学生喜欢通过句例来学习语法。					
18.对成年学习者来说,直接教授语法规则更合适。					
19.在我的课堂上,我经常通过语言交际活动来进行语法教学。					
20.课后纠错比在课堂中纠错效果好。					
21.讲解语法时,我会用语法术语。					
22.语法教学一定要通过语法术语来讲解。					
23.教师不应该在课堂中纠正学生的发音或者语法错误,除非这些错误影响到语言理解。					
24.大多数学生不喜欢在课堂中被纠错。					
25.教语法时,教师的主要角色是解释语法规则。					
26.了解语法术语对学生的语法学习很重要。					
27.我认为学生知道一些基本语法术语。					
28.纠正学生口语中的语法错误是教师的一个重要职责。					
29.一般来说,我纠错的效果很好,同样的错误学生不会再犯。					
30.学生作业中出现的语法错误应该全部改出来。					
31.学生作业中出现的语法错误,我会督促其订正。					
32.我经常纠正学生口语中出现的语法错误。					

续表

项目	非常同意	同意	基本同意	不同意	非常不同意
33.在向学生解释语法时，我不愿意说：这是汉语或中国人的习惯。					
34.碰到一些很难解释的语法时，我会说：这是汉语或中国人的习惯。					
35.我的语法教学理念来自我以前的外语学习经历。					
36.我的汉语本体语法知识扎实丰富。					
37.我的语法教学理念受到学术界研究理论的影响。					
38.我从专业学习中得到语法教学理念。					
39.一般来说，我很有自信在课堂中讲授语法。					
40.我的语法教学理念来自我积累的教学经验。					
41.我的汉语本体语法知识还需要提高。					
42.我从职业培训中得到语法教学理念。					

1.您觉得语法教学存在哪些难处？

2.一般来说，您是怎么教语法的？

附录二:CSL 学生语法学习观念和行为调查问卷

Dear international students, thanks for participating our research. This questionnaire is about your beliefs and methods of learning Chinese grammar. It's planned to help your grammar study. Please tick √ in the box according to the fact. Thank you very much!

国籍(nationality):____________ 年龄(age):____________

性别(gender):____________ 所在班级(class):____________

项目(Items)	非常同意	同意	基本同意	不同意	非常不同意
1. 现在对我来说,在课堂上正式地学习汉语语法非常重要。The formal study of Chinese grammar in class is essential for me now.					
2. 现在汉语课上的语法教学对我很有帮助。Now the grammar learning in Chinese class is very helpful to me.					
3. 如果重点学习和练习语法,我的汉语提高得最快。If focus on learning and practising grammar, my Chinese would be improved fastest.					
4. 我喜欢学习语法。I like learning Chinese grammar.					
5. 我在说汉语时总想着语法。I always think about grammar when I speak Chinese.					
6. 我觉得现在的汉语课上应该有更多的语法学习。I need more formal grammar instruction in my present class.					
7. 我在用汉语写作时总想着语法。I always think about grammar when I write in Chinese.					

续表

项目(Items)	非常同意	同意	基本同意	不同意	非常不同意
8. 我觉得在 role play 这样的语言交际活动中学习语言很有效。I think it is very effective to learn Chinese in language activity, such as role play.					
9. 我觉得句型操练可以使我的汉语更流利。I think grammar drill can make my Chinese more fluent.					
10. 到现实生活中运用汉语是提高语法水平的最好办法。Using Chinese in real life is the best way to improve my grammar.					
11. 我觉得句型操练可以使我的汉语更准确。I think grammar drill can make my Chinese more accurate.					
12. 我的老师经常安排活动来练习语言。My teacher often arranges language activity to practise Chinese.					
13. 我经常通过操练、做习题的方法来练习语法。I often practise grammar by drill and do textbook exercise.					
14. 我觉得老师讲解和操练语法形式很有效。I think teachers' explanation and grammar drill are more effective.					
15. 我觉得老师在课后纠正错误比在课堂中纠正好。I think it is better to correct me after class than in class.					
16. 我自己发现语法规则时语法学习更有效。Discovering grammar rules by myself is more effective.					

续表

项目(Items)	非常同意	同意	基本同意	不同意	非常不同意
17. 纠正我口语中的语法错误是老师的一个重要职责。It is the teacher's duty to correct my grammatical errors when I speak Chinese.					
18. 对于我来说,直接学习语法规则更合适。Directly learning grammar rules are more suitable for me.					
19. 我需要老师清楚地讲解语法规则。I need my teacher to explain grammar rules clearly.					
20. 我的老师讲解语法时会用到语法术语。My teacher uses grammar terminology when explain grammar.					
21. 我了解一些基本的语法术语。I know some basic grammar terminology.					
22. 了解语法术语对语法学习很重要。It is very important to know grammar terminology.					
23. 老师不应该在课堂中纠正语法错误,除非这些错误影响到语言理解。The teacher should not correct grammatical errors in class, unless they hinder language understanding.					
24. 我的语法学习观念来自我以前学语言的经历。My beliefs about learning grammar come from my early experience of learning language.					
25. 我喜欢在课堂上被纠错。I like being corrected in class.					

续表

项目(Items)	非常同意	同意	基本同意	不同意	非常不同意
26. 我的语法学习观念受到学习环境的影响。My beliefs about learning grammar are affected by the study environment.					
27. 遇到很难的语法点,我可以接受老师说:这是汉语或者中国人习惯。I accept teachers saying "it's Chinese habits" when confronted with difficult grammar.					
28. 我喜欢通过例句来学习语法。I like learning grammar by example sentences.					
29. 懂语法规则能更好地运用汉语。Knowing grammar rules can better use Chinese.					
30. 我作业中出现的语法错误,老师应该全部纠正出来。The teacher should correct all the grammatical mistakes in my homework.					
31. 我会认真订正作业中老师改出的错误。I seriously correct the mistakes that my teacher point out .					
32. 一般来说,我觉得老师的纠错很有用。Generally, the teacher's correction is useful.					
33. 遇到很难的语法点,我不喜欢老师说:这是汉语或者中国人的习惯。I don't like teachers saying "it's Chinese habits" when confronted with difficult grammar.					
34. 我喜欢老师经常纠正我口语中出现的错误。I'd like to have my teacher frequently correct my oral mistakes.					

续表

项目(Items)	非常同意	同意	基本同意	不同意	非常不同意
35. 我不喜欢老师经常纠正我口语中的错误，会打击我的自信心。I don't like my teacher frequently correct my oral mistakes, be cause it will dampen my confidence.					
36. 一般来说，我会忘记老师纠正的错误，还会再错。Generally, I would forget teachers' correction and make the same mistake again.					
37. 我的语法学习观念受到老师的影响。My beliefs about learning grammar are influenced by my teacher.					
38. 学习语法时，老师的主要作用就是解释语法规则。The teacher's role is to explain grammar rules while learning grammar.					
39. 我的语法学习观念受到一些语言学习理论的影响。My beliefs about learning grammar is influenced by language acquisition theories.					
40. 学习语法一定要学习语法术语。Learning grammar terminology is a must when study grammar.					

1. 你觉得汉语语法学习有哪些难点？What do you think is the difficult part of learning Chinese grammar?

2. 一般来说，你是怎么学习汉语语法的？Generally speaking, how do you learn Chinese grammar?

成功的汉语学习者的学习策略分析

摘　要　本文以参加2003年第二届世界大学生中文比赛复赛和决赛的部分选手为样本，用“语言学习策略调查问卷”，对“成功的汉语学习者”所使用的学习策略进行调查研究，并与“一般的汉语学习者”所使用的学习策略进行对比。研究发现，成功的汉语学习者最常用的分别是认知、补偿和社交策略，其次是元认知策略，最不常用的是记忆和情感策略。这与“一般的汉语学习者”不尽相同。文章还讨论了学习时间、性别与学习策略的关系等问题。

关键词　成功的汉语学习者　第二语言学习　学习策略

一、引言

成功的第二语言学习者（Good Language Learner，GLL；Successful Language Learner，SLL）与不成功的第二语言学习者（Poor Language Learner，PLL；Unsuccessful Language Learner，ULL）之间在学习上的差异一直是教师和第二语言教学研究人员感兴趣的问题，也是第二语言学习策略研究的热点和重点之一（吴增生，1994；庄智象、束定芳，1994；秦晓晴，1996；王立非，1998、2001；傅政，2001等）。有的研究者试图通过对某些成功的学习者或不成功的学习者（后者的研究较少）进行调查，找出成功的学习者所具有的特殊的学习策略，而这些学习策略正是不成功的学习者所欠缺的。也有的研究者试图通过对同一学习群体中高分组和低分组（前者被认为是成功者，后者被认为是不成功者）或个体之间的比较找出两者在学习策略使用上的差别。

近年来，对外汉语教学界开始对外国学生学习汉语时所使用的学习策略的情况进行调查（杨翼，1998；江新，2000；徐子亮，2000；江新、赵果，2001），得出了一些有益的结论（尽管结论并不完全相同）。但尚未见到专门对成功的汉语学习者的学习策略进行调研的报告。

本文以参加2003年第二届世界大学生中文比赛复赛和决赛的部分选手为样

本，用“语言学习策略调查问卷”（SILL），对“成功的汉语学习者”所使用的学习策略进行调查；通过对调查结果的分析研究，并与“一般的汉语学习者”所使用的学习策略进行对比，探讨成功的汉语学习者学习策略的使用情况。

二、研究方法

2.1 调查对象

在以往的研究中，对“成功的学习者”和“不成功的学习者”的界定或划分，通常是以某项考试成绩或分组编班为“标杆”来进行的（马广惠，1997；刘亦春，2002）。高分组或高班学生被设定为成功者，低分组或低班学生被设定为不成功者。

我们调查的对象是2003年来华参加第二届“汉语桥”世界大学生中文比赛（复赛）64位选手中的9位。他们分别来自日本、澳大利亚、英国、美国、比利时、加拿大、墨西哥和新西兰等8个国家，其中女生4名，男生5名。

之所以把他们界定为“成功的汉语学习者”是因为：（1）他们能来华参加“汉语桥”中文比赛的复赛，是经过所在国的初赛，在众多汉语学习者中脱颖而出的；（2）他们复赛的总成绩排名为第3，6，7，13，16，25，26，45，52位；（3）其中5人进入了决赛，决赛总成绩排名为1，2，4，5，13位；（4）他们平均学习汉语的年限为三年半左右，其中最长的为7年；（5）他们具有较强的可持续的学习汉语的动机。动机调查显示，他们学习汉语的动机主要是四类：（1）想了解中国，喜欢学习中国的语言（中文是一种独特的语言）、文化和历史，对中国的文化、文学、艺术、历史、语言等感兴趣；（2）希望能够更好地和中国人交际，无障碍地沟通和交谈，学习彼此不同之处；（3）看书，吃中餐时能点菜；（4）未来的机会。

2.2 研究方法

研究第二语言学习策略可以通过问卷、内省、追思/追溯、访谈、观察等手段进行；可以对群体进行普查（Huang *et al.*，1987；吴一安等，1993；蒋祖康，1994；杨翼，1998；江新，2000；徐子亮，2000；江新、赵果，2001）（样本有大有小），也可以对个案进行剖析（文秋芳，1995）。但这些调查研究的手段大致可以分为两类，一类是采用主位法，也就是让学习者本人指认自己使用的学习策略，如问卷、内省、追思等；另一类是采用客位法，就是通过观察、访谈等来客观地对学习者所使用的学习策略加以考察/观察和证实（找出学习策略或对已经指认的学习策略加以确认）。本项研究采用主位法，对确定的对象（假定的“成功的汉语学习者”）进行小样本的问卷调查。

2.3 测量工具

我们采用的是跟江新（2000）完全相同的，经过修改的Oxford（1990）的“语言学习策略调查问卷”（SILL，version 5.1）（共80项），并在此基础上根据汉字的特点，增加了一些汉字等学习策略的调查项目（6项）。之所以使用跟江新同样的测量工具，是为了便于比较。若能以同样的工具对不同的群体样本进行调查而得出同样的结论，则结论更科学、可靠；即使有差异也可以得到解释。可重复性（replicated）可以指不同的人用同样的工具对同一样本进行重复研究，看是否能够得出同样的结论；也可以是不同的人用同样的工具对不同的样本进行研究，看能否得出重复的/同样的结论，以检验结论的可靠性。目前对外汉语教学界对学习策略进行调查的几项研究，所使用的都是不同的测量工具，有时较难对其研究结论进行比较。

Oxford把学习策略分为2大类，共6小类（组），即直接策略：记忆策略、认知策略、补偿策略，间接策略：元认知策略、情感策略、社交策略。记忆策略主要涉及“有效记忆”（Remembering More Effectively），包括归类，建立联系，把新词放在上下文环境中记忆，使用想象、声音、声音与图画结合、动作等帮助记忆新的表达方式，有组织、有条理地复习，回过头去复习早先学过的材料等。认知策略主要涉及“使用心理（加工）过程”（Using Your Mental Processes），包括反复练习，操练口头与书面系统，使用惯用语和句型，把熟悉的东西用新的方式重新组合，在不同的真实情景中操练新的语言（包括听说读写四项技能），通过略读和浏览快速获得内容意思，使用参考资源，做笔记，概述，运用一般规则推断，分析表达方式，和其他语言对比分析，谨慎从事词语对译和从其他语言直接迁移，找出句型，按照新信息调整你的理解等。补偿策略主要涉及“补偿缺少的（语言）知识”（Compensating for Missing Knowledge），包括利用一切线索猜测听到的或读到的新语言的意义；试着理解总的而非每一个单词的意思；尽管新语言的知识有限，但仍要寻找办法在说或写中获取信息，例如，使用手势、短暂转用自己的语言、使用同义词或迂回描述、杜撰新词等。元认知策略主要涉及“有序安排和评价自己的学习”（Organizing and

Evaluating Your Learning)，包括概述和联系已知的材料，集中注意力，把注意力集中在特定的细节上，找出语言学习的规律，安排学习（作息表、环境、笔记本），设定目标，确定完成一项语言任务要达到的目的，制订完成语言任务的计划，寻找操练机会，注意错误并且从中学习，评价学习进程等。情感策略主要涉及“控制情绪”（Managing Your Emotions），包括减轻焦虑感，通过正面陈述自我鼓励，勇于冒险，自我奖励，注意身体的紧张和压力，记语言学习的日记，告诉他人自己的感受和态度等。社交策略主要涉及“合作学习”（Learning with Others），包括向别人询问以求证或检验，请别人纠正，与同伴合作学习，与新语言的流利使用者合作，发展文化意识，了解/意识到别人的思想和感情等。

“语言学习策略调查问卷”中每一项策略的使用情况采用 5 级分制：1＝从不这样做（几乎不或极少这样做），2＝一般不这样做（有一半时间不这样做，但做的次数比 1 级多），3＝有时这样做（有一半的时间这样做），4＝一般这样做（有一半以上的时间这样做），5＝总是这样做（几乎都这样做）。调查得到的数据用 SPSS 软件包统计。

三、调查结果

3.1 策略使用的总体情况

我们调查的成功的汉语学习者使用学习策略的情况见表 1。这一结果与江新（2000）对留学生汉语学习策略的调查结果（见表 2）不尽相同。可能的解释之一是两个调查的样本群体不同，我们调查的群体是“成功的汉语学习者”，而江新调查的是“一般的汉语学习者”，其中可能既包含成功的汉语学习者，也包含不成功的汉语学习者。不同的群体使用学习策略的情况可能不同。

根据我们的调查，成功的汉语学习者使用最多的是认知策略、补偿策略、社交策略，其次是元认知策略，最不常用的是情感策略和记忆策略。而江新（2000：63）的调查表明：“留学生在学习汉语的过程中，最常用的策略是社交策略、元认知策略、补偿策略，其次是认知策略，最不常用的策略是记忆策略和情感策略。”

表 1　成功学习者的策略使用

策略类别	策略类型	平均数	标准差
直接策略	记忆策略	2.5373	0.5952
	认知策略	3.7422	0.4691
	补偿策略	3.5972	0.5069
间接策略	元认知策略	3.2500	0.5000
	情感策略	2.2381	0.6662
	社交策略	3.5679	0.7317

表 2　一般学习者策略使用(江新,2000)

策略类别	策略类型	平均数	标准差
直接策略	记忆策略	2.7671	0.4434
	认知策略	3.3291	0.4757
	补偿策略	3.4658	0.5442
间接策略	元认知策略	3.4833	0.5843
	情感策略	2.8608	0.7023
	社交策略	3.5240	0.6729

按照 Oxford 量表的规定,1 级(平均值 1.0—1.4)和 2 级(平均值 1.5—2.4)是低频度(Low),3 级(平均值 2.5—3.4)是中频度(Medium),4 级(平均值 3.5—4.4)和 5 级(平均值 4.5—5.0)是高频度(High)。在我们的调查中,认知策略、补偿策略和社交策略的使用落在高频范围之内,元认知策略和记忆策略的使用落在中频范围之内,只有情感策略落在低频范围之内。可以认为情感策略是成功的汉语学习者最少、最不常使用的策略。在江新的调查中,只有社交策略是落在高频范围之内,其余均落在中频范围内,可见两个调查的样本有较大差异。表 3 是根据策略使用的常用频度排列的顺序:

表 3　成功学习者与一般学习者策略使用的顺序

顺序 / 学习者	1	2	3	4	5	6
成功学习者	认知	补偿	社交	元认知	记忆	情感
一般学习者	社交	元认知	补偿	认知	情感	记忆

3.2 关于认知策略

在我们的调查中，成功的汉语学习者使用最多的是认知策略，而在江新的调查中，认知策略只排在第四位。这个差异怎么解释？江新对一般学习者使用认知策略的分析有一个非常有意思的结论。她指出："多重比较结果显示，学习时间在1年以上的被试比学习时间在1年以下的被试更经常使用认知策略，二者的差异达到显著水平($p<.05$)，……这个结果表明，经过大约1年的学习之后，学生对认知策略的使用开始增多，但是其他策略的使用没有变化。"(江新，2000：65)我们的调查对象学习汉语的平均时间是三年半，两个调查的结果得到了互相印证。认知策略的使用增多显然与学习时间有关。从表面上看，这并不能直接用来解释成功的学习者为什么使用最多的是认知策略，但我们知道，各种认知策略是直接用于帮助汉语学习的，"增多变化"和"最常用"也许可以说明成功的学习者越来越"会"学习了(懂得使用各种认知策略来帮助学习汉语)。

3.3 关于性别特征

统计结果表明(见表4)，在6组策略中，有5组女生比男生使用更频繁，只有认知策略是男生比女生使用更频繁。女生使用最多的是间接策略中的社交策略，男生使用最多的则是直接策略中的认知策略。前面说过，社交策略主要涉及"合作学习"(Learning with Others)，包括向别人询问以求证或检验，请别人纠正，与同伴合作学习，与新语言的流利使用者合作，发展文化意识，了解/意识到别人的思想和感情等。统计结果似乎表明女生比男生更倾向于"合作学习"和"移情"。

表4 学习策略使用的性别特征

策略类别	策略类型	女平均数(标准差)	男平均数(标准差)
直接策略	记忆策略	3.04(0.4543)	2.15(0.3257)
	认知策略	3.54(0.6009)	3.90(0.3093)
	补偿策略	3.91(0.6049)	3.35(0.2542)
间接策略	元认知策略	3.38(0.6147)	3.15(0.4348)
	情感策略	2.79(0.5517)	1.80(0.3457)
	社交策略	4.19(0.5343)	3.07(0.3858)

统计结果还显示，男女生最不常使用的都是情感策略，其次是记忆策略，这跟总体的统计结果是一致的。

四、具体策略使用情况分析

4.1 常用性与非常用性

考察每一类策略的具体使用情况：记忆策略 15 项，认知策略 25 项，补偿策略 8 项，元认知策略 16 项，情感策略 7 项，社交策略 9 项。我们把 9 人中有 6 人以上（包括 6 人）选择 4、5 级的项目定为“常用策略”，把 9 人中有 6 人以上（包括 6 人）选择 1、2 级的项目定为“非常用策略”，由此来看每一类策略中，常用策略与非常用策略各自所占的百分比（见表 5）。

表 5　各类策略的常用与非常用情况

策略类别	常用（百分比）	非常用（百分比）
记忆策略（15 项）	1(6.7%)	5(33.3%)
认知策略（25 项）	16(64%)	1(4%)
补偿策略（8 项）	4(50%)	0
元认知策略（16 项）	6(37.5%)	2(12.5%)
情感策略（7 项）	0	4(57.1%)
社交策略（9 项）	4(44.4%)	0

从表 5 中可以看到，情感策略的 7 个项目，常用的一项都没有，非常用的有 4 项，占 57.1%；记忆策略 15 项，只有 1 项是常用的，占 6.7%，非常用的有 5 项，占 33.3%。情感策略和记忆策略的非常用性表现得非常突出。与此相反，认知策略 25 项，常用的就有 16 项，占 64%，非常用的只有 1 项，占 4%；补偿策略 8 项，常用的有 4 项，占 50%，非常用的一项也没有；社交策略 9 项，常用的有 4 项，占44.4%，非常用的一项也没有。这 3 项策略的常用性表现得很突出。

统计结果显示，成功的汉语学习者在策略使用方面两极化的倾向比较明显。

4.2 情感策略和记忆策略的使用

我们的调查显示，成功的汉语学习者和一般的汉语学习者（江新，2000）一样，使用很少的两类策略是情感策略和记忆策略(我们调查的成功的学习者最少使用的是情感策略,其次是记忆策略;江新普查的一般学习者最少使用的是记忆策略,其次是情感策略)。这一点并没有因为他们是成功的学习者而改变。

情感策略是成功的汉语学习者使用最少的策略,常用的一项也没有,非常用的却有四项。在情感策略7个项目中,有一项虽未达到定为常用策略的指标(即6人以上选4、5级),但我们认为仍然值得关注(或可被视为常用策略),即“我积极鼓励自己在学习汉语时要敢于冒险,例如敢于猜测、尝试去说,不怕犯错误”。

这项策略,9人中有5人选4、5级,有4人选3级(3=我有时候这样做/有一半的时间这样做,有一半的时间不这样做),没有人选1、2级。Beebe(1983)认为,成功的学习者具有“冒险精神”,善于利用一切学习机会。高度的冒险精神能影响整个第二语言习得的进程,而中等程度的冒险精神则对猜测语义具有优势。Seliger(1983)也有类似的观点(转引自吴增生,1994)。我们的调查也证明,成功的汉语学习者是不怕犯错误,勇于“吃螃蟹”的人。他们大多敢于冒险(risk-taking),即使犯错,也要大胆尝试理解和使用新学的语言。

成功的学习者不(太)使用的情感策略大都是一些遇到困难时消除焦虑感、给自己建立信心的策略。如努力使自己放松;不断自勉,使自己继续努力学习;注意学习时产生的不良身体状况;给自己一些实际的鼓励等等。这些策略不被或不常被使用,可能是由于成功的学习者在汉语学习方面遇到焦虑的情况并不多,且由于他们的学习动机很强,无须经常对自己说些鼓励的话或奖励自己(通常是遇到较多学习障碍或困难时,才需要不断地鼓励自己)。

记忆策略的15个项目可以细分为建立思维联系,利用声音、形象、语义特征和动作等记忆、复习等几类。这些项目中,只有一项是成功的学习者常用的,即“学习生词时,我在生词和已有知识之间创建某种联系”(选4、5级的7人,选3级的2人)。这是利用旧知在思维中和新知建立联系进行学习。成功的学习者很少或几乎不用的大都是利用声音、形象、语义特征、动作等来帮助记忆的所谓记忆技巧或记忆术。尽管“这些记忆策略可以帮助学生记忆大量的汉字、生词甚至句型,对提高汉语水平很有好处”(江新,2000:66),但我们的感觉和学习外语的体会是,不经过专门的指导,或对汉语本身的知识有相当的了解是很难利用这些记忆技巧的。

4.3 补偿策略和社交策略的使用

补偿策略和社交策略都是成功的学习者经常使用的策略。补偿策略共8项，有四项是常用的(41,42,43,46)，45也有5人选4、5级，非常用的一项也没有。从表面上看，补偿策略是学习者为了补偿语言知识的不足，如词汇、语法知识等，而采取的策略，但实际上它们几乎都是在交际中遇到困难时使用的策略，因此也可以看做是一些"交际策略"。表6是8项补偿策略(标号是整个问卷的顺序)。

表6　8项补偿策略

41	当我遇到听不懂或读不懂的词时，我利用一切线索(例如上下文或者情境)来猜测生词的大概意思。
42	我阅读时不是每个生词都查词典。
43	在对话时我根据前面谈话的内容预期别人将要说什么。
44	如果我正在说话，一时想不到正确的表达方式，我使用手势或者暂时使用母语。
45	在谈话时如果我想不出适当的词，我请别人告诉我。
46	当我想不出正确的表达方式来说或写时，我寻找另一种表达方式，例如使用同义词或者描述想表达的意思。
47	如果我不知道适当的词，我就造一个新词。
48	我将谈话引向我熟悉的话题。

在这些策略中，44、48和47这3项值得我们注意。47涉及生造/杜撰(coin)新词。44和48，从交际的角度说，是积极主动的应对策略，但从汉语学习和运用的角度说，则是消极被动的回避策略。48是4个人选2级，4个人选3级，只有1个人选4级。由于说话人不能用目的语就一个自己不熟悉的话题进行交际，于是采取放弃的策略，将谈话引导到一个自己熟悉的、能够用目的语交际的话题，进行话题转移。这虽然解决了暂时的困难，但却背离了学习和交际的最终目的，所以成功的汉语学习者对这一策略的使用表现得相当保守。44的使用也有同样的倾向(3个人选1、2级，3个人选3级，3个人选5级)。47是3个人选1、2级，4个人选3级，2个人选5级。可见，成功的学习者用目的语进行交际的意识尽管是比较强的，他们积极地使用各种方式用目的语进行交际，且不畏难，不消极回避，但对杜撰新词还是比较谨慎的。

江新(2000:65)对一般学习者学习策略的调查结果显示，社交策略是留学生最经常使用的策略，排在第一位。她对此的解释主要是环境使然："留学生是在中国学习汉语，除了正式的课堂学习外，在自然交际环境中的非正式学习也是一个重要途径。他们在中国生活，随时要用汉语直接和中国人交际，为了达到交际目的，常常自觉不自觉地运用社交策略，比如，为了听懂而进行提问、对别人移情等。这不仅有助于实现交际的目的，而且有助于他们在运用语言的过程中学习语言。语言学习环境对学习是非常重要的，它通过影响学习者对学习策略的选择，从而影响学习的结果。"在我们对成功的汉语学习者的调查中，社交策略尽管不是排在第一位，但仍然落在高频使用范围内(平均值为 3.5679)。我们调查的对象，其当前学习环境主要是在本国(尽管他们可能来中国学习过)，这一点跟学习环境主要在中国的留学生不同。我们对此有两个解释，一是跟学习方式有关，另一个是跟学习动机有关。跟补偿策略一样，社交策略也跟交际相关。社交策略的 9 个项目大致可以分为两类，一类是合作学习(跟同伴或中国人合作学习也是一种交际，在交际中学习)，另一类是移情(移情也是为了更好的交际)。成功的学习者具有良好的语言学习意识和方法，他们善于合作学习，即使环境因素不利，但他们仍然会寻找机会，创造条件学习。而移情作用我们认为主要是汉语学习的动机使然(见 2.1)。成功的学习者特别关注所学语言的文化以及在交流/交际中另一方的感受和想法(尽量理解对方)。他们认识到语言和文化的息息相关性，对目的语文化具有认同感(这一点可以从他们参加"汉语桥"世界大学生中文比赛的"才艺表演"中得到佐证，他们各具中国文化的"才艺")。正是对目的语所属文化保持着强烈的兴趣，想要不断地了解它，也使得他们可能成为成功的汉语学习者。

我们的分析还显示，女生比男生更频繁地使用学习策略，尤其是社交策略。这证明了 Oxford & Nyikos(1989)的发现：性别和学习策略使用有关，女生比男生更经常使用学习策略，特别是社交策略。

五、讨论

对成功的汉语学习者的调查分析显示，成功的汉语学习者最经常使用的学习策略依次为认知策略、补偿策略、社交策略，其次是元认知策略，最不常用的是情感策略和记忆策略。这与一般的汉语学习者(在华学习的留学生)不尽相同，留学生在学习汉语的过程中，最常用的策略是社交策略、元认知策略、补偿策略，其次是认知策略，最不常用的策略是记忆策略和情感策略（江新，2000）。从总体上说，成功的汉语学习者比一般的汉语学习者使用策略频繁。在我们的调查中，成功学习者的认知策略、补偿策略和社交策略的使用，落在高频范围之内；元认知策略和记忆策略的使用落在中频范围之内；只有情感策略落在低频范围之内。一般学习者只有社交策略落在高频范围之内（3.5240），其余的都落在中频范围之内（2.7671—3.4833）。两个群体的共性突出地表现在都不经常使用记忆策略和情感策略。

Rubin（1975）认为成功的第二语言学习者有七个方面的共同特征：（1）善于主动猜测；（2）具有强烈的交际欲望并能从实际中学习知识；（3）不受缺乏第二语言知识的束缚，不怕出错；（4）除了注重交际，也注重语言形式的学习；（5）寻找一切机会与说本族语者接触、操练；（6）监控自己与他人的言语；（7）注意语言形式在社会环境中的意义。这些特征在我们对成功的汉语学习者的调查中基本上得到了证实。但对元认知策略（主要用来监控、管理、协调、评价自己的语言学习过程、学习活动等）的使用，成功的学习者并没有表现出凸显的特征。这与江新（2000）对一般学习者进行调查所得出的结论不同，却证实了国外的一些研究。江新（2000：66）指出："尽管元认知策略非常重要，可是从国外的研究结果看，学习者并没有认识到这一点，他们并不经常使用这些策略，学生对元认知策略的使用比认知策略少，而且使用的范围（种类）也很有限。我们的研究发现了不同的结果，即被试在学习汉语的过程中元认知策略的使用比认知策略多，种类也不少，如集中注意、自我监控、计划和组织等策略都经常使用。"我们的结论也与文秋芳（1995）个案调查的结论不同。她比较了两个英语学习者，一个是成功者，一个是不成功者。她认为，她们在学习方法上最重要的差别体现在管理策略上。由于缺少面谈的机会，我们对成功的学习者并未凸显使用元认知策略的特征（尽管不是使用最少的）暂时还无法做出更多的解释。

在我们的调查中，成功的汉语学习者使用最多的是认知策略。江新（2000）发现，认知策略使用的增加与学习时间相关，经过大约1年的学习之后，学生对认知策略的使用开始增多。我们的调查对象，平均学习汉语的时间在三年半以上，因此认知策略使用最经常、最频繁的原因究竟是学习时间造成的，还是成功的学习者特有的，下结论还为时尚早。认知策略是直接用于学习语言的，用来理解和产生语言的。它包括重复、模仿、利用目的语资源、归类、推测、演绎、迁移、概括、记笔记、翻译、利用关键词、利用上下文情景等，既有语言形式的，也有语言功能的。成功的学习者比不成功的学习者或一般的学习者更“会”使用这些策略帮助自己学习，这一点应该是可以肯定的。另外，为什么男生比女生更多地使用认知策略，还有待于进一步研究（或许跟场独立与场依存的认知风格有关）。

对成功的汉语学习者的调查研究，就我们目前掌握的材料来看，在国内对外汉语教学界，这还是第一次。我们需要更多的对成功的汉语学习者、不成功的汉语学习者、一般的汉语学习者进行调查研究，尤其是对比研究，以便找出他们之间在学习策略使用上的异同。大样本、小样本、个案分析的都应该有。问卷调查也只是一种手段，可以使用的且有效的还有观察（observation）、访谈（intcrvicw）、内省（introspection）和追思（retrospection）等方法。

参考文献

傅政．二语学习成功者策略研究初探[J]．外语教学，2001(3).

江新．汉语作为第二语言学习策略初探[J]．语言教学与研究，2000(1).

江新，赵果．初级阶段外国留学生汉字学习策略的调查研究[J]．语言教学与研究，2001(4).

蒋祖康．学习策略与听力的关系[J]．外语教学与研究，1994(1).

刘亦春．学习成功者与不成功者使用英语阅读策略差异的研究[J]．国外外语教学，2002(3).

马广惠．高分组学生与低分组学生在学习策略上的差异研究[J]．外语界，1997(2).

秦晓晴．第二语言学习策略研究的理论和实践意义[J]．外语教学，1996(4).

工立非．学习策略与外语教学[J]．外语研究，1998(4).

王立非．第二语言学习策略研究：问题与对策[J]．国外外语教学，2001(4).

文秋芳．英语学习成功者与不成功者在方法上的差异[J]．外语教学与研究，1995(3).

吴一安，刘润清，Jeffrey，P. 中国英语本科学生素质调查报告[J]．外语教学与研究，1993(1).

吴勇毅．汉语“学习策略”的描述性研究与介入性研究[J]．世界汉语教学，2001(4).

吴增生．值得重视的“学习者策略”的研究[J]．现代外语，1994(3).

徐子亮．外国学生汉语学习策略的认知心理分析[A]．第六届国际汉语教学讨论会论文选[C]．北京：北京大学出版社，2000.

杨翼．高级汉语学习者的学习策略与学习效果的关系[J]．世界汉语教学，1998(1).

赵果，江新．什么样的汉字学习策略最有效？[A]．中国对外汉语教学学会第七次学术讨论会论文选[C]．北京：人民教育出版社，2002.

庄智象，束定芳．外语学习者策略研究与外语教学[J]．现代外语，1994(3).

Beebe, L. Risk-taking and the language learner. In H. Seliger & M. Long (eds.), *Classroom*

Oriented Research in Second Language Acquisition. MA: Newbury-House, 1983.

Ellis, R. *The Study of Second Language Acquisition*. Oxford: Oxford University Press, 1994.

Huang, X. H. & Naerssen, M. V. Learning strategies for oral communication. *Applied Linguistics*, 1987(3): 287—307.

Naiman, N., Frohlich, M. Stern, H. H. & Todesco, A. *The Good Language Learner*. Toronto: Ontario Institute for Studies in Education, 1978.

Oxford, R. L. *Language Learning Strategy: What Every Teacher Should Know*. New York: Newbury House, 1990.

Oxford, R. L. & Nyikos, M. Variable affecting choice of language learning strategies by university students. *Modern Language Journal*, 1989(73.2).

Rubin, J. What the good language learner can teach us. *TESOL Quarterly*, 1975(9): 41—51.

Rubin, J. & Thompson, I. *How to Be A More Successful Language Learner*. Boston, Mass: Heinle Helnle, 1982.

Seliger, H. W. The language learner as linguist: of metaphors and realities. *Applied Linguistics*, 1983(4.3): 179—191.

Stern, H. H. What can We learn from the good language learner. *Canadian Modern Language Review*, 1975(31): 304—318.

（原文刊于《对外汉语教学的全方位探索》,赵金铭主编,商务印书馆,2005 年。合作者陈钰）

听力理解与汉语作为第二语言(CSL)的习得

摘　要　本文从认知的角度讨论听力理解过程与CSL习得的有关问题，涉及被动与主动、还原与重组、“底朝上”与“顶向下”、认知图式等问题，对传统听力训练方法提出了自己的一些看法。

关键词　听力　理解　CSL习得　认知过程

一、“被动的”与“主动的”

从行为主义心理学的角度看，语言习得是刺激—反应的结果，刺激是主动的，反应是被动的。第二语言教学长期以来一直把“听”乃至“(听力)理解”都视为一种被动的行为，把听力当作一种被动的技能。对外汉语教学也是如此。杨惠元(1996:24)在解释听力课作为一门独立的课型被认为比较难的原因时就说过，“这首先是因为‘听’基本上是被动的行为，学生的积极性、主动性难以发挥，课堂气氛不易活跃，师生提不起精神，往往上得枯燥乏味”，尽管他也看到了听者在理解过程中的积极一面，指出，“交际双方共同参与了编码解码的活动，听者不是完全消极被动的，可以一边听一边积极主动地思维”(杨惠元，1996:32)。刘濂(1997:662)也认为：“‘说’是主动的，‘听’是被动的。”这种把“听”乃至“听力理解”视为被动的思想可以说是根深蒂固的，在教学中最明显的表现是有些教师上听力课时，只是一味地放录音机，问学生“懂了没有”，若学生没懂，就一遍、两遍、三遍地反复放(增加刺激次数)，若还是没懂，实在没有“反应”，就只能把听的内容(句子)直接写在黑板上，把声音(听觉感知)变成文字(视觉感知)，然后再分析讲解，或干脆把正确的理解答案告诉学生，而不管学生是否理解了。这样，课自然是上不好的，其问题就在于他们没有考虑过学生是如何听、如何理解的问题，而只把听、听者、听力理解看成是被动的。可事实上，从听的行为到理解的过程恰恰是一个主动的认知过程。

如果只是从信息的输出(生成发送)和输入(接收)的角度看，也许可以说“听”是被动的，但从“听”的行为主体——听者的角度看，笔者认为，即使“听”本身也绝不是一种被动的行为，更不用说“理解”了。例如，大家在听一个关于学校情况的大会报告，听者从表面上看是被动的，处在接收信息的地位，可事实上很多人都有这种经验和体会：我们并非自始至终都在认真地听，很多时候我们在“开小差”，那些被我们认为是不重要的或者是无用的信息，我们没有“听进去”，被过滤掉了，放过去了，可一旦报告中的内容涉及自己的部门，或涉及那些被我们认为是重要的、有用的信息，我们就会一下子集中精神（注意力）“听进去”。又如，有不少人在家里喜欢开着收音机边听边做事，当他在专心做事时，广播中的信息似乎在流失而他却“无动于衷”，可一旦广播中播出一条重要的新闻或他所关心的信息，他马上就会意识到（警觉）并且“听进去”。这说明人们在听时不是被动的“听之任之”，让信息随便往耳朵里“灌输”，而是有选择地“注意”筛选信息并做出（要听、在听的）反应，可见听是主动的行为。心理学家加涅认为，“注意”有两层含义，一是指知觉的集中，二是指一般的警觉功能（参见邵瑞珍，1990：34）。“注意”是有意识的、主动的。

听而后理解，当说话者的声音被接收后，听者首先要对声音进行识别（比如切分音节、语流段等），根据已有的“语言知识”把声音整合加工成有意义的语言单位，再在语言单位与储存在长期记忆中的各种（已知）信息、图式（schema）等之间建立起联系，对它们进行匹配、核对、比较、推理等一系列认知活动，同时处理超音段特征如重音、语调等，领会其含义，理解或者说解出说话者的意思，并把获得的经过筛选的新信息贮存在长期记忆里以备后用。外国学生在理解汉语时，尤其在初级阶段，由于不能直接在目的语与自己长期记忆中的各种信息之间建立起联系，只能把经过识别后的目的语的语言单位转换成母语的语言单位，再与长期记忆中的各种信息发生联系进行理解。诚如 Vandergrift（2000）所指出的，听力理解远非一项被动的活动，而是一个极其复杂的主动过程。

在听力理解的过程中，主动性“外显”的例子很多，例如听者可以在理解话语的过程中“拾遗补阙”。我们在听一段东西时，若某个句子中缺少几个词，一般不会影响我们对整个意思的理解，我们可以主动地大致估摸补出“缺省”的意义，甚至准确地补出缺少的词语。又如，有时有人找你有事，可他的话（意图、上文）尚未说完，你已经推测出了他的来意（目的、下文）。我们这种“拾遗补阙”能力，这种猜测、预期、推理的能力，是建立在我们的语言知识、储存在大脑长期记忆中的旧知识信息、以往的情景和经验基础上的（情景和经验也是一种知识，并且大多数经过整理和类化，形成一定的心理组织，即图式，参见彭聃龄，1991：206－210；徐子亮，2000：

224),当它们被“现实”激活时,就会产生上面所说的一系列心理活动,从而对说话者的意思,甚至言语做出猜测和推理。常有留学生问我,为什么在街上跟中国人说话他们听不懂,而跟老师一说就懂。确实,有经验的对外汉语教师已经对理解留学生的话语练就了一套特殊的本领,只要留学生说几个词,哪怕是孤零零的、不成句的,教师也能理解。这种“你一张嘴我就知道你要说什么”的本领,是在反复经验、不断地主动猜测推理的基础上形成的,可以说是一种特殊的理解机制。我们可以想象,汉语水平不高的留学生在跟一般的中国人交际时,他的词汇有限(会用词不当或辞不达意),语法结构未能完全掌握(会产生词序混乱、搭配不当或完全是母语的结构),再加上发音不准,一般的中国人没有或很少经历这种情景,缺乏经验,大脑中又没有这方面的旧知识可以依赖,无法对留学生的意图、意思做出猜测和推理,估摸不出,理解不了留学生的话语也就不奇怪了。

二、“还原”与“重组”

电台播音员的声音是通过一定的技术手段变成信号,经无线电波传送到收音机,收音机接收信号后再把它变回“原声”。这可以说是一种标准的还原,既无增加也无减少。我们很多老师上听力课时,期待的就是学生的听力理解能做出这样一种还原,他们在思想上认为信息的解码过程就是一个还原过程,所谓真正听懂了,就是外界输入了多少信息,学生就理解了多少。这种认识在实践中的表现我们经常可以看到,有的老师上课时用录音机放一个句子,然后让学生重复地说出这个句子(不是为了练习语音),重复的过程甚至精确到每一个词,有一个词没重复出来就不放过,因为在他们看来,能够完全重复出听到的句子就说明学生听懂了,懂了每一个词的意思,也懂了句子的意思。问题是听力理解的过程并不是一个“还原”的过程,而是一个“重组”的过程,即使“还原”也是重组后的“还原”。能够重复原来的句子,并不能证明就一定理解了,兴许就是“鹦鹉学舌”(笔者自己就有过这种体验)。

“认知心理学认为,语言理解就是借助语言材料建构意义的过程”,“强调已有的认知结构在语言理解中的重要作用。语言理解是由语言感知提供的输入信息与已有的认知结构相互作用的结果”(彭聃龄,1991:141)。前面我们说过听力理解是一个主动的认知过程,当大脑对输入的信息进行加工时,不是简单地还原意义,而是重组性地建构意义，是在被激活的储存在大脑长期记忆中的旧知的作用下对输入的信息进行分析、整合、匹配、推测等，进而进行解码。不然我们无法解释在通道畅通，即没有任何其他因素造成听力理解障碍（比如说话者发音不准等）的情况下，为什么听者会对相同的语言材料做出不同的理解，产生“信息差”，这种理解上的“偏离”是由“重组”造成的，“刺激和已知信息一起作用，产生行为的改变”（桂诗春，1992:2）。

《初级汉语听力》（2）[①]第十七课第二部分“选择正确答案”有这样一个听力题目：

> 我跟你谈话简直就是“对牛弹琴”。（录音）
>
> 问：这句话是什么意思？
>
> A. 你喜欢弹琴给牛听吗
>
> B. 跟你说什么你都不明白（正确答案）
>
> C. 我喜欢跟你谈话
>
> D. 我喜欢弹琴给牛听

我教的两期学生听这个题时没有一个人听明白这句话，其问题出在“对牛弹琴”上。这个成语，生词里没有出现，第一部分课文里也没有，学生以前根本没有接触过。换句话说，学生大脑的“知识库”没有关于这条成语的背景知识，有的也许是科普里讲的给牛听音乐会增加牛奶产量什么的。当“我跟你谈话简直就是‘对牛弹琴’”这句话输入时，学生无法调用旧知，根据成语的背景知识建构起“跟你说什么你都不明白”这一意义，他们只能利用大脑中关于“牛”以及“弹琴”的一般知识进行理解，一种可能是学生根据“弹琴——音乐——音乐好听——跟你谈话好听”这根线索重组成“我喜欢跟你谈话”这个意思（选项 C），另一种可能是根据“弹琴——音乐——音乐好听——牛喜欢听音乐”这根线索而选择 A 或 D，再一种可能就是无法在“对牛弹琴”的表面意思（可以从旧知中获得）与“我跟你谈话”之间建立起联系，根本不能理解这句话的意思（尽管每一个词也许他们都听懂了），因而不知道该选哪个答案。

---

① 李铭起主编. 初级汉语听力 2. 北京：北京语言文化大学出版社，1999.

三、“底朝上”与“顶向下”

从言语生成的角度看，人们认为音素组成音节，音节组成词，词组成词组，词组构成句子，然后是句群(语段)、篇章，任何一个大单位都是由小单位构成的。因此一般认为，在理解话语时，我们也应该从最小的单位开始，“分析辨别语音形式的排列组合，首先是分析辨别单词，其次是句子，最后是整段话语。这是因为，听者理解语言的逻辑顺序是从感知单词开始，然后感知整个句子，最后感知成段话语”，“每个句子的意思都理解了，才能感知整段话语”(杨惠元，1996：29－30)。可我们在教学中常遇到这样的情况，给学生听一段录音，学生感觉好像语速很快，云里雾里听不懂，一旦我把录音一句一句地放给学生听，似乎问题又不大了，基本能听懂。问题在什么地方呢？按照传统的观点，通常认为是因为学生没有把握好句与句之间的关系，所以无法把句子贯穿起来理解。我们已经习惯，或者说认定这种从局部到整体的理解方式是正确的、唯一的。所以我们训练听力的方式也是从小到大，由局部到整体(parts-to-whole)：从分辨音素、音节开始，再弄懂词、词组、句子的意思、最后扩展到语段、篇章(话语)结束。强调的是在了解语言知识的基础上，通过语言分析能够熟练处理各种语言材料：语音、词、句子结构，尤其是要听懂句子的意思。

现代认知心理学认为，人在理解话语时有两种知觉加工方式，朝两个方向处理信息材料，一种是“底朝上”((bottom-up)或者叫“材料驱动加工”(data-driven processing)，另一种是“顶向下”(top-down)或者叫“概念驱动加工”(concept-driven processing)。前者的理解过程是从小单元开始，一步一步组合起来形成对大单元的理解，这种方式适用于对句子以下层面的理解，主要依靠或者说利用我们的语言知识对所听到的材料进行语言分析进而理解；后者的理解过程是反向的，主要是利用背景知识(各种旧信息、一般知识经验等)，或者说图式，结合语言知识对所听材料进行通篇理解。这种思维的方式在写作(表达)时可以看得比较清楚。我们写文章时一般是先根据一个题目(意思)，在脑子里搭一个“框架”(文章结构)，然后遣词造句去“填空”，而不是信马由缰，脚踩西瓜皮，滑到哪儿是哪儿。当我们听了一个故事后复述，我们可以说出故事中的人物、故事发生的过程和结果，可是我们所使用的语句可能已不是原来的，甚至“面目全非”了(忘记了原来的语句，只留下了意思)，可见我们是采用故事图式去整体理解意思的。这种“顶向下”的理解会弃很多句子表层的语法特征而不顾。

笔者上课时，书上有一个练习，是让学生把给定词语排列成一个句子（单句或复句），其中有一题是这样的："一会儿，睡，他，起来，不，一会儿，坐，下去，安静，很"[①]。结果我发现，绝大多数学生的答案都是："他很不安静，一会儿睡下去，一会儿坐起来"，或"他一会儿睡下去，一会儿坐起来，很不安静"（这也是预期的答案）。只有一个学生例外，她写的是："他一会儿坐起来，一会儿睡下去，很不安静"。若按语法规则，先说"一会儿坐起来"或先说"一会儿睡下去"都无不可，但大多数学生在读解时，是把"睡下去"安排在前，"坐起来"安排在后，可见他们是根据零散的语言材料的信息输入，激活大脑中已有的事件图式（以往积累的生活知识经验），产生预期（这个事件发生的顺序应该是怎么样的），然后用给定的词去匹配，做出一种逻辑上的安排。

图式论认为，人以往获得的知识以图式的方式分门别类地贮存于大脑的长期记忆中。图式是有层级的，它不仅包括知识，还包括知识之间的关系（图式之间的关系与联系），形成一个网络系统，因此图式也可以被看作是人脑中的知识架构（knowledge structure），好像一个信息资料库。当语言材料输入时，会激活已有图式，我们依靠这些背景知识和"现实"（输入材料）的互动对语言材料做出理解。这是一种"顶向下"的整体的认知。例如，上听力课时，如果我们在开始听以前就告诉学生，今天我们听的内容是"我的一天"，这跟不告诉他们直接听是不一样的。学生们会根据自己的生活经验，先在大脑里建立起一个事件图式（结构），对听的内容有一种预期。如果让学生再讨论一下，我们会发现每个人对事件发展的预期和猜测可能会不一样，听时学生会去"印证"，背景知识提供了理解现实的支持，有助于他们理解所听的材料。

"顶向下"和"底朝上"可以用来解释前面说的为什么有时候把一段话拆开来一句句给学生听，他们觉得不难，但合在一起听却不知所云。因为他们在理解成段话语时采用的是"底朝上"的认知方式，他们试图从小到大逐一理解，特别是侧重在理解单个句子的独立意义，只注意局部，忽视甚至放弃了整体。"顶向下"和"底朝上"也可以解释为什么学生在听一段话语时，会因为一两个词听不懂，就被"卡壳"，无法继续听下去，导致听力"空白"，因为他们也是用"底朝上"的方式逐词解码，一旦

---

① 华东师范大学对外汉语教研室. 基础汉语 25 课. 上海：华东师范大学出版社，1983：340.

受阻,言语链断裂,就形成"障碍"不能跨越。所以彭聃龄(1991)指出:"对单词意义的理解,即概念系统中相应部分的激活,只是理解语句或文章的基础。……在此基础上还必须运用由关于整个文章或语句的已有的知识组成更高级的心理组织,才能最后完成对文句的理解。"

有意思的问题是,如果学生听一段母语的材料,可以肯定他既不会出现一个个句子串不起来,不能做整体理解的问题,也不会因为一两个词不懂就会在理解时"卡壳",而会自动跨越"障碍"。那为什么在学习汉语时会出现这类问题呢?是因为学生理解母语时的"顶向下"方式不能"正迁移"到第二语言学习,或是因为以往我们的听力训练过分强调字、词、句的理解,给学生造成了误导,还是学生在习得第二语言的过程中必然存在的一个过渡阶段?

四、听力理解与 CSL 的习得

对外汉语教学总的来说一直不太重视听力课,据笔者所知,不少学校每周 20 学时的课,听力只有 2 到 4 节,超过 6 节的很少。这不符合第二语言的习得规律,忽视了听、听力在习得过程中的重要作用。"听说,听说",似乎听在前,可实际上,我们更注重说的能力。我们评判一个外国人的汉语好不好,是以"外显"的说为标准的。在听说的关系上,我们希望学生能听懂一句就说出一句,以此产生滚雪球效应。这是输入等于输出,而非像儿童习得第一语言时,从胎教开始就听,到一岁左右学说话时,输入已远远先于、大于输出(胡明扬,1999)。

外国人学习、习得汉语是从听开始的,他们首先要解决的是听力理解问题。在中国学习汉语,学生处在目的语的环境里,"聋子"汉语、"哑巴"汉语不多见(欧洲一些汉学前辈就是能看不能听不能说)。而在中国学习多年英语,结果是"聋子""哑巴"的,却很常见。这些人能看,能阅读,却听不懂,可见语言材料以何种方式输入在第二语言习得过程中起着至关重要的作用。如果一直以文字材料的方式输入,那么理解时是通过视觉神经在大脑中建构意义,文字与声音是分离的,它们之间没有建立起应有的联系。文字输入时,听觉神经并未同时参与活动,一旦声音通过听觉神经通道输入,学习者无法把声音同相应的意义(通过文字建立起来的)匹配起来,其结果是听不懂别人说的话,成了"聋子"。所以输入是促使"内化"的关键。也许我们应该把听力放到跟阅读同等重要甚至更加重要的地位。Dunkel 断言,对听力理解的研究成果已成为第二语言习得理论发展、研究和教学的指导原则(参见Vandergrift,2000)。

前面我们说过听是一个主动的行为,听力理解是一个主动的过程。如果我们承认这一点,那么在教学中我们就要改变观念,放弃那种认为只要一遍遍放录音,让学生一遍遍重复就能训练好听力的思想,做到以学生为中心,听力材料首先要设法引起学生的注意,关注学生理解的认知过程,找出形成听力障碍的各种原因。如果我们把理解这一建构意义的过程看作是重组的,那么我们在听力教学中就应该注意引导学生利用、调用大脑中已有的旧知去帮助理解所听材料。在上《初级汉语听力》(2)第十九课时,我发现课文部分第二段“你买股票了吗”,无论是生词还是内容对学生来说都比较生疏,他们以前没接触过这方面的汉语,听起来非常困难,但他们多少都有一些买股票的常识,这一点可以利用。课文的生词是按照内容顺序出现的,而内容本身还有一些词语学生以前没学过,于是我就不按生词顺序教,而是采用提问的方式让学生建立起关于股票的图式结构,以便于听时理解。我先问有没有学生买过股票(“股票”是生词,“炒”是生词,提前,用“炒菜”引入),为什么买股票(“赚”估计是生词,“赔”是生词,提前),买了股票可能发生什么情况(“跌”“涨”是生词,“风险”是生词,挪后),再让学生想象买股票赚和赔的感觉(让学生有所预期),当学生调出记忆中的这些常识备用后,再听这段录音他们就觉得并不怎么难了,尽管听的内容并不一定直接跟我提的问题发生关系。

同一本书第十六课“选择正确答案”有这样一个题目:

> 我有的是钱。(录音)
>
> 问:这句话是什么意思?
>
> A. 我有时候有钱,有时候没有钱
>
> B. 我没有钱
>
> C. 我有很多钱
>
> D. 我只有钱,没有别的

我猜想这道题是要测试学生对“有的是”(强调很多)这个口语词的理解,可由于学生以前没学过这个词,录音里的这句话又没有上下文可供猜测,孤零零的,生词表里也没有出现这个词,学生无法依靠记忆中的旧知,所以难以对答案做出选择。我问学生能不能猜出它的意思,有一个美国同学告诉我,她理解的是“我有的是钱，有的是……"，可是找不到第二个"有的是"后面的东西。她学过"有的……有的……"结构，于是利用旧知（把"有的"当成结构标志）重组了她理解的意思。这本书每课的第二部分"选择正确答案"，有不少无上下文环境的孤句，测试的是学生对一些没学过的成语、口语词、习惯语和反问语气（声音很平，规规矩矩，像播音员，听不大出强调的语气）的理解，让学生觉得第二部分的单句比第一部分的段落还难听，这是不妥的。

"底朝上"和"顶向下"这两种方式在理解时是共存的，可过去我们的听力训练几乎都是"底朝上"的，目前的第二语言很强调在理解篇章话语时要采用从整体到局部（whole-to-parts）的教学方法，这是"顶向下"的，是图式的。这种理论的解释力很强，又有可操作性。我们对外汉语的听力教学应该建立一个新的"底朝上"和"顶向下"相结合的训练模式，使我们的听力教学水平上一个台阶。同时，我们还要对学生进行听力理解的策略培训，改变他们那种惯于"底朝上"的"见树不见林"的认知方式，实现认知方式的"正迁移"（如果可以这样说的话）。

参考文献

桂诗春. 认知与外语学习[J]. 外语教学与研究，1992(4).

胡明扬. 语言教学的常规：输入大于输出[A]. 语言教育问题研究论文集[C]. 北京：华语教学出版社，1999.

刘濂. 浅谈电视新闻教学及听力理解[A]. 第五届国际汉语教学讨论会论文选[C]. 北京：北京大学出版社，1997.

彭聃龄. 语言心理学[M]. 北京：北京师范大学出版社，1991.

邵瑞珍. 学与教的心理学[M]. 上海：华东师范大学出版社，1990.

熊学亮. 认知科学与语言学[J]. 外语教学与研究，1993(3).

徐子亮. 汉语作为外语教学的认知理论研究[M]. 北京：华语教学出版社，2000.

杨惠元. 汉语听力说话教学法[M]. 北京：北京语言学院出版社，1996.

Vandergrift, L. 第二语言听力理解中的学习策略培训[J]. 方申萍译述. 国外外语教学，2000(4).

（原文刊于《对外汉语研究的跨学科探索》，赵金铭主编，北京语言大学出版社，2003年）

善听者与不善听者听力学习策略对比研究

摘　要　本文用修改后的Oxford以及O'Malley的学习策略表对24名善听者与不善听者所使用的听力学习策略进行调查研究。通过对比分析，发现善听者和不善听者在听力的元认知策略、认知策略和情感策略方面存在很大差别。善听者在听力过程中，在关注意义的基础上还非常关注语言的形式，他们运用各种听力策略，主动参与听力的信息加工过程而不是被动接收，在策略运用上比较灵活和多变，这使他们在听力中遇到的困难有所减弱。

关键词　善听者　不善听者　听力学习策略

一、前言

听力是第二语言习得的基础，其重要性是毋庸置疑的。沈燕(1998)通过对留学生的跟踪调查发现，听力能力差是留学生在中国学习和生活的最大障碍。高彦德等(1993)、Starr(2000)的调查显示，尽管留学生都认为听力非常重要，但对通过听力课提高听力水平的期望比较低。这种高需求度与低期望值反映出学生对我们现有听力教学的某种不满和无奈。

教与学是一个互动的过程，在研究如何教好听力课的同时，我们不应该忽略学生自身是如何练习听力的这一问题。本文运用对比的方法，通过对听力较好与较差两类学生的听力学习策略的调查，试图从学生的角度出发考察听力学习的方法，以期发现学生在听力学习中存在的问题，并据此就改进听力教学提出一些设想。

二、调查工具与对象

2.1 调查工具

本研究采用问卷调查的方式获得数据。调查问卷分两部分，第一部分是对学生听力学习策略的调查，采用选择的方式回答。调查项目选自 Oxford 的学习策略调查表和 O'Malley 的学习策略表，共 25 项。笔者根据汉语学习的特点对这些项目进行了一定的修改，分为元认知策略、认知策略和情感策略三大类。元认知策略 6 项，包括平时对听力理解活动的计划、安排；在听力理解过程中注意力的分配、监控；听力结束后的自我评价等。认知策略 15 项，包括听时对信息的处理方式、对语言形式和语言功能的关注程度以及听的过程中的技巧运用等。情感策略 4 项，主要涉及听时的情感控制与影响。问卷的第二部分主要是通过排序的方式调查学生对听力的认识以及他们在听力理解中所遇到的困难。

2.2 调查对象

调查对象来自华东师范大学汉语言系（后改为"汉语文化教学中心"）的两个中级平行班的学生。根据学生平时在听力课上的表现和期中、期末两次考试成绩，从两个班抽出 12 名听力较好的学生（编为甲组，称之为"善听者"）和 12 名听力较差的学生（编为乙组，称之为"不善听者"）作为调查对象，学生的国别包括日本、韩国、波兰、美国、意大利、德国、印尼、瑞士，其中以日、韩学生为主。甲组有日本人 6 名、韩国人 4 名和其他国家 2 人；乙组有日本人 5 名、韩国人 3 名和其他国家 4 人。这些学生学习汉语的时间，大多数为 1 年半左右，都是通过分班测试进入同一等级的班级学习的，可以认为他们的语言水平比较相似。他们所用的教材、所进行的课堂练习、所参加的考试内容一样，但从课堂练习的表现、学期考试和 HSK（初、中等）的成绩看，却有明显差别。因此，我们假设听力学习策略的运用是影响听力水平提高的一个重要因素。

下面表 1 是调查对象的学习成绩排名。其中平均成绩是期中和期末考试的平均分；HSK 成绩是 2004 年 12 月的 HSK（初、中等）成绩，前一栏是 HSK 听力成绩，后一栏是获得的证书等级，有些同学未参加这次考试。从平均成绩和 HSK 听力成绩以及听力课教师的主观评价（即序号排列）来看，甲乙两个群体的差异是比较明显的。

表 1 调查对象学习成绩排名

善听者(甲组)				不善听者(乙组)			
序号	平均成绩	HSK 成绩		序号	平均成绩	HSK 成绩	
A	93.5	91	中 A	A_1	81.5	68	初 A
B	93.5	89	中 C	B_1	79.5		
C	93.5			C_1	77.0	73	中 C
D	93.0	86	中 A	D_1	76.5	69	中 C
E	93.0			E_1	76.0		
F	92.5	58	初 A	F_1	75.5		
G	91.5	81	中 B	G_1	75.0	69	中 C
H	91.0	82	中 B	H_1	74.5	58	无证
I	90.5			I_1	72.0		
J	89.5			J_1	72.0		
K	89.0	86	中 A	K_1	71.5	71	中 C
L	86.5	79	中 B	L_1	67.5		

三、调查结果与分析

3.1 元认知策略

元认知策略是通过计划、监控、总结、评价、分配注意等一系列行为对自己的学习进行管理的策略。从下面表 2 的调查结果看,在听中监控、听后总结、听后评价、注意力分配等方面,善听者与不善听者的表现差异比较大。在监控方面,乙组有 50%的学生从来不对自己听的过程和所听到的内容进行监控,这远远高于甲组有监控的比率(16.7%)。可见不善听者在学习时,只是一味地听,缺乏思考和检查,而善听者中的大部分或多或少都能对所听的内容进行上下文的联系,在听的过程中不断对前面所理解的内容进行回顾、证实和修正。

在注意力的分配上,当问到如果事先已经知道听后要回答的问题你会如何听时,甲组中有 75%的人认为会重点听与问题有关的内容,而乙组中只有 33.3%的人会这样做。在已经知道听后要回答的问题后,听时仍然不分重点,乙组占了

58.3%，而甲组只有16.7%。这种差异显示了两组学生在听的过程中注意力分配能力的强弱。大部分善听者会根据已得到的线索有重点、有选择地听，而不善听者有一半对所有内容的注意力分配是一样的。

元认知策略主要涉及"有序安排和评价自己的学习"(Organizing and Evaluating Your Learning)两方面，从监控自己的学习过程、评价自己的学习情况和进程、集中注意力等方面看，善听者比不善听者更会管理自己听的过程。但我们同时也发现，在目标和计划方面，两类学生的回答都不甚理想，他们对怎么学习表现出一定的盲目性。

表2 元认知策略

		两者都有	只有目标	只有计划	两者都没有
学习有目标与计划	善听者	41.7%	8.3%	33.3%	16.7%
	不善听者	50.0%	16.7%	16.7%	16.7%
		经常	偶尔	没有	
听时有不同目标	善听者	25.0%	33.3%	41.7%	
	不善听者	25.0%	41.7%	33.3%	
		经常	有时	不	
听中监控	善听者	16.7%	66.7%	16.7%	
	不善听者	8.3%	41.7%	50.0%	
		经常	偶尔	不	
听后总结	善听者	0.0%	75.0%	25.0%	
	不善听者	0.0%	33.3%	66.7%	
		经常	有时	不	
听后评价	善听者	41.7%	41.7%	16.7%	
	不善听者	8.3%	50.0%	41.7%	
		所有内容都听	主要听相关内容	不听无关内容	
注意力分配	善听者	16.7%	75.0%	8.3%	
	不善听者	58.3%	33.3%	8.3%	

3.2 认知策略

3.2.1 听力方式

听力方式主要考察学生在听力过程中的信息接收习惯，主要包括在听力理解过程中对母语的利用以及在理解中知觉的加工方式。下面表3的调查结果表明，不善听者在听的过程中对母语的依赖性很强，几乎有一半的学生(41.7%)在听力练习中经常通过母语的媒介作用来帮助理解；如果算上偶尔借助母语理解的人，总数就达到了90%以上，而不依赖母语的只有8.3%。把听到的内容翻译成母语来理解，势必影响整个听力理解过程。听的内容转瞬即逝，一旦语句或语段增长，而注意的重心又在翻译上，就很可能会出现理解了上句而下句已逝，或因翻译出现问题而造成无法理解的情况。相反，善听者中依靠母语的中介作用来进行理解的人的比例比不善听者明显低得多，另有将近一半的人(41.7%)几乎没有借助母语的习惯。显然，听时借不借助母语是区分善听者与不善听者的标准之一。

表3 认知策略·听力方式

		经常	偶尔	几乎不
借助母语	善听者	25.0%	33.3%	41.7%
	不善听者	41.7%	50.0%	8.3%

3.2.2 对语言形式和语言功能的关注

根据 Huang *et al*.(1987)的划分，在听力学习中，语言形式操练的策略指通过听学习语音、词语，在听力中记忆句型、词汇等；语言功能操练的策略则是针对语言的交际作用，在听力学习中通过听来理解话语的意思而不考虑其结构，通过看电影、电视或听讲座等方式练习听力等。实际上，对语言形式的操练是为了掌握正确的语言形式，而对语言功能的操练则重在提高对语言内容的理解能力。

下面表4的调查结果显示，两类学生总的来说都比较重视语言功能，比如通过听广播、看电视电影的方式练习听力，且在听时大都比较注意内容而非形式；但善听者有将近一半的人(41.7%)经常听广播、看电视电影，不听、不看的人没有，而不善听者经常听广播、看电视电影的只有25%，而不听、不看的也有16.7%。

在主动寻找练习听力的机会方面，两类学生的表现差不多，即都不主动。这也可能与学生的学习环境有关。由于是在目的语环境中进行“沉浸式”学习，学生身边都是说汉语的人，因此学生可能会觉得没有必要刻意去寻找听汉语的机会，比如演讲、讲座之类的活动，但不排除在工作或学习中有时为了获取所需的信息而去参加各种活动的情况。

在对语言形式的关注方面，大部分善听者(66.7%)会对听力中遇到的难句做语法分析，而大部分不善听者(66.7%)则从来不做；所有的善听者都会注意听力中的语音或语法现象，但不善听者中有25%的人从不注意。善听者不仅会有意识地借助语言形式分析帮助理解，而且会注意在听的过程中学习语言形式，把听的过程也当成是一个语言学习的过程。

表4　认知策略·形式与功能操练

		经常	偶尔	从不	
对听到的句子等做语法分析	善听者	0.0%	66.7%	33.3%	
	不善听者	0.0%	33.3%	66.7%	
		经常	偶尔	从不	
记忆听到过的句型等	善听者	8.3%	83.3%	8.3%	
	不善听者	8.3%	75.0%	16.7%	
		语音和语法	语音	语法	都不注意
听时特别注意	善听者	33.3%	58.3%	8.3%	0.0%
	不善听者	33.3%	33.3%	8.3%	25.0%
		经常	有时	从不	
听中文广播、看中国电影电视	善听者	41.7%	58.3%	0.0%	
	不善听者	25.0%	58.3%	16.7%	
		语音语调	内容	句型、词汇	
听广播、看电影电视(包括跟中国人说话)时最注意	善听者	8.3%	16.7%		
	不善听者	8.3%	75.0%	16.7%	
		经常	偶尔	从不	
参加能听汉语的活动(寻找机会)	善听者	0.0%	25.0%	75.0%	
	不善听者	8.3%	25.0%	66.7%	

3.2.3 听力技巧

本文所说的听力技巧主要指在听力练习或考试中用来帮助克服听力障碍的方

法。它包括在听之前对所听内容的猜测;在听当中对听不懂的词语或段落内容进行猜测;边听边记笔记等。在听力技巧的运用上,两组学生显示出明显的区别(见表5)。在预先猜测方面,不管是对所听语段大意的猜测,还是对对话中后一个人的应答语的猜测,或者是对听到的某一题材的文章中可能用到的句型和词语的猜测,善听者都明显优于不善听者,特别是“根据前一人所说的话猜测后一人要说的话”这一策略,善听者中有66.7%的人常常这样做,但不善听者中只有8.3%的人常这样做,差别非常明显。

在边听边记笔记方面,善听者经常运用此策略的比例也明显高于不善听者(33.3%对8.3%),后者中有半数人几乎是从来只听不记的,而善听者相对来说比较少(33.3%)。听中遇到生词或不明白的地方,善听者与不善听者处理的方式有所不同:前者主要依据上下文的语言环境(包括语气、语音、语调等)或查词典来解决;后者除了部分依靠上下文以外,放弃或根据自己生活经验猜测也是较常采用的方式。显然,影响听力理解的因素除了学习者的语言水平以外,策略运用也是不可忽视的。后者尤其需要在我们的听力教学中引起重视。

表5　认知策略·听力技巧

		经常	有时	不	
根据答案选项,猜测内容大意	善听者	58.3%	41.7%	0.0%	
	不善听者	25.0%	75.0%	0.0%	
		经常	很少	几乎不	
根据前文,推测别人要说的话	善听者	66.7%	25.0%	8.3%	
	不善听者	8.3%	58.3%	33.3%	
		经常	很少	几乎不	
根据内容,猜测词语和句型	善听者	33.3%	41.7%	25.0%	
	不善听者	16.7%	50.0%	33.3%	
		根据上下文猜测	跳过	马上查词典	
遇到生词	善听者	58.3%	16.7%	25.0%	
	不善听者	50.0%	33.3%	16.7%	

续表

		根据上下文猜测	根据说话人的语气猜测	根据自己的经验和知识猜测	以上方法都用
遇到不明白的地方/内容	善听者	50.0%	25.0%	0.0%	25.0%
	不善听者	33.3%	16.7%	25.0%	25.0%
		经常	偶尔	几乎不	
边听边记笔记	善听者	33.3%	33.3%	33.3%	
	不善听者	8.3%	41.7%	50.0%	

3.3 情感策略

情感因素可以成为语言学习的动力，也可能成为语言学习的阻力。在听、说、读、写四项语言技能中，听力可能是受情绪影响最大的一项。因为听话或听录音时，声音稍纵即逝，而说、读、写的时间压迫感则没有听力来得那么强。更由于听者既无法控制说话者的语速，又无法控制内容和语言形式的繁简，因此一旦受外界因素干扰（如环境噪声的干扰）或遇到理解困难时，听者极易产生紧张、烦躁、不安的情绪（焦虑感）。因此，有效地控制听时的情感因素，尽量减轻情绪压力，这对听力理解效果的提升是非常重要的。

下面表 6 的调查结果显示，在紧张度方面，听不懂时经常紧张和不紧张的善听者的比例都比不善听者高，分别是 50%对 41.7%和 25%对 8.3%，看上去似乎经常紧张的人，不善听者比善听者还要少些，但不紧张的人，善听者明显比不善听者多。若把经常紧张和偶尔紧张两项相加，不善听者在听时的紧张度高于善听者：91.7%对 75%。可见，在听时的紧张度方面不善听者高于善听者。认为心情会影响到听力成绩的人，两类学生几乎相同，都达到了 91%以上。在情感策略的使用方面，两类学生略有差异。善听者较少或从不（两者相加为 83.3%）鼓励自己，而不善听者有近一半人在听时经常鼓励自己。这是因为善听者听时遇到的困难相对于不善听者来说可能较少，所以客观上会导致较少使用鼓励自己的策略。

表 6　情感策略

		经常	很少	从不
鼓励自己	善听者	16.7%	58.3%	25.0%
	不善听者	41.7%	41.7%	16.7%

续表

		经常	有时	几乎不
跟别人讨论听后感受	善听者	16.7%	50.0%	33.3%
	不善听者	25.0%	58.3%	16.7%
		经常	偶尔	从不
听不懂时紧张	善听者	50.0%	25.0%	25.0%
	不善听者	41.7%	50.0%	8.3%
		很大	有一点	没什么影响
心情影响听力成绩	善听者	33.3%	58.3%	8.3%
	不善听者	50.0%	41.7%	8.3%

3.4 对听力的需要和困难的认识

我们的调查显示，两类学生在对听、说、读、写、译五项技能需要的排序上基本一致，听力都处于前两位，甚至超过了阅读，这和高彦德等(1993)的调查结果基本一致。而在大部分的对外汉语教学单位，听力课却总是处在一种副课的地位，这不能不引起我们的重视。

表7　五项技能的需要程度排序

排序	1(并列)	2	3	4(并列)
善听者	说	听	读	写/译
不善听者	说/听	读	写	译

下面表8是对造成听力理解困难的因素排序，两类学生在前两位上有差异，善听者大多认为生词多是阻碍听力的最大困难，而不善听者则认为速度是最大困难。根据前面的调查，不善听者所遇到的速度问题，也许正是和他们在听的过程中依靠母语翻译、不能有效地使用一些听力技巧有关。善听者由于较好地排除了母语的中介作用，并能较好地使用一些听力技巧，因此在速度的适应性上会比不善听者更强一些。这样一个排序告诉我们，在听力教学中要针对学生的最大困难，重点加强培养他们在听力过程中对速度的适应性，并扩大学生的听力词汇量，训练学生在上下文中理解词语的技巧，如猜测、联想、跨越障碍等。

表 8 造成听力理解困难原因的排序

排序	1	2	3	4	5
善听者	生词	速度	发音	内容	其他
不善听者	速度	生词	发音	内容	其他

四、调查结果对听力教学的启示

对听力课的地位和作用，目前流行的看法是，听力课是副课，必须依附于先行的主导课程（杨惠元，1996；李红印等，1998）。在这种思想指导下的听力课是一种纯粹的技能操练课，不承担词汇、语法等的学习任务，只要求反复听，听懂为止。而调查表明，善听者不但重视对语言意义的理解，也非常重视在听的过程中学习语言形式。这提示我们，在听力课上，还应重视学生对语言形式的学习和掌握，形式和意义都不能偏废。

我们在调查中还发现，不少学习者在听力中处于被动状态。他们听前没有目的和计划，听后无总结分析和归纳，听的过程当中也不能对所听的内容和自己的理解进行不断的监控和检查修正，又无主动记笔记的习惯。在听的整个过程中好像很专心，而实际效果却很差。Vandergrift（2000）、吴勇毅（2003）等都指出，听力理解是一个极其复杂的主动过程。在这一过程中，学习者不应该处在被动状态之下。在听力教学中，教师要充分发挥学生在整个听力活动中的主动性，培养学生对听力过程的自我管理和控制能力。教师还应着意安排学生进行听前预测和听后自我评价的训练，在听当中要提醒学生根据上下文内容对前面理解的内容重新进行思考，并且在听力课上进行一些有针对性的听力技巧训练。

参考文献

高彦德，李国强，郭旭. 外国人学习与使用汉语情况调查研究报告[M]. 北京：北京语言学院出版社，1993.

李红印，陈莉. 论汉语听力课的设置和教学[J]. 北大海外教育，1998(2).

沈燕. 谈汉语听力教学中的针对性[A]. 对外汉语教学探讨集[C]. 北京：北京大学出版社，1998.

吴勇毅. 听力理解与汉语作为第二语言（CSL）习得[A]. 对外汉语研究的跨学科探索[C]. 北

京:北京语言大学出版,2003.

杨惠元. 汉语听力说话教学法[M]. 北京:北京语言文化大学出版社,1996.

Huang, X. H. & Naerssen, M. V. Learning strategies for oral communication[J]. *Applied Linguistics*, 1987(3).

O'Malley, J. M. & Chamot, A. U. *Learning Strategies in Second Language Acquisition*[M]. Cambridge: Cambridge University Press, 1990.

Oxford, R. L. *Language Learning Strategies: What Every Teacher Should Know*[M]. New York: Newbury House, 1990.

Starr, Don. *Some Issues in the Teaching of British Students at Chinese Universities*[M]. Oxford: Oxford University Press, 2000.

Vandergrift, L. 第二语言听力理解中的学习策略培训[J]. 方申萍译述. 国外外语教学,2000(4).

(原文刊于《汉语学习》,2006 年第 2 期。合作者陈钰)

意大利学生汉语口语学习策略使用的个案研究

摘　要　本文针对意大利学生汉语学习策略的使用情况，采用访谈等手段进行定性的个案研究，主要讨论意大利学生在汉语口语学习中所使用的学习策略及其表现，发现了一些规律。例如在汉语作为外语的环境下，好的学习者大都会采用一种“寻找和建立固定的语言伙伴”的学习策略。作者指出，个案研究作为一种研究范式，可以跟大样本的定量研究产生互动，相互印证，以便在普遍性和特殊性两个方面加深我们对研究对象的认识。

关键词　意大利学生　汉语学习策略　个案研究　口语学习

在对外国留学生汉语学习策略使用的总体趋势进行大规模定量研究的基础上（吴勇毅，2007），我们又专门针对意大利学生汉语学习策略的使用情况进行了定性的个案研究。目的是深入了解并探索汉语学习者学习策略的使用特点和规律，尤其是在目的语环境下（汉语作为第二语言：CSL）和非目的语环境下（汉语作为外语：CFL）学习策略使用的异同。“个案研究的长处是集中、深入地调查一个或几个个体对象：可以是一个人，也可以是一个班、一个学校等。”（刘润清，1999：135）通过个案研究，我们不仅可以找出或者确认学习者使用的学习策略及其使用的原因，而且可以通过学习者自己的描述，深入探究他们学习和习得汉语的过程以及语言能力的发展轨迹。

一、研究设计

1.1 研究对象的确定

首先，我们从进入大样本研究（吴勇毅，2007）的535名学生中选出意大利学生，共52人，接着把研究对象“聚焦”在意大利某大学中文系和翻译系的学生（共46人）身上。之所以选择他们，一是因为他们都是国外大学中文专业或翻译专业三年级的学生(来中国时均为大三上学期),具有中级汉语水平(已经可以用目的语——汉语进行访谈),是比较整齐的学习群体;二是因为他们都同时具有在非目的语环境(汉语作为外语)和目的语环境(汉语作为第二语言)下学习汉语的经历和经验。这些学生是在典型的非目的语环境下从零起点开始学习汉语的,大学三年级时学校要求他们必须要去目的语国(中国)进修三个月以上,这样他们就具有了两种不同学习经历和经验,而且在目的语国进修也不是仅仅几周的所谓"短期体验"。他们的这种经历和经验为我们的研究提供了非常有利的条件,使我们可以对比他们在两种不同的学习环境下的学习行为。最后我们把目标"锁定"在四位学生身上。他们是 XC、ML、HL 和 XY,三男一女,学习汉语的时间为两年半左右,分属大学中文系和翻译系,年龄在 20 至 21 岁之间,家中无华裔背景,也无他人学习汉语。他们都是班上学习努力且学习成绩比较优秀的学生,具有学习其他外语,比如英语的经验。

1.2 材料收集和研究方法

材料(data)收集的方法和手段主要是访谈(interviews),以及问卷调查和课堂观察,还包括作业、考试卷等。我们在进行了大样本的问卷调查和分析之后,又对一部分意大利学生就他们的学习方法和策略进行了开放式访谈(open interviews),访谈者对访谈内容有选择地做了笔记,整理后形成核心问题和假设;在此基础上再对这四位学生进行半开放式访谈(semi-open interviews)。对每位学生的访谈都单独进行,时间约一到一个半小时。整个过程都进行了录音。访谈者根据事先准备好的核心问题(根据文献阅读、开放式访谈和访谈者的研究重点所做的准备)跟学生敞开交流,学生主要采用内省(introspection)和追溯/回忆(retrospection)的方式口头陈述(verbal reporting)。"交谈这种形式的最大优点是对学习策略丰富细致的描述,学生的交谈动机较强,因为他人对他们学习过程有兴趣,这会使学生非常高兴。"(林立,1999)

为增加调查分析信度,每次访谈都有两位访谈者参加,一位跟学生交谈,另一位主要是观察、倾听和记录。访谈结束后,我们把所有的录音转写成文字材料。转写工作量是巨大的,通常一个小时的录音需要近 5—7 小时转写(刘润清,1999:85)。我们的工作更复杂一些,因为学生的汉语水平不是很高,有的话语显得支离破碎,给转写带来了许多困难。

与国内英语教学界调查中国学生的英语学习策略相比，我们对外国学生汉语学习策略的研究显得更加困难一些。比如英语教学界进行访谈时，大都采用的是学生和访谈者共同的母语（汉语），而非目的语（英语），学生跟访谈者之间的交流毫无障碍。而我们的访谈，无法用学生的母语——意大利语进行，只能用学生的目的语——汉语。即使是中级水平的学生也还不能用汉语完全自如地理解和表达，有时我们要从不连贯，甚至是支离破碎的语言中把学生的思维连贯起来，这并非易事。这不仅要求访谈者对学生有比较深入的了解，能对访谈中出现的不清楚的地方进行仔细的、有技巧的追问，还要能对转写出来的文字材料做出切合学生实际的分析，并做出符合逻辑的猜测和推理等，这对访谈者就提出了更高的要求。尽管存在许多困难，但访谈仍然被国内外许多研究者视为第二语言习得研究中非常有用的手段（Seliger & Shohamy，1989：166－169）。

在材料描写和分析时，我们主要采用对比的方法，看学习者在不同的社会环境和语言环境下学习策略使用的异同，同时也跟中国学生学习英语的方式进行一些比较。本文是整个个案研究的一部分。

二、汉语作为外语与汉语作为二语的学习环境

2.1 汉语作为外语（CFL）的学习环境

首先从社会/课外环境看。就汉语学习的大环境，或者指课外环境来说，在意大利，乃至绝大部分其他国家，除了在中国饭店或华人开的商店偶尔可以说一下汉语以外，几乎没有任何可以在社会上使用汉语的机会。我们的访谈对象 HL 和 XY 是这样描述的："一般来说，我们可以在我们，在中国饭店可以用汉语说，但是别的机会我觉得没有了。""有中国人的饭店，也有商店，我们去那儿练习我们的汉语，但是他们在工作，所以他们不，不愿意跟我们说话。"XC 的情况略有不同，他住在波伦尼亚附近的一个叫作萨维亚奴的"非常非常小的城市"，据他描述，这个城市有很多中国人，主要是福建人，但会说普通话，因此他可以跟他们接触。可事实上，XC 平时主要在外地学习，只有周末和假期才回去。

当问及在意大利有没有机会看中国电影或电视时，学生的回答基本上都是有机会看中国电影，但都是翻译成意大利语的，"没有字幕，尤其是中国的电影，因为

有很多人不会说"(ML)。至于电视，有的说"意大利没有中文的电视"(XY)，有的知道或听说过有中文台，但没看过(笔者在意大利的中国饭馆，看到过 CCTV－4 的节目，但是是有线电视，需付钱安装租看)，只有 XC 有时候去中国饭馆看：

> 我去……中国，中国饭馆的时候，嗯……，如果有别的意大利人，他们在……电视里有意大利的，意大利的，但是，如果，我，所以我去，比如说，很，很晚，没有意大利人，让，嗯……中国，中国人，放那个中国电视。

汉语作为第二语言(CSL)和汉语作为外语(CFL)的学习环境的巨大差异在国外教过汉语的老师都会有所感受。笔者在法国执教多年，对此深有体会。一二十年以前的巴黎，除了"中国城"(唐人街)和中国人的会馆，很少能听到有人说汉语。改革开放以来，随着中国经济的发展，去国外学习、经商、旅游甚至移民的中国人越来越多，在法国有了许多中文导游，许多商店，甚至著名的大商场也有了中文导购，同时也有越来越多的法国人学习汉语，但使用语言的社会环境从本质上说并没有发生多少变化。

在汉语作为外语的环境下，汉语教师，尤其是汉语作为本族语的教师(Chinese native speaker)，不仅是语言知识和语言技能的传授者，更是教学的资源，是信息的咨询者和汉语的操练者，他们是教师，但同时也是学生潜在的交际对象。可事实上，教师课后一般很少跟学生接触。尽管有所谓规定的"办公时间"(office hours)，每个星期一两个小时，教师守在办公室，学生有问题可以找老师问，但实际上学生由于各种原因，比如课程时间冲突等，并不常去找老师。XY 就明确表示不常去，有问题在课上问。HL 则说，没有太多机会跟中国老师谈话，只是有时候有。有什么不明白的，他喜欢下课的时候就问老师。

在课外的学习材料方面，学生除了一盘老师给的课文录音磁带以外，没有任何听力材料。当问到除了课本以外，有没有机会看中文的报纸、杂志等东西时，ML 说："在火车站很容易得到这个报纸(放在火车站随便拿的免费的中文小报之类的东西——本文作者注)，但是我觉得太难。"XC 可以说是接触中文报纸最多的，他每周会看两三次中文日报，也知道有《人民日报》，但他承认看报纸非常难，需要很长时间，要几个小时才能看一页，所以只能是有的时候看一下。而课本则是每天都看的。

从学生的描述中，我们基本上可以得出这样的结论：在汉语作为外语的学习环境下，学生基本上没有使用汉语的社会环境，可能的地方只有在中国饭馆等。看的中国电影是翻译的，电视基本看不到。课后跟汉语老师接触的机会也不多，课本和一盘录有课文的磁带（当然还有词典等）几乎就是学生全部的学习资料。与中国学生在中国学习英语（英语作为外语，EFL）相比，学生在意大利学习汉语的社会环境可以说非常差，非常“恶劣”。

其次从课堂环境看。在访谈中我们了解到，在大学教授汉语的老师分为两类，一类是以汉语为母语的中国人/华人（普通话程度不一），另一类是汉语为非母语的意大利人。有些课程是中国人/华人上的，例如口语（听力通常不单开课，包含在口语课里）、阅读等，而另一些课则是意大利人上的，例如汉语语法课（从一开始就是一门单列的课）、古汉语、翻译课（笔头汉译意）等，这些课几乎都是用意大利语上的，也就是说，课堂用语是意大利语。除此以外，所有关于中国的课程，如历史、文学、哲学等也都是用学生的母语（意大利语）教授的。即使是中国人/华人上的课，老师也常常说意大利语，尤其是用汉语“讲不清楚”的时候，而学生遇到难的问题也用意大利语提问。更有甚者，据 XY 描述，如果他们有语法问题，不问中国老师，而“应该问我们的意大利老师”。问为何如此，XL 的回答是，老师说“他/她不知道，最好你问意大利老师”。在这样一种课堂环境下，学生的汉语输入，特别是有效的、可懂的汉语输入非常有限。而同学之间使用目的语的互动更是少得可怜。

2.2 汉语作为二语(CSL)的学习环境

在汉语作为外语的环境下，学生主要是通过课堂学习汉语；在汉语作为第二语言的环境下，学习者有两种选择，一种是在自然的环境中习得汉语，不进课堂。我们常说有的外国人说的是“马路汉语”，指的就是这种情况。这类学生若后来进了课堂，有的教师会觉得这种“夹生饭”很难再“煮熟”。另一种是学习者进课堂学习汉语，但下课后可以沉浸在汉语的社会环境里，可以在生活、学习和工作中直接并大量地跟中国人交际，学了就用，或边用边学。（吴勇毅，2006）

在课堂教学中，教师都是以汉语为母语的人，课堂教学语言均为目的语——汉语，非到万不得已，教师通常不会使用学生的母语进行教学（多国学生的混合班客观上也不允许如此）。这样一来，课堂教学的汉语输入量就非常大，尽管课堂的语域有限，但学习者还是“泡”在目的语环境中，课堂环境与社会环境形成了互补和互动。

三、口语练习策略

3.1 语音练习

我们的研究对象都是在非目的语环境下开始学习汉语的，也就是把汉语作为外语来学习。通常认为汉字是西方学生学习汉语的难点，我们的调查对象对此虽予以肯定，但他们认为，发音，尤其是声调才是开始学习汉语时最难的："汉字，对对，有点难，但是开始的时候，最难的是发音。你（要）听懂（别人）怎么说（说什么），我就解释（解决）这个困难，克服这个困难。"（ML）"第一门（节）课我觉得很难，因为有很多的词都读一样的，还有一样的发音，不一样的词，很难很难。"（XY）

从学生的描述中，我们大致可以看出他们学习和练习语音的"轨迹"和方法。首先是重视发音，一开始就学得非常认真：

> 我注意，我很注意每个生词的发音。比如怎么说，exaggerate（夸张，用很夸张的方式练习发音——本文作者注），所以我觉得这是一个好办法。很容易忘记你该怎么说，但是我一开始学习就学得很认真。（ML）

课后由于无法从更多的中国人那里直接获得帮助（这跟在中国国内学习很不相同），他们主要依靠听磁带或其他辅助工具（如"文林"学习软件）来模仿和练习发音：

> 我们的口语老师给我们一盒磁带，我们可以用这个磁带学习大课的课文，所以我觉得可以练习发音。（我）经常听磁带啊。（访谈者问听磁带怎么知道自己读得对不对）一般来说我第一次听磁带，听录音，第二次我看课文，第三次我一边听录音，一边看课文，所以我可以知道有什么错误。（HL）

其次，他们有很强的"自我监控"意识，采用元认知策略。在练习过程中能发现自己的错误，自我矫正语音（以老师的发音、磁带、"文林"等设立比照的标准）。有的模仿和练习时，能够主动运用"夸张"的方式"矫枉过正"地练习发音；有的能把看（课文）、听（磁带）和（自己）念结合起来，用磁带为标准监控自己的发音。他们都喜欢采用大声念课文的方式练习语音："我听'文林'的发音，然后我读课文，我 aloud（大声地念）"（XY），认为"大声念课文很有用"（HL）。从认知心理学的角度看，大声念课文的实质是进行“自我监听”，让耳朵听到的自己的“发音”与大脑的“心理印记”进行比照，它不仅可以改进自己的发音，也可以增加对“外来”语音的敏感性。发音的练习即使在语音阶段结束后也还要持续下去。

来中国学习后，在目的语环境下，学生不再采用听磁带练习发音的方法了。当问及在中国学习跟在意大利学习有什么不一样时，HL说：

有一个区别，是我不可以(不需要/没有必要)用磁带练习我的发音。

全汉语的课堂环境加上课后可以在真实的环境中跟中国人直接接触，可能是学生认为不需要或者没有必要再跟着“无人”的磁带模拟练习发音、训练听力的原因之一，因为以“实战”代替了模拟。这似乎也可以解释为什么在中国学习汉语(CSL)的外国留学生对磁带和语音实验室的要求(除了为了准备类似HSK那样的考试以外)并不如在自己国内学习汉语(CFL)的学生那么强烈的原因。

在实际的教学过程和跟外国人的交往中，我们不时会发现有的西方人汉语的发音特别“漂亮”(ML就是其中的一个)，而他们之前却从未到过目的语国家和地区学习；相反，在目的语国家和地区从零起点开始学习汉语的众多学生中，发音很好的却并不多见。这一方面是因为语音教学“近年来因诸多原因，重视不够，有滑坡现象，最明显的是语音教学阶段被缩短，以至于不复存在”(赵金铭，2006)；另一方面，通过访谈我们也了解到，学习者之所以改变学习策略，学习环境起了重要的作用。在非目的语环境下，由于学生无法在社会环境里从汉语为母语者那里直接获得帮助和检验(自己的发音中国人听得懂听不懂)，因此他们会更多地依靠录音磁带等反复地孤立地模仿练习语音，若能持之以恒，效果自然显现。而在目的语环境下，学习者能够在社会环境中接触到大量的中国人，生存、学习和工作的需要又使得他们必须用汉语去完成交际任务，从某种程度上说，由于中国人大都能听懂不标准的“外国口音”(国人自己也存在带方言音的普通话)，且对这种“外国口音”持宽容的态度，加上学习者又满足于“中国人能听懂就可以了”的状况，使得他们不太讲究并刻意追求“标准语音”，有的甚至还会故意模仿方言普通话的某些特征。

3.2 汉语作为外语环境下的口语练习

在汉语作为外语(CFL)的环境下，学习者不可能像在汉语作为二语(CSL)的环境里那样，“沉浸”在目的语的“海洋”中，出门就能碰到中国人，就能用汉语跟他们交际。由于没有多少机会跟以汉语为母语者进行接触，这就使得汉语口语练习或训练成为绝大多数学习者的一道难题，就如同中国人在国内学习英语所遇到的问题一样，甚至更难。作为比较优秀的汉语学习者，我们的访谈对象是如何解决这个难题、跨越这道坎的呢？

首先是充分利用有限的课堂环境开口说话。“我觉得最重要的事情就是上课，我不上课的时候我有很多的问题，我有问题的时候我在课的时候（问）。”“我跟（在）我上课的时候练习（口语）。……我，常常举手。因为有机会的话，我就用那个机会。”（XY）ML 还抱怨上课的时候老师说得太多，“大多的时间”是老师说，“我们没有机会进行汉语会话”。上课积极开口说话是大多数成功的学习者所采取的策略，但也有例外，比如 HL，他性格比较内向，自认为最喜欢写和读，最喜欢笔译，不太喜欢说。在课堂上，他不常提问，“有什么不明白的，我下课的时候就问老师”。对老师的提问，他认为可以回答，但不喜欢回答。来中国学习后，据笔者的课堂观察，HL 从某种程度上可以说是一个“积极的静默者”。别的同学在回答老师的问题时，他的嘴唇也一直在动，这说明他在积极主动地默默地自我回答。尽管 HL 在课堂上不常发言，但是，他对口语练习有着清楚的认识：

一般来说，不太喜欢说，不说太多啊，但是说汉语也很有用，所以我要说，我有机会就说啊。

他的课外表现（主动找华人朋友一起活动等）也证明了这一点。在文秋芳（1995）的研究中，一个不成功的英语学习者（中国学生李华）在谈及自己的口语练习时是这样描述的：

我不愿在课堂上回答问题，有时知道了答案也不想讲。课外我也不练，因为根本没有说英语的环境。偶尔，我会对自己讲。

HL 跟李华有明显的不同，尽管他们在课堂上都不愿开口，但一个积极一个消极。HL 是一个学习成绩很好的学生，是一个成功者。

在汉语作为外语的环境下，课堂的口语操练是非常有限的，想要提高自己的口语能力就必须另辟蹊径。在课外，我们的访谈对象会主动地寻找机会操练汉语，最典型的方式是去中国饭馆吃饭：“在中国饭店可以用汉语说”（HL），“（可以说汉语的地方）有中国人的饭店，也有商店，我们去那儿练习我们的汉语”（XY）。ML 强调自己每隔两个星期去一次中国饭馆，“在中国饭店吃饭，我总是用中文点菜”。采用这种方式跟中国学生在中国学习外语的情形很不同，中国学生课外不大会专门去找外国人开的饭馆吃饭以练习英语或别的外语，他们喜欢搞类似"英语角"之类的活动。除此以外，XC 还会主动到自己城市的"中—意中心"去跟 5 到 18 岁的中国孩子玩儿，打篮球和乒乓球，利用这种机会跟他们谈话。

在文秋芳(1995)的研究中，王红是一个成功的英语学习者，当被问及如何提高自己的口语能力时，她是这样描述的：

> 我上课非常积极，因为我认为这是练口语的好机会。我也喜欢和同学或老师说英语，我还喜欢自己对自己说英语。有时我在厨房一边做家务一边说英语，妈妈听到奇怪的声音时，以为我在和她说话，她就从房间里大声问："你在说什么？"我认为自己对自己说英语是练习口语的好方法。

同样是成功的学习者，同样是在外语的环境下，我们的研究对象跟王红有共同点，如上课积极、喜欢说外语等，但也表现出差异和不同特点，比如王红主要是跟同学、老师或自己操练口语，而我们的研究对象则"外出觅食"，更倾向于寻找说母语者操练。有时他们也会在课外跟自己的同学说汉语，但这种活动并非操练课文(这跟中国学生之间常以操练课文内容为主的练习不相同)，而是更具有交际性。典型的例子是：

> 在意大利跟我的朋友，如果我们有秘密，我们用汉语说那个秘密。……有一次我的朋友爱丽莎来都灵看我，我们跟别的意大利人(在)一起，她要跟我说秘密，她就用汉语，我跟她回答汉语。所以越 useful 越方便。(XY)

在一群意大利人中，两个女孩子用汉语说"秘密"，这不仅使她们尝到了学习和使用汉语的"甜头"，也使得她们有一种与众不同的感觉，这种感觉会让她们觉得很满足和惬意，反过来变成一种动力又促进她们更努力地学习汉语。

在文秋芳的研究中，李华和王红都会自己对自己说英语，比如在屋子里自言自语或对着镜子说。当我们问及学习汉语时会不会采用这种策略，我们的访谈对象对此都予以否定。这或许是由于文化差异造成的。

背诵课文被许多教师认为是第二语言/外语学习中增强语感、习得句子结构和短语、提高口语流利程度的重要方式(胡春洞，1996；曹怡鲁，1999；邓鹏鸣，2001；丁言仁、戚炎，2001；董卫、付黎旭，2003)。但我们在访谈中发现，访谈对象基本上都不喜欢也不采用背诵课文的方法提高口语能力，而更多的是(大声)念课文。他们有的明确表示"从来不背"，有的说"我没有这个本领"。尽管不背课文，但 ML 表示，"有的句子我喜欢背。最重要的，我常用的句子，我喜欢背"。显然，ML 是有重点有选择地背句子。徐子亮（1999）对 60 个外国学生（其中韩、日 34 人，非汉字圈国家 26 人）的调查显示，每篇课文都背的只占 3.3%（2 人），有选择地背诵占 31.7%（19 人），完全不背诵占 65%（39 人）。可见背课文不是大多数学习者常用的学习策略，尤其是欧美学生。这跟有些研究中报告的中国学生学习外语常背课文形成了反差。

由于课堂的口语操练极其有限，学生想要提高自己的口语能力就必须另辟蹊径。在访谈中我们发现，作为比较优秀的学习者，他们还有一个突出的特点，或者说他们不约而同地采用了一个共同的学习策略，即"寻找和建立固定的语言伙伴"。为了学习外语而建立相对固定的语言伙伴关系，这种策略的突出运用，在我国英语教学界的英语作为外语（EFL）的学习策略研究中未见报告，对外汉语教学界也是第一次。

ML 告诉我们，有一个从北京来的女孩子在他住所附近的酒吧工作，他就常去酒吧，和她交朋友，几乎每个周末的晚上都去，跟她说汉语。XY 也有一个台湾朋友，在同一所大学学习，她们有一个学期住在一起，平时常说汉语。XC 说，在他的城市里（一个有着许多来自福建的中国移民的小城）有一个"中—意中心"，中国孩子在那里可以学习意大利语，可以打篮球和乒乓球等，他就"去那儿和他们一起打和谈话"。另外他还有一个"非常好的朋友"，父母在中国曾是老师，他"就去他的家吃饭，跟他们一起谈话"。XC 跟他的中国朋友在一起的时候，一般是"他说意大利语，我说汉语"，即双方说各自的目的语，因为一个要练习说意大利语，一个要操练汉语。说的时候他们互相纠正对方的语言错误，这实际上是采用一种"互为交际对象，又互相监控"的目的语学习策略。HL 则有几个比较要好的华人朋友，他们小时候就到了意大利，汉语和意大利语都很好，HL 常常跟他们见面，一起出去玩儿，去买东西什么的。HL 说："他们会说意大利语，但是我们见面的时候，我一般试一试用汉语跟他们说（话）。……我说汉语，他们也说汉语。只有我不知道，我不明白，他们就，他们才第一次试一试用汉语解释解释，第二次我还不明白，他们就用意大利语。我觉得很有用。"

显然，寻找以汉语为母语的人作为语言伙伴，建立一种相对固定的关系，一方面是为了交朋友，更主要的是为了学习和操练汉语。比如 XC 就认为，要使口语和听力有比较大的进步，就要跟中国人“说得很长时间”，这样才可以“提高得多”，而在意大利，不采用这种策略，就没有多少机会练习听说：

> 如果你没有中国朋友，嗯，机会没有。这是，我想这是我们的，我们到这里(中国)的水平，嗯，汉语水平那么低的原因。因为你，嗯，如果你只学习语法，或者汉字，你所有的规则，你知道，但是你不可以(不会)说。(如果)你说(汉语)的话，你(就可以)听他们的，他们的语法，他们的话，然后可以明白，可以学习。(XC)

在汉语作为外语的环境下，也就是说，在学习者自己的母语环境中，能够采用一种特殊的社交学习策略，与汉语为母语者建立某种相对固定的联系，是比较优秀的汉语学习者的一种具体表现，也与他们所具有的强烈的学习动机相关。

3.3 汉语作为二语环境下的口语练习

从调查中我们发现，学生在汉语作为第二语言/目的语环境下练习口语，除了课堂以外主要有三种形式，一是跟中国朋友交往，二是跟社会上的中国人接触，三是跟其他国家的留学生交流。下面我们分别讨论这三种形式。

XC来中国以前就有一个安排或者说计划：“只有 个(计划)，出去的时候，嗯，跟中国人出去，不要只跟意大利人。只有这个。”来中国以后，XC和他的同学马上主动地出去交友，采用的方式是去学校的足球场踢足球：“我们到这里的时候，马上去踢足球。在那儿有很多中国人，去和他们认识。”通过这类方式，XC认识了一些中国朋友，他们中有大学生也有公司职员等。XC每周跟他们见两三次面，大家一起吃饭、踢足球、出去玩儿什么的。HL、XY和ML也都有类似的报告。他们跟中国朋友见面的频率是相当高的，从每个周末见面到每天见面都有。当然见面时的交流工具主要是汉语，对我们的研究对象来说，也就是进行口语和听力的实际训练。在长期的教学实践中我们发现，有一些外国学生来中国后，仍然生活在“外国人”，甚至“本国人”的圈子里，他们很少交中国朋友、很少跟中国人交往，甚至连其他国家的留学生也很少接触，这种“封闭”所造成的“环境”，除了在外出办事时不得不用汉语以外，近似于在国外(学生自己本国)学习汉语，其汉语水平的提高与那些积极交中国朋友、跟中国人交往的学生相比，就差了许多。HL这样描述他跟中国朋友的交往：

(我)有一些中国朋友。我每个周末跟他们见面。他们一般跟我说汉语，我也跟他们说汉语。我觉得也是很有用的练习。(当问到跟中国朋友在一起一般做些什么时)跟，跟不同的朋友做不同的事情。比如说，我的一些朋友问我，问(让)我帮助他们提高他们的英语水平，所以我们周末的时候，说汉语也说英语，也说一些翻译。

在跟中国朋友交往时，HL要练习汉语，他的中国朋友有的也要练习英语，因此他们有时会采用"交换学习"的策略，"说汉语也说英语"。但英语并非是HL的母语，而是他的外语，因此他能用于交换的"资本"有限，恐怕更多地是中国朋友帮他练汉语。当ML被问及是怎么练习口语的，他跟访谈者有这样一段对话：

访谈者：那么你是怎么练习口语的呢？

ML：口语？跟中国朋友说话。但是我让他们给我帮助。如果有的点(地方)我不太清楚，我请他们解释一下。

访谈者：是你听不懂他们的话还是你不知道怎么说？

ML：如果不知道怎么说，有的时候我就用中文，哦，用英文。

访谈者：如果你不知道怎么说，你就用英文？

ML：对，然后问用中文怎么说呢。

访谈者：那你不会用别的话告诉他吗？

ML：可能，可能这样。

访谈者：但是如果还是不清楚你就说英文，然后让他们用汉语告诉你。

ML：最坏的办法是用英文的。

访谈者：那么他们说话你听不懂，你怎么办？

ML：我说，请你再说一遍，慢一点。

访谈者：还是不懂呢？

ML：再说一遍。每次我让他们用别的话解释相同的意思。

访谈者：如果中国人听不懂你的话，你会不会用手势啊什么的，跟他们说？用你的表演？

ML：对，我常常用。

从ML的话语中，我们可以归纳出这样几点。首先，ML很清楚地指出他练习口语采用的方式是"跟中国朋友说话"。其次，在遇到表达困难时，他会采用"补偿策略”或是换一种表达方式，即用别的话说，或是用手势等帮助表达，实在不行再用英文。但在 ML 的元认知层面，他清楚地意识到用英文是“最坏的办法”（且英语也并非是他的母语），是不得已而为之。即使是用了英文，也还要再追问“用汉语怎么说”，显然这是为了学习的目的和需要。第三，在理解遇到困难时，ML 会请对方放慢速度，再说一遍（使用“社交策略”），但再说一遍，并不仅仅是简单重复说过的话，而是“每次我让他们用别的话解释相同的意思”。

如果说频繁地跟中国朋友交往进行口语训练是一种学习方式，那么通过各种活动（或者说“任务”）广泛主动地在社会上跟中国人接触操练汉语又是另一种学习策略。比如 XY 就明确地说：“我们去商店的时候，我们试一试聊天，但是我们不是跟他们朋友。”在目的语环境下，练习说汉语的机会比比皆是。在商店里，“你去买东西的时候，你要说汉语”；“跟你的邻居你要说汉语”（学生住在校外的居民区）（XC）；在出租汽车上，“我常常问他（司机）问题，我问这条路叫什么名字，在上海出租汽车多少，我问问题。有的时候有中国人问我问题：你们是哪个国家，你会说汉语（吗），你在哪儿学习汉语，常常，等等”（XY）。下课以后避免总是泡在本国人的圈子里，尽量出去活动，“跟中国人说话”。XC 自称他每天课外要说“4 个、5 个小时”汉语：

> 我出去的时候总是说汉语。因为我出去的时候，我不太喜欢跟别的意大利人说意大利语。……如果我们意大利人一起，我们都是意大利人，我们说意大利语。

利用各种机会有意识地操练汉语，尽量用汉语做各种事情，完成各种“任务”（比如租房子、买火车票和飞机票、看文娱体育节目、安排旅行、陪同来中国看他们的亲朋好友玩儿、去市场买东西讨价还价等等），在真实的交际环境中学习和练习汉语，不仅使学生的语感有了很大的提高，而且课堂学习的成效可以及时在课外“演练”的实践中得到检验，积极的反馈对学生的学习“士气”也是一种鼓舞：

> 我现在学习的时候，一学习就去外面练习，我可以马上知道我学好好地学习还是我不好学习（学得好不好），我马上试一试。觉得好。在意大利不一样。

我们发现，学生跟熟悉的中国人/朋友交往与在社会活动中跟其他偶遇的中国人交往有所不同，前者更多地侧重在学习汉语，而后者的交际性更强一些。比如跟熟悉的中国朋友交往时，学生在遇到理解困难时会要求对方再说几遍，反复说明解释，直到弄明白为止；在遇到表达困难时也会主动要求对方给予帮助，教给他/她汉语如何表达，这个怎么说，那个怎么讲，就像 ML 似的。但在社会活动中跟人交际时，或许是出于“礼貌”的关系，或许当时更需要保持交际的“畅通”，关注意思的沟通，学生似乎并不是刻意地“学习语言”，交际性在活动中表现得更为突出，“意义”是第一位的。

学生练习口语的第三种方式是跟其他国家的留学生交往。在目的语环境下学习汉语的学生通常来自许多不同的国家，操不同的母语（在非目的语环境下学习汉语的学生，比如在法国、意大利、德国等，通常比较单一，即使有一些别的国家的学生，使用语言也有相当的共同性，即使用所在国的语言，如在法国使用法语，在德国使用德语）。他们在学校学习汉语时，一般采用的是混合编班，即“联合国制”；在日常生活中，也大都住在一起（比如住在同一幢留学生楼），从某种程度上说，汉语是他们交流交往的“共同语”（另一种是英语），尤其是在非英语国家学生之间，或者英语国家学生与非英语国家学生之间。XC 这样描述：“我们有一个韩国人（朋友），我们总是（一起）出去，他听不懂意大利语，我们要说汉语。”留学生之间用汉语交流与留学生用汉语跟中国人交流有什么不同？我们发现一个很有趣的现象：

> 我不知道为什么，我们都是学生，我们都学习汉语。我觉得我跟中国人说话的时候，嗯……如果他用他地方的声音，比较难，听得懂比较难，跟别的留学生说话的时候我听得明白。（XC）

或许因为大家都是学生，语言水平有限，谈话所涉及的语域不宽；或许是大家都是外国人，生活在中国，社交活动的范围与主题有许多共同性；也或许是学生之间交流，不像他们跟中国人交际时那样总有某种怕“不被别人所理解或理解不了别人”的“担心”，没有任何的“焦虑感”，使得学生感觉，较之中国人说的带有方音或不标准的普通话，他们之间说的汉语反而更容易理解，他们之间也更容易沟通和表达。而事实上，他们所说的汉语“中介（语）”性质是很明显的。学生之间用各自的“中介语”交流，与学生用“中介语”跟以汉语为母语的人交流有着明显的不同。这种差异很值得我们进一步研究。

我们原以为，不同国家、不同母语的学生之间在用汉语交流时，由于彼此的汉语都不太“地道”，因此相互之间也就是能明白意思罢了，并不会注意语言（形式）本身，毕竟谁也不敢肯定自己说的句子都是对的。其实不然，除了课堂以外，在日常交往中学生之间(并不一定就是同班同学)也互相学习汉语,水平高的也会指出别的学生的语言错误。XC就说:“那个韩国人他的汉语比我们的好,所以他可以跟我们说,现在你(说)错了。”可见课外跟其他国家的留学生交往也是学生之间互相学习和练习口语的一种机会和方式。

四、口头交际中补偿策略与交际策略的使用

4.1 汉语作为外语环境下的策略选择

学生在运用汉语进行交际时,由于语言知识和技能有限,会碰到理解和表达的困难。通过访谈我们了解到,学生会采用各种“补偿策略”与“交际策略”来弥补由于当前汉语知识和技能的“缺失/缺少”所造成的交际和交流的困难。补偿策略与交际策略的使用可以使学习者在目的语知识和技能有限的情况下运用新语言。HL描述了他在意大利跟华人朋友交流碰到理解困难、听不懂时的做法(华人朋友先试着用汉语解释,他还不明白就用意大利语),以及他遇到表达困难时是怎么做的:

> 第一(次)我试一试用汉语解释我的意思是什么,没有成功的话,就用意大利语。一般用很简单的(汉语)词介绍我的意思是什么,大部分是同义词,但是有的时候,我觉得说一句话比较,比较有用。

从HL的叙述中,我们可以得知,当遇到理解困难(听不懂别人的话)和表达困难(别人听不懂自己的话时),他首选的是目的语策略,即请别人用汉语进一步说明,自己用汉语再“介绍”。若还不行,则改用母语。用汉语再“介绍”时,会使用同义词和同义句。

另外在访谈中我们还发现了一个非常有意思的现象。由于跟以汉语为母语者见面的机会不多且语言水平不高,为了达到学习和操练的目的,学习者想要或者在跟中国人见面时,会“预先”想好要说什么,以期交际能顺着自己预先“计划”好的路子进行并保持“畅通”和顺利。比如XY就说:“见面他/她(中国朋友)以前,我想一想我可以说什么。”这是汉语学习者,尤其是初学者一种非常重要的“有备防患”的交际策略。由于预先有所“计划”,想好自己要说什么,因此也会对别人可能说的话

语产生某种预期或期待。如果别人说的和自己想的对上“拍”(match)了,那就较容易理解或猜测意思;如果对不上“拍”,就会出现理解障碍。XC对此是这样描述的:

我说汉语的时候,要听别的人的话,我以前(预先)想他的意思,所以我等那种话,如果他说别的话,我有很多次听不懂。(访谈者:你等他的话,他说别的你就听不懂了?)有的时候,现在听得懂。但是我刚才(刚)到这里(上海)的时候,有很多时间听不懂,因为我等他的话。

4.2 汉语作为二语环境下的策略选择

来到中国以后,学生有了更多的跟中国人交际的机会。根据学生的描述,我们可以得知,当学生在交际中遇到理解困难时,一般都会主动向对方求助:

我问(请)他,嗯,再说一遍。或者用更容易的话,用我可以听得懂的话。(访谈者:那听不懂的话,你会不会让他用英语说?)如果他会英语的话。但是我的朋友们只有,只有一个会说英语。(访谈者:那你会不会猜他的意思?)会,会,因为你知道你跟别的说话的时候,你知道他的意思,他知道你的意思(彼此知道谈的主题是什么)。(XC)

与汉语作为外语的环境相比,学生所采取的求助方式似乎更多:(1)会要求对方再说一遍,说慢一点,即重复所说的话。(2)用别的方式、别的话解释相同的意思,包括要求对方降低语言难度,“用更容易的话,用我可以听得懂的话”说明。(3)如果对方的话全部听不懂,就请对方再说一遍;如果有个别词听不懂,则直接询问这个词的意思是什么。这是根据困难的大小和程度调整策略。除了向对方求助,还会:(4)根据当下双方谈话的话题和语境猜测对方的意思,或者为了达到学习和操练的目的,在跟中国人见面前,预先想好要说什么,以期在交际时对方能沿着自己预先“计划”好的路子行进,以“确保”自己能听懂对方的话(参见上文)。采用这种策略的“危险”是,一旦对方说的跟自己“预期”的不匹配,学生会云山雾罩,不知对方所云。在目的语环境下,随着语感的增强、语言水平的进步和语言技能的提高,这种“预设策略”的使用在逐步减少。(5)如果用目的语手段不行的话,学生会要求对方或对方主动地用英语解释,“那时候我问他们这个词的意思是什么。一般来说他们第一次用汉语解释,然后我还不明白的话,就用英语解释”(HL)。

根据笔者多年的教学经验和观察以及自己学习外语的体会,学习者在使用目的语跟操这种语言的本族人进行交际时，往往会采用一种“装懂策略”，即假装听懂了对方的话语（其表现常常是时而点头时而微笑时而嘴里发出表示同意的“嗯，嗯”等声音），使得交际不因自己总是/有时听不懂而中断（并非全都不懂，有时可能是几个词语，有时可能是几句话），而对方还以为你明白他的意思，继续滔滔不绝。在我们的访谈中并未得到外国学生自己使用这种策略的报告，倒是中国人在听外国学生说汉语时有这种情况：

> 有很多中国人，很多朋友们，他们听不懂的时候，他们不告诉我听不懂。嗯，他们继续继续（说），然后我问他一个事情，他说我没听得懂。所以，嗯，那个时候我用别的话可以说，有的时候没有办法，算了。（XC）

XC 在跟中国人的交际中注意到了这一点，他说的“中国话”中国人听不懂，可又不告诉他，直到他发问时，才明白对方不知其所云。这种现象值得进一步研究。

当学生在交际和交流中遇到表达困难时，即由于缺乏所需词语和结构，不知道该怎么说，或虽然说了，可对方却听不懂他们的话（比如发音不准确、结构混乱、用词不当等），他们会：（1）用很简单的词，包括同义词替换，“试一试用别的词说那个东西”（XY）；（2）用别的话/句子解释；（3）求助第三者，即有别的朋友或同学在旁边，问他（们）这个意思用汉语怎么说；（4）用手势等辅助表达，“如果有别的朋友，你可以问他，问他这个意思怎么说，或者用手，你知道我们在意大利我们用手很多很多”（XC）；（5）给对方看词典；（6）改用英语，“如果对方会说英语，我就用英语说那个词”（XY）；（7）放弃，“完了”“算了”。

以上叙述表明，一旦遇到表达障碍，学生首选的基本上都是“目的语策略”，也就是尽量使用汉语来排除障碍，如换一种表达方式，用同义词，用简单的词语或句子来描述想表达的事物或意思，尽管“那很难”；同时采用手势等非语言手段来辅助表达；只有在用目的语无法沟通的情况下才改用英语。当然，在实在没有办法的情况下，“放弃”也是一种选择。

我们注意到，在汉语作为二语的环境下，当学生在尝试使用目的语交际受挫或失败后，他们会选择英语而非自己的母语来进行理解和表达（参见上文），比如在汉语中夹杂英语词语或用整句整段英语等。环境在这里起到了相当重要的作用，因为客观上中国人以及在中国学习的外国学生懂意大利语的很少，而懂英语的则相对来说较多。但我们感兴趣的是，对于意大利学生来说，英语和汉语都是外语，尽管一个先学一个后学，但他们在理解和表达时的关系究竟是怎么样的，目前我们还不清楚。几种外语习得时的相互联系、它们同母语之间的相互关系以及社会环境的影响和作用也是目前国外二语/外语习得研究的热点之一。

另外，在访谈者与学生的对话过程中，我们还发现，学生不仅会用简单的词语和句子解释想说的意思，或采用“语码替换”（时不时蹦出几个英语词，夹杂在汉语中）说出自己不知道的词语，而且还会根据表达需要“创造新词”（coin）。下面是一个非常有意思的例子：

访谈者：你自己最早开始学汉字的时候，你觉得汉字是一个什么样的东西？

XY：比意大利的汉字？

访谈者：意大利字？

XY：意大利字，真的不一样，因为每个意字没有意思。一个中国汉字有很多意思，所以不是一个，是很大的。

在上面的对话中，访谈者发问后，XY 或许是由于“惯性”的作用，随口造了一个短语“意大利汉字”，访谈者对这个“词语”有点迷惑，于是追问，你说的是不是“意大利字”（其实访谈者想问的是，你说的是不是意大利语的字母），XY 予以肯定（大约也察觉到“意大利汉字”这个词语本身有逻辑上的问题），而且又创造了一个“新词”——“意字”进一步加以说明。其实她要告诉访谈者的是，在意大利语中，每个“字母”不具意义，而汉字则不同，“一个中国汉字”（这是为了跟“意大利字”/“意字”对比而用）有很多意思。显然，学生不会用汉语说“字母”这个词，于是自己“发明创造”或者说“杜撰”了新的目的语词语。

五、结语

本文是“意大利学生汉语学习策略使用的个案分析”的一部分，对“访谈”结果进行描述性的分析，主要讨论了意大利学生在汉语口语学习中所使用的学习策略及其表现，并发现了不少有意思的现象和规律。个案研究作为一种研究范式，可以跟大样本的定量研究产生互动，相互印证，以便在普遍性和特殊性两个方面加深我们对研究对象的认识。在汉语学习策略的研究方面，个案研究还不多见。

参考文献

曹怡鲁．外语教育应借鉴中国传统语言教学经验[J]．外语界，1999(2)．

邓鹏鸣．注重背诵输入，克服英语写作中的负迁移[J]．外语教学，2001(4)．

丁言仁，戚炎．背诵课文在英语学习中的作用[J]．外语界，2001(5)．

董卫，付黎旭．背诵式语言输入在大学英语教学中的作用[J]．外语界，2003(4)．

胡春洞．英语学习论[M]．桂林：广西教育出版社，1996．

林立．国外英语学习策略研究[J]．首都师范大学学报，1999(6)．

刘润清．外语教学中的科研方法[M]．北京：外语教学与研究出版社，1999．

文秋芳．英语学习成功者与不成功者在方法上的差异[M]．外语教学与研究，1995(3)．

吴勇毅．论汉语作为第二语言教学(TCSL)与汉语作为外语教学(TCFL)[J]．汉语教学学刊，2006(2)．

吴勇毅．不同环境下的外国人汉语学习策略研究[D]．上海：上海师范大学博士学位论文，2007．

徐子亮．外国学生汉语学习策略的认知心理分析[J]．世界汉语教学，1999(4)．

赵金铭．从对外汉语教学到汉语国际推广[J]．汉语研究与应用，2006(4)．

Seliger, H. & Shohamy, E. *Second Language Research Methods* [M]. Oxford: Oxford University Press, 1989:166－169.

(原文刊于《世界汉语教学》，2008 年第 4 期)

教材研究

对通用型教材的一点意见

一、通用型教材及其类型

1.1 这里所谓的通用型对外汉语教材主要是指不专门针对某类学生的母语，不专门针对某类学生的国别（文化背景）而编写的对外汉语教材。

1.2 通用型对外汉语教材一般有两类，一类是同一本教材有两种以上的外语翻译或注释；另一类是同一本教材，虽然只有一种外语的翻译或注释，但却有几种分别用不同外语翻译或注释的版本。前者如《基础汉语 25 课》①《基础汉语续 25 课》②（英、日同释）、《实用汉语会话》（英、日同释）③，后者像《基础汉语课本》（英文本、法文本）④等。

1.3 这类教材大都比较注重教材的适应面（希望能宽一些）和使用范围（希望能广一些），中性化处埋是这类教材的一个显著特点，通常也被认为是优点。

笔者认为，通用型教材的优点同时也是它的缺点，或者说蕴含着它的缺陷。在对外汉语教学事业蓬勃发展的今天，在越来越多的母语不同、国别不同、文化背景不同的学生要求学习汉语的新形势下，传统的通用型教材已不能适应教学的需要了。

本文想指出通用型教材的一些缺点，希望引起专家学者的讨论，更希望今后能多出现一些专门针对某类学生的母语及其文化背景而编写的对比型的教材。

二、通用型教材的主要缺点

2.1 王力（1985）说过："对外汉语教学，我认为最有效的方法就是中外语言的

---

① 华东师范大学对外汉语教研室. 基础汉语续 25 课. 上海：华东师范大学出版社，1983.

② 华东师范大学对外汉语教研室. 基础汉语续 25 课. 上海：华东师范大学出版社，1989.

③ 卜华礼等. 实用汉语会话. 上海：上海外语教育出版社，1985.

④ 北京语言学院. 基础汉语课本. 北京：华语教学出版社，1995.

比较教学。要突出难点。所谓难点，就是中国人看来容易，外国人学起来困难的地方。无论在语音、语法、词汇三方面，汉语都有自己的民族特点。这些特点往往就是难点。必须让学生突破难点。"吕叔湘(1980)也指出："拿外语跟汉语进行比较，可以启发我们注意容易被我们忽视过去的现象。""要认识汉语的特点，就要跟非汉语比较"，"我们教外国学生，如果懂得他的母语(或者熟悉他的媒介语)，在教他汉语的时候，就能了解他的需要，提高学习的效率。"(吕叔湘，1992)

我们的教学对象大都是成年外国人，他们来自不同的国家，操着不同的母语，具有不同的文化背景。他们已具备的语言能力和思维能力给我们的汉语教学带来了复杂性，不可能像孩子学习母语那样任教者在一块"白板"上自由纵横。通过汉语和学生母语的对比，可以使我们发现两种语言的特点(不同之处)和学生在学习中的难点，使教材编写和课堂教学更具针对性。因此对比是提高学习效率的一条重要途径，是教材编写和课堂教学所必须遵循的一个原则。而通用型教材的一个主要缺点恰恰就是缺乏对比性。

2.2 说通用型教材缺乏对比性，指的是两个方面：一是指对教材内容的说明、讲解和注释，不是采用和某一种学生母语进行对比的方法，告诉学生，跟学生的母语相比，汉语在什么地方不同，可能给他们造成什么样的学习难点，学生应该注意些什么，如何克服这些难点，而是只告诉学生汉语是怎么样的。由于对教材本身内容的说明、讲解和注释没有对比性(同时也由于教材至少要适应两种以上不同母语的学生，采用和哪一种学生母语直接对比的方法进行说明、讲解和注释都会顾此失彼)，教材中不同的外语的翻译和注释，就只有语言本身的不同，而没有内容上的不同。这一点是通用型教材的通病。

二是指在编写教材时，教学内容的安排(项目的选择，重点、难点的确定，学习的顺序等)缺乏对比性。以语法为例，在编写教材时我们会把要教的语法项目跟使用教材的对象(学生)的母语进行一番对比，看看它们的异同，以确定教学的难点与非难点，难点通常也是教学的重点，再安排学习的顺序。正如吕叔湘(1992)所指出的："英语的语法跟汉语的语法比较，有很多地方不同。当然，相同的地方也不少，不过那些地方不用特别注意，因为不会出问题，要注意的是不同的地方。"问题是通用型教材的使用对象，至少是两种不同母语的学生，如果进行对比，其结果会很复杂。在某一个语法点上，汉语可能和甲乙两种语言都相同，也可能都不相同，但无论出现哪种情况，通用型教材都还是可以处理的，在安排教学内容时，前者是非重点(如果用对比的方法,应该清楚地告诉学生,汉语的某个语法现象相当于甲语言的什么,乙语言的什么),后者是重点。可是对比的结果不会是那么单纯的。可能会出现汉语和甲语言相同,和乙语言不同的情况,或者反之,还可能是三种语言同中有异,异中存同。举个具体的例子来说,“年、月、日、时的顺序”通常都作为一种表达方式出现在通用教材的语法点中。汉语从大到小的这种表达方式和英语相比有其不同之处,但和日语相比没有特殊性。按照前者对比的结果,可以列入语法点,按照后者则完全没有必要。对于一本以英日两种学生为使用对象的通用型教材,在教学内容的选择安排上,就会无所适从或顾此失彼。所以通用型教材在教学项目的选择安排上,一般都采用“以汉语为本位”的做法,即只讲汉语是怎么样的,不从对比中或尽量少从对比中选择确定安排项目,这种中性处理的结果必然是重点、难点不突出。

2.3 分析一下已有的通用型教材,教材编写时在教学内容的选择和安排上,有的确实根本不考虑对比,这类教材大都是以两种以上的外语共同译注一本教材;也有的平心而论是进行过一些对比的,比如有的教材是先有一个版本,重点考虑同一母语背景的学生,后又增加了其他版本,但这时已无法兼顾别的母语背景的学生了;还有的也进行过一些对比,不过是以大类学生为对象的,比如以欧美学生为对象的,对比印欧语和汉语的大异同,很少考虑到印欧语系内部各种语言(比如英、德、法)本身之间也有很大的差别。其实,同是欧美学生,由于母语不同,学汉语时遇到的困难也是不同的,教材应予指明。

因为是通用型教材,即使在项目的选择确定和安排上做过些对比,也无法在教材本身明显地体现出来。

2.4 前面我们说过,对比是对外汉语教材编写和课堂教学所必须遵循的一个原则。由于通用型教材本身缺乏对比性,或即便有些对比也很难在教材本身体现出来,也由于不少教师认为教材本身不应负担对比的任务,这样一来,实际上就把对比的任务留给了课堂教学,更确切地说,是交给了教师。

成年人学习外语时,自己的母语会给外语学习带来正负迁移。正迁移可以在教学中利用,负迁移则会给学习造成干扰,带来困难。因此对比教学是十分重要和必要的。

由于教师外语水平有高有低,对比的意识有强有弱,这就难以保证对比原则在课堂教学中实现。完全依赖学生的自我意识,自然地摸索,排除困难,难以提高学习效率，也不利于学生准确地把握语言的各种意义和规律。另外，通用型教材用于自学是很困难的。

有的编者注意到了教材本身缺乏对比性的问题，在编写教材的同时，写出教师手册，把几种语言和汉语相比出现的不同情况，分别写在手册里，以备教师课堂对比之用。例如，《基础汉语课本》就是在同一本教师手册里，对汉英、汉法的情况分别做了些对比。但有教师手册的教材是微乎其微的。

2.5 通用型教材的使用对象至少是两种以上母语不同（甚至不属于一个语系）的学生，不考虑（也无法兼顾到）或很少考虑使用对象的母语、国别和文化背景，因此教材的对比性很差，只能从教的角度出发，说汉语是怎么样的，无法从学生的角度出发，确定他们学习的重点、难点。重点、难点无法突出，这实际上也就从一个方面削弱或丢失了我们在教材编写中一贯强调的针对性原则（从学生的学习目的出发，考虑教材的形式和内容是针对性原则的另一种体现）。

国外同行不满意国内编写的教材，缺乏对比性和针对性（还有文化问题）是其中一个重要的原因。笔者就曾经得到过一部德国出的教材，据德国同行介绍，其蓝本就是《实用汉语课本》[①]，主要增加（修改）的内容就是汉德对比的材料。

英国佟秉正（1991）说过的一段话是很值得我们深思的：

> 目前仍然缺乏针对学习者本身特点如母语、年龄、文化程度等而编写的入门教材。基本上说多数教科书都是以汉语为本位的，未能从学习者的角度出发；对母语不同的学生，使用同一教材，尽管有时生词及注释的外语翻译有别，很少有针对母语与汉语的关系特别编写的。从这一点上看，国外编写的课本针对性较强，因为大多是为其本国某一类学习者的特殊目的编写的，而且多半有该国汉语专家参与或主持，能以其亲身学习汉语与教授汉语的经验看待问题，自然增强了教材的针对性。

三、通用型教材与对比型教材的对比举偶

3.1 语音方面。《基础汉语25课》的语音阶段一共六课（第六课是语音复习），每一课基本上都是先介绍韵母、声母（只列出声韵母，不介绍其发音部位和发音方

---

① 刘珣主编.实用汉语课本.北京：商务印书馆，1981.

法）和拼音（列出声韵母结合的拼音表），再做语音练习；拼写规则、变调等内容通过注释介绍，配有英、日翻译。《基础汉语课本》的语音阶段一共十课，详细介绍声韵母的发音部位和发音方法，配有舌位图和发音图；拼写规则、变调等内容也是通过注释的方式出现；所有内容英文本配有英语翻译，法文本配有法语翻译。《基础汉语课本》介绍声韵调的方式和国内大学汉语语音学课或语言学概论课的方式没有什么两样，而《基础汉语25课》则把介绍如何发音的任务留给了教师。两套书都是只讲汉语的语音系统，不做任何与其他语言的对比。

John DeFrancis 在《初级汉语课本》[①]（*BEGINNING CHINESE*）中指出："语言学习者首先的一个任务就是去发现他必须以何种方式修正自己母语的发音模式以便按照新的语言再生。"（p. xxiii）因此他在这本教材中完全是采用与英语（甚至还其他语言）对比的方式来介绍汉语语音系统的。例如他是这样介绍汉语声母的：

b like the p in spy (not like the b in buy)

p as in pie, but with a much stronger aspiration

m as in might

f as in fight

d like the t in sty (not like the d in die)

t as in tie, but with a much stronger aspiration

n as in night

l as in light

g like the k in sky (not like the g in guy)

k as in kite, but with a much stronger aspiration

h like the ch in German nach-thatis, much rougher than English h

zh like the ch in chew, but unaspirated and with the tongue tip curled far back

ch like the zh above, but aspirated, as the ch-h in teach history

sh like the sh in shoe, but with the tongue tip curled far back

r like the r in crew, but with the tongue tip curled far back

z like the t's in it's Al (not the dds of adds), but with the tongue

① John DeFrancis. *Beginning Chinese*. Yale Unirersiey Press, 1977.

farther forward

c like the t's h in it's Hal, but with much more breath and with the tongue farther forward

s as in soon, but with the tongue farther forward

j like the tch in itching (not voiced, like the j in jeep); made by pressing the flat part of the tongue against the palate or front roof of the mouth

q like the ch in cheap, but with much more breath, as for the ch-h in each house; tongue position as for j

x between the s in see and the sh in she; tongue position as for j

先初步对比,然后再详细对比汉英在发音部位、发音方法,像舌位前后、清浊、送气不送气以及送气强弱等方面的差别。

采用对比的方法,让学生知道汉语中哪些音自己的母语中有,哪些没有;有的话,是完全相等(可直接"移植")还是发生了某些变化。这样可以使教学更具针对性,起到事半功倍的效果。

3.2 语法方面(以"的"字为例)

3.2.1《基础汉语课本》把"的"定义为"结构助词"(structural particle)。

结构助词"的"(一)(第一册第十二课):

名词、代词作定语表示领属关系(possession)时,定语和中心语之间要加上结构助词"的"。例如:

(1) 这是王老师的杂志。

(2) 那是我的词典。(第92页)

结构助词"的"(二)(第二册第三十三课):

某些动词、动词结构(verbal construction)和主谓结构(subject-predicate construction)作定语,后面一定要用结构助词"的"。例如:

(1) 那个商店很大,去的人很多。

(2) 去参观的同学已经走了。

(3) 去上海旅行的同学九点钟从学校出发。

(4) 他们都是在北京大学学习的学生。

(5) 跑得快的人可以参加这次比赛。

(6) 中文不好的人不会用这本词典。

(7) 这是我们上课的教室。(第 96 页)

结构助词“的”用来连接定语和中心语。如果定语是由动词结构或某些动词、主谓结构、带状语的形容词等构成,“的”不能省略。(第三十四课第 112 页)

“是”字句(二)(第一册第十九课):

名词、人称代词、形容词等后头加上“的”,可以组成“的”字结构,“的”字结构使用起来相当于一个名词。“是”字句(二)的谓语就是由“是”加“的”字结构构成的。例如:

(1) 这本书是老师的。(老师的=老师的书)

(2) 那支钢笔是我的。(我的=我的钢笔)

(3) 这本画报是新的(新的=新的画报)(第 182 页)

“是……的”格式(第三册第四十四课):

对一个已经发生了的动作,要强调说明发生的时间、地点、或动作的方式等,就用“是……的”这个格式。“是”放在要强调说明的那一点之前(也可以省略),“的”放在句尾。例如:

(1) 他是昨天到的。

(2) 我是在图书馆复习的。

(3) 阿里是坐飞机去的。

(4) 我们(是)跟代表团一起来的。

如果动词有宾语,宾语是名词时,常常放在“的”后。例如:

(5) 他们是在公园照的相。

(6) 你们(是)怎么去的颐和园?

——我(是)骑自行车去的颐和园,他(是)坐汽车去的。

宾语也可以在“的”前,尤其宾语是代词时,更是如此。例如:

(7) 他是一九七七年上大学的。

(8) 我(是)在礼堂门口看见他的。

如果动宾结构后面带趋向补语,“的”要放在句尾。例如:

(9) 阿里(是)上星期到上海去的。

(10) 她是上午打电话来的。

否定形式是"不是的","是"不能省略。(第 26 页)

《基础汉语课本》的句型放在每课前面的方框里,没有相应的外语的句型对比;解释放在"语法"部分,也没有汉英或汉法对比。

3.2.2《初级汉语课本》(*BEGINNING CHINESE*)把"的"字定义为 subordinating particle[从属(助)词]。有关"的"字的句型都列在 Pattern drills 里,每个句型下面标出对比句型的说明在后面的注释(note)页里。

Pattern 5.1 Subordination of Nouns and Pronouns with de (Note 2)

N or P	-de	N
Noun or Pronoun	-de	Noun
Wang-Xiansheng	-de	shu

"Mr. King's book(s)"

Wode-ye-hen-hao.

Pattern 5.2 Subordination of Stative Verbs with de (Note 2)

AD	SV	-de	N
Adverb	Stative Verb	-de	Noun
Hen	hao	-de	shu

"a very good book"

Pattern 7.4 Subordination of Place Words (Note 6—7)

(zai)	P-de	N
(at)	Place-de	Noun
(zai)	litoude	ren

"the people(who are)inside"

Pattern 11.2 The (shi)... V de Construction (Note 2)

S	(shi)	A	V -de
Subject	(shi)	A	Verb -de
Wo	(shi)	zuotian	lai -de

"I came yesterday."

Pattern 11.3 The (shi)...V de Construction with Object (Note 3)

Pattern 11.3a

S	(shi)	A	V	O	de
Subject	(shi)	A	Verb	Object	de
Wo	shi	jinnian	likai	Meiguo	de

"I left America this year."(i. e. "It was this year that I left America.")

Pattern 11.3b

S	(shi)	A	V	de	O
Subject	(shi)	A	Verb	de	Object
Wo	shi	jinnian	likai	de	Meiguo.

"I left America this year."(i. e. "It was this year that I left America.")

Pattern 14.2 Subordination of Transitive and Intransitive Verbs to Nouns (Note 2—4)

Patters 14.2a

S	V	de	(N)
Subject	Verb	de	(Noun)
Xuesheng	jie	de	shu

"books which students borrow"

Pattern 14.2b

V	O	de	(N)
Verb	Object	de	(Noun)
Jie	shu	de	xuesheng

"students who borrow books"

Pattern 16.10 Passives with shi...de (Note 13)

S	shi	(N)	V	de
Subject	shi	(Noun)	Verb	de
Zheben-shu	shi	ta	xiede	

"This book was written by him."

3.2.3 比较一下两本书有关"的"字的句型和解释，我们可以看到以下一些差别，尤其是第四点、第五点和第六点，正是通用型课本所缺少的内容：

①"的"字的定义不同。《基础汉语课本》把"的"字定义为"结构助词"，是一个纯形式的定义。在教学中我们发现，这样一个定义学生不易把握，他们常常问老师，structural particle 到底是什么意思。《初级汉语课本》把"的"字定义为"从属(助)词"，是从关系意义的角度出发的。在对外汉语教学中，是从形式到意义好，还是从意义到形式好，是一个非常值得探讨的课题，但这不是本文所要讨论的。

②《基础汉语课本》是通过句子成分来描述句型和解释语法点的，而《初级汉语课本》则是以句子成分(只有主、宾语两个)和词类概念来描述句型的。

③《初级汉语课本》没有专门把"'是'字句(二)"里的"'的'字结构"列为句型，只是在讲 Pattern 5.1 和 5.2 的时候加了一个注释，说明对于 A-de B 这种结构来说，当 B 可以从上下文中被理解时，常常使用 A-de 结构。

④《基础汉语课本》没有讨论表示处所的"的"字结构和被动意义的"是……的"格式。而这两点汉英有明显的差异。

⑤《初级汉语课本》的每个句型下面都有相对应的英语句式，帮助学生在对比中掌握汉语。

⑥《初级汉语课本》对句型的注释说明，尽可能地和英语进行对比。例如，《基础汉语课本》是说"某些功能、动词结构和主谓结构作定语，后面一定要用结构助词'的'"，而《初级汉语课本》则是先说，及物动词、不及物动词从属于名词是名词、状态动词从属关系的扩展，然后指出，这种动词短语(verb phrase)常常是相当于英语的关系从句(relative clauses)，但在汉语里，从句总是在被修饰的名词前面，而不是像英语那样，在其后面。(第 216 页)

四、通用型教材中的文化问题——兼谈对外汉语教材中有关学生母语文化的导入问题

4.1 现在专家都在讨论对外汉语教学中的文化导入问题，争论的焦点已不是该不该导入，而是导入哪些、如何导入的问题。如果以所谓知识文化和交际文化来划分，前者是在教材和课堂教学中把中华文化的各种知识直接介绍给学生；后者"主要的目的是帮助外国留学生克服因文化背景(诸如思维模式、价值观念、伦理道

德观念、宗教信仰、风俗习惯等)的差异所造成的语言交际困难"(程棠,1992)。

在教材和课堂教学中介绍知识文化,不一定要采用对比的方式(但对比肯定是更好的方法,如向日本人介绍中国的茶文化可以对比日本的茶道文化);但要知道哪些文化差异会给语言交际带来困难,并在教材或课堂教学中告诉学生,就必须进行语言文化对比。

文化差异可能是大范围的,如东西方文化差异,也可能是小范围的,像国与国之间的文化差异。跨文化交际所产生的困难总是在一定范围之内的、有针对性的,这些内容是很难写入通用型教材的(大范围的也许好些,比如中西方的差异,即使如此,问题仍然会出现在像汉—英日、汉—法韩类通用型教材中)。

4.2 在讨论文化导入问题的时候,笔者认为,我们还忽视了一个重要的方面,即是否要把学生的母语文化导入教材和课堂教学。如果要导入,该如何导入?又该导入哪些内容?

国内编写的教材在国外普遍反映不好用,文化也是一个重要的因素。汉语教学用的教材当然要以各种方式介绍中华文化,这是毫无疑问的,相信国外同行也是完全赞成的。问题是我们的教材绝大多数都是以国内生活的各个方面为文化背景的,脱离国外的文化生活和社会背景。学习一种外语,当然要学习这种语言的文化,但教材内容如果完全远离自己的社会生活、国情和文化,学生的学习积极性肯定要受到影响。在国外教学,这是一个很突出的问题(在国内教学其实也有这个问题)。如果学生学习一种外语,所学的有一部分是自己所熟悉的内容。他的学习积极性和对所学语言的理解能力都会大大地提高和加强(比如,所学语言本身是如何表达自己母语社会的人物和事物的,如何用所学语言来描述自己的社会文化和社会生活,其中有很多肯定是独特的,是目的语社会所没有的)。

有的国内编写的教材,为了能在国外使用,也写一些以国外的社会文化为背景的内容。但正如有的教师所批评的,人物是无性别个性的,国籍是不明的,背景放在哪个社会都可以(魏春木,1992),总之,为了通用一切都被中性化了。

我们的一位澳洲同行就曾经提出,你们能不能编写一些以澳大利亚社会文化为背景的,描写澳洲社会文化生活,包括当地华侨生活的教材?这从另以一个方面提出了编写针对性强的对比型教材的需要。这种教材的出现,笔者认为需要中外双方的共同努力。但可以想象,学生在国外使用以他们所熟悉的社会文化生活为内容的教材,以自己的国情为背景学习汉语,效果肯定是比较好的。

学生的母语文化应该在汉语教材和课堂教学中导入。

五、余论

5.1 对比型教材通常是一对一的，即把汉语和一种学生母语进行对比的结果按照科学的方法写入教材，如图 1 所示：

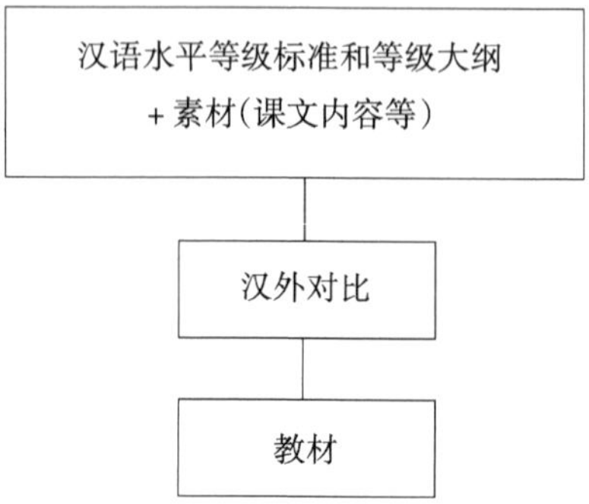

图 1

5.2 也许还可以有第二种方式：一对多，即把“标准和大纲”以及素材作为共核同时和几种语言对比，其结果肯定是不一样的，再按照科学的方法，把对比的结果分别写入教材，针对学生的不同母语，形成具有一定共核的不同版本的教材，如图 2 所示。看上去好像又是通用教材，但绝不是原来意义上的。

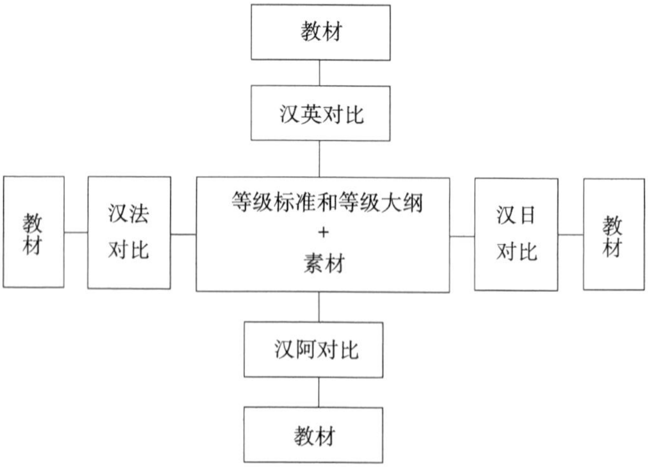

图 2

参考文献

程棠．关于当前对外汉语教学中的几个问题[J]．语言教学与研究，1992(3)．

吕叔湘．给一位青年同志的信[J]．语言教学与研究，1980(1)．

吕叔湘．通过对比研究语法[J]．语言教学与研究，1992(2)．

佟秉正．初级汉语教材的编写问题[J]．世界汉语教学，1991(1)．

王力．王力先生在全体会上的讲话[J]．语言教学与研究，1985(4)．

魏春木．在沪宁青年教师对外汉语教材讨论会上的报告[C]，1992．

[原文刊于《华东师范大学学报(哲社版)》，1993 年第 4 期]

从任务型语言教学反思对外汉语口语教材的编写

摘　要　本文讨论了目前对外汉语口语教材与任务型语言教材的不同编写模式，尤其是“练习”与“任务”的区别，提出在任务型教材中，“课文”不再以传统意义上的“样板”(model)形式出现，而是任务链中的一环。作者希望通过任务型语言教学来反思目前的对外汉语口语教学，目的是寻求教材编写和课堂教学模式的突破，也是对目前对外汉语口语教学的一种挑战。

关键词　任务型教学　口语教材　编写模式　任务　练习

一、问题的提出

高彦德等(1993)对外国人使用汉语技能(听、说、读、写、译)的需求情况做了调查，在1178名调查对象中，共有825人选择了“说”，占总人数的70.1%。他们在《外国人学习与使用汉语情况调查研究报告》中指出，对大多数学习与使用汉语的外国人来说，口头交际是他们工作与学习的第一需要，用汉语说话是他们使用最多的言语技能。

照理说学生应该非常喜欢上口语课，可事实上，许多学生反映，与精读课相比，上口语课没有多少收获，并没有提高多少口语能力，甚至出现精读课满座、口语课人数寥寥无几的情况。学习与使用的需要与对口语课没有兴趣就形成了悖论。

从教师的角度看，有些教师不愿意上口语课，认为难上，自己没什么可讲，不像上阅读课那样可以大大地发挥；有的教师则认为口语课好上(好混)，把生词过一遍，再领读一两遍，接着让学生分角色朗读，随便做两个练习就完了，教材进度走得飞快；还有的教师把口语课尤其是高级口语课当成阅读课或精读课上，自己大讲特讲，学生全无说话的机会。

这些问题不仅跟教师有关，跟教学方法有关，而且跟教材编写模式和课堂教学模式有很大的关系。本文想从任务型语言教学的角度反思一下对外汉语口语教材的编写模式，至于课堂教学模式将另文讨论。

二、目前口语教材的编写模式

2.1 口语教材的编写模式

我们暂不讨论口语教材是以什么为“纲”（结构型、功能型、情景型或各种结合型等）编写的，只看大多数教材的编写模式和组成内容。

迄今为止，大多数的对外汉语口语教材每一课的内容主要由以下几个部分组成：

（1）课文；

（2）词语/生词；

（3）注释；

（4）表达式/语句理解（或有或无）；

（5）练习；

（6）补充材料/副课文/你知道吗……（或有或无）。

在编写模式上，有的教材把课文放在第一部分，词语/生词摆在第二部分；有的则把词语/生词放在第一位，课文位于第二位；还有的把词语/生词按课的顺序排列置于全书之末，每课正文中没有词语/生词表。课文通常都是对话，几段不等，长短不一，一般根据学习阶段和语言水平逐渐加长。有的高级口语教材，最长的对话可以达到16开本的4—5页。也有的教材到了高级阶段，课文不是对话而是各种记叙文等。教材每课的词语/生词从十几二十个到四五十个不等。有的教材课文部分有拼音对照，有的没有；如果是系列教材，有的会考虑到学生的语言程度，从有拼音对照到没有拼音但在汉字上标出声调，再到只出现汉字。还有的教材在书的最后附有对话的外语翻译。

注释部分的内容各种教材不尽相同：有的对一些学生理解起来有困难的词语、熟语等进行了注释、举例；有的对每课重点词语的意义和用法做了简要说明，并给出例句；有的是对课文中的语言点和文化点进行说明；还有的对一些俗语、惯用语和文化色彩较浓的词语用注释的形式加以解释。总的说来，注释主要包括三方面的内容：词语（包括重点、难点词语，成语、俗语、惯用语等）、语句（包括表达方式、句式等）、文化。如果教材把语句方面的内容独立出来，则注释主要是关于词语方面的。

练习部分每本教材必有，但大部分教材量少、质粗、随意（关于练习，下面有专门讨论）。

补充材料/副课文/你知道吗等内容，教材或有或无，如有，或每课都有，或几课有不等，或以单元形式出现。

在教材的六个部分中，(1)、(2)、(3)、(5)是必有的，(4)、(6)是可有可无的。

仔细阅读和分析一下口语教材，我们有这样几点看法：

(1) 这样一种口语教材的编写模式跟综合课/精读课教材的编写模式几乎没有什么区别。

(2) 教材编写的中心和重心主要都放在课文及其注释上。尽管有的教材在练习上用了不少心思，但大部分口语教材的练习部分很随意，且量少质粗。

把教材编写的中心和重心只放在课文及其注释上，这是口语教材也是其他类教材编写的一个误区。我们认为，第二语言/外语教材，尤其是技能类教材（编写）的中心和重心应该放在练习上，至少是双中心的。

(3) 从任务型语言教学（Task-Based Language Teaching）的角度看，目前的口语教材并不能有效地培养学生在真实世界里运用语言的能力，特别是练习部分。

2.2 口语教材的练习

对外汉语口语教材常见的练习有这样一些类型：

(1) 语音语调练习。例如："发音练习""朗读下列词组""用正确的语调读下面的句子""用正常语速读下列各对话，注意掌握停顿、重读、强调和语气及轻声、儿化韵"等。

(2) 替换练习。例如："替换练习""替换下面句子中画线部分的词语""替换下面句子中画线部分的词语，各说一句完整的话""替换画线部分，并将句子补充完整"等。被替换的成分可以是词、词组、小句等；一句话中，可以替换一个成分，也可以替换两三个，甚至更多的成分。

(3) 填空练习。例如："在下列空白处填上一个适当的动词，并注意'着'的用法""把'麻烦'填入下列空白处，并记住它的用法""选择'有(一)点儿'和'一点儿'填空（注意它们的区别）""请快速说出空白中的量词""填上适当的量词""在括号里填上适当的动词，组成词组并说一句完整的话""读下面一段话，用所给的词语填空”等。

(4) 完成句子练习。例如:“完成下列句子”“用括号里的词语完成下列句子”“完成‘劳驾’后面的内容”“补出后面的内容”等。

(5) 改说句子练习。例如:“用‘要不是’改说下面的句子”等。

(6) 造句练习。例如:“造句”“模仿造句”等。

(7) 改错练习。例如:“在错误的地方划‘×’,并加以改正”等。

(8) 根据课文回答问题。例如:“根据课文(内容)回答问题”“根据课文的内容用自己的话回答问题”“根据课文内容和你的经历回答下面的问题”等。

(9) 快速说话练习。例如:“请你用汉语快速说出下列年、月、日、星期、时,并对每一组提出一个问题”“用汉语快速说出下列一段时间,并对每组提出一个问题”“请快速说出空白中的量词”“快速回答”等。

(10) 理解(意义、内容、用法)练习。例如:“体会下边的‘点’的不同含义”“体会左右两组词语的不同的用法,并分别用它们说一句话”“理解下面各词组或句子的含义”“说一说下面的几个句子中‘东西’的意思”“理解下面动词的含义,填上适当的宾语后再组成一个完整的句子”“理解加点的词语在例句中的意思,并用加点词语完成对话”“根据课文内容判断下面的句子内容是否正确,为什么?”“听一听,哪个句子符合课文原意?”“听一听,说一说,下边各句是否符合课文原意?”等。理解练习包括理解词、词组、句子的意义、词语的用法和课文的内容。有的是纯理解练习,有的还要求造句或完成对话。但“听后判断”不是真正的“听”,因为句子都列在下面了,可以看后判断。

(11) 完成对话练习。例如:“用括号里的词语完成对话”“用指定的词语完成下列对话”“用‘真倒霉……’完成下列对话”“读例句,用加点的词语完成对话”“给下列句子配上相应的对话(给上句配下句,给下句配上句——本文作者注)”“完成(下列)对话”“回答下列对话”“选择‘可不是’或‘可也是’对话”“(填空)对话(注意量词的用法和钱的计算法)”等。

(12) 模仿对话/说话练习。例如:“模仿例子对话”“(体会加点短语的意思)模仿例子进行对话”“仿照例句,用加点的词语对话”“仿照下面这段话说话,注意加点的词语的用法”等。

(13) 对话练习。例如:“对话练习”“根据下列题目对话”“根据下列五个题目对话,注意问不同对象,用不同的称呼”等。所谓“题目”如“去百货大楼买鞋”“你父母来中国看你，你打电话了解飞机到达时间”“假如你是餐厅服务员，如何向客人介绍酒店的饭菜？”等。“根据情景设计对话”如：“为朋友送别”：在告别晚会上、在飞机场。

（14）看图对话/说话练习。例如：“看下面的图，根据提示组织对话”“根据图示，用所给的词组织一段对话”“根据图中提供的情况，两个人一组，通过问答了解图中的人”“看下面有关交通的图示，说一说有关的交通规则”“画图说话[如‘我最喜欢的发型’（男、女都可以）]”等。

（15）模拟表演。例如：“对话表演”“模拟表演（课文）第一段对话”“仔细读课文中的第一段对话，表演小张和小李下班回家以后吵架以及妻子劝他们的情况。自己组织对话”“分组表演‘去医院看望病人’”“看图，根据图示的要求，模拟表演‘在理发店理发’”“分组表演‘在商店里发生的事’，具体内容由各组商量决定，然后一起评判”等。

（16）复述练习。例如：“用提示的词语复述课文中的会话”“用自己的话说一说课文中北京交通台的新闻内容”“请不看课文复述王平是怎么过这个寒假的”“复述杰夫的话，介绍一家你认为不错的饭馆”“复述课文中山下关于‘三高’和‘三爱’的内容，并谈一谈你的看法”等。

（17）成段表达练习：介绍、叙述。例如：“‘我的饮食习惯’（各种题目）”“用汉语介绍一下你们国家的气候”“根据课文内容，介绍一下中国人结婚时的一些风俗习惯”“请向同学们介绍一本你看过的小说的内容，或给你的同学推荐一本书”“请谈谈你在学习上的收获”“实践：在毕业联欢会上说一段话”“说一说：你去过中国哪些地方？最喜欢哪儿？为什么？”“给大家介绍一幅风景画，并加以评论”“用下面的词语说一段故事”“根据提示的话题，用所给的词语说一段话：你学习汉语的经历、困难、感受”等。

（18）成段表达练习：观点、看法、演讲。例如：“谈一谈：你认为家务事应该谁来做？”“看图，用所给的词谈一谈：你认为下面这些事物在一幅图画里怎么分布最好看？”“谈看法：1. 打牌 2. 唱卡拉 OK 3. 逛民族公园 4. 晒太阳 5. 老人活动中心”“理解下面几句话，并谈一谈你的看法，可分组进行讨论：‘换季降价’”“演讲：‘我对流行歌曲的看法’”等。

（19）讨论、辩论。例如：“讨论：……”“（小）辩论：（正方）干得好不如嫁得好，（反方）嫁得好不如干得好/养动物的好处与坏处”等。

(20) 活动。例如："设计一个飞机不能按时降落的通知，广播给机场的候机人听""小实践：给自己设计一份简历材料，由同学做考官，进行招聘面试。要求：1.介绍自己 2.自己的特长 3.回答考官的问题""读下面的几则征婚广告，说说你从中看出什么特点？与你们国家的比较一下""每个人描述一位大家都熟悉的人长什么样儿，然后请别人猜猜被描述的人是谁。[要求描述：年龄、脸型、皮肤、五官、口音、个子、穿着（衣服）、发型]""（招聘会演讲）假如你现在应聘一家饭馆的经理，你打算怎样经营你的饭馆？同学们可以向应聘的人提出各种问题，最后推选出一名理想的经理"等。

(21) "噱头"。例如："说笑话""猜谜""学说绕口令""学一学，唱一唱"等。

仔细分析一下这些"练习"，我们可以发现它们有以下一些特点：

(1) 大部分练习的目的是"语言的"或者是为了检查课文内容及知识的掌握情况，而不是完成交际任务，不是用语言"做事"（做类似真实世界的事情）或"解决问题"。语言形式操练、复习巩固语言知识等练习的目的都是"语言的"，"根据课文回答问题""复述练习""听一听，哪个句子符合课文原意"等则是为了检查学习者对课文的掌握情况。

(2) 不少练习是纯形式（focus on forms）的操练，如"语音语调练习""替换练习""改说句子练习"等。

(3) 有些练习的内容和结果是既定的、已知的，没有信息差（information-gap）。如果是对话，有些"模拟表演"，如"对话表演""分角色扮演/朗读""模拟表演（课文）第一段对话"，其对话是练习中给出的或课文里的，既没有信息交换，也无须意义协商（meaning negotiation）。

(4) 技能训练往往是单一的，就是"说"；练习常常是单项的，只涉及一个项目。很少通过综合技能训练的方式来提高口语能力，或者说"帮助/辅助"口语能力的提高。比如，"听一听，说一说，下边各句是否符合课文原意？"这样一个练习，如果是听的材料在录音里，或文本在全书的后面，那学习者就首先要听懂理解，再经过大脑的判断说出来。如果把听的材料（文本）就直接放在练习下方，学习者一眼就能看到，听就形同虚设了。

(5) 许多练习只需要学习者自己一个人就能完成，很少需要"集体合作"来完成，包括"完成对话"等练习，教师的责任是检查答案，改正错误。为"团队"设计的练习较少。

(6) 不少练习不关注语境或对语境的要求较低,最多只考虑上下文语境。

(7) 不注重完成的"过程",比如"对话练习""说一说"等大都是只给个题目就算了,教师只等"成品"。

(8) 练习的结果大都是语言形式的,如完成一个句子、编成一个对话,很少有非语言形式的,比如根据说的内容做出一个决定、做成一个表格/图表或解决一个问题等。

(9) 活动类练习的设计理念比较接近目前流行的任务型语言教学。

三、任务型教材的编写模式

3.1 任务与非任务

Long(1985)说,所谓任务就是为自己或者为他人,无偿地或者有偿地做一件事儿。例如,给围栏刷油漆、给孩子穿衣服、填写表格、买双鞋、预订机票、在图书馆借书、考驾照、打印一封信、给病人称体重、分发信件、预订宾馆、开支票、问路、帮人过马路等。换句话说,任务就是人们在日常生活、工作和娱乐中所做的各种事情。Long 的任务被称为"目标任务"(target tasks)或"真实世界的任务"(real-world tasks)。Skehan(1998)指出,任务是具有下列要素的活动:

——(表达)意义是首要的(meaning is primary);

——有某个交际问题要解决(there is some communication problem to solve);

——与真实世界的类似活动有着某种联系(there is some sort of relationship to comparable real-world activities);

——完成任务是优先的/最重要的(task completion has some priority);

——对任务的评价是以结果/成果为依据的(the assessment of the task is in terms of outcome)(即按照结果来评价任务的完成情况,看任务的完成有没有一个结果)。

程晓堂(2004)认为,Skehan 归纳的几个要素已经发展成为设计任务的几条原则。Skehan 还从反面对任务不应该是怎么样的做了如下解释:

——不是让学习者刻板重复(依葫芦画瓢)别人说过的意思和话(tasks do not give learners other people's meanings to regurgitate);

——不是为了展示学习者自己的语言(are not concerned with language

display)；

——不要求什么都是一致的(are not conformity-oriented)，比如完成任务的方式、过程、语言和结果等；

——不是以操练语言形式为导向/目的的(are not practice-oriented)；

——不要刻意把语言项目藏入/嵌入材料，变成以某些特别结构为中心的(do not embed language into materials so that specific structures can be focused upon)。他还举例说，像“完成转换练习”“大部分与教师的问答练习”“归纳性的学习活动，其中事先选择好的材料是用以帮助(学习者)生成语言规则的”等课堂活动不是任务。

笔者无意专门讨论“任务”的定义，以及“任务”是否应该包括“学习型/教学性任务”(pedagogic tasks)等争论较多的问题，只想通过引用 Long 和 Skehan 的观点让读者比较和体会“任务”与“练习”的差别，进而反思目前的对外汉语口语教材和口语教学。

任务型语言教学强调在“做中学”(learning by doing)、在“用中学”，就是说在做事情、在完成任务的过程中接触语言、学习语言，在运用语言(做事情)的过程中学习语言。这跟以往把语言作为目标的学习是不同的。任务型语言教学认为，人们使用/运用语言是用来做事情，完成各种各样的任务的。语言教学应该是真实的，无论是输入的材料、任务本身、任务环境还是完成任务的过程都应该具有真实性。我们在日常生活中运用语言行事，意义的表达和沟通是首要的，形式是为意义服务的，语言教学亦应如此[任务型教学并不排斥语言形式的训练，无论是在Willis(1996)的模式，还是在 Ellis(2003)的模式中，语言形式的训练都占有一定的地位，只是重点跟以往的语言教学不同了]。人们各自的背景不同，在社会中所处的地位不同，工作学习不同，人们所持有的信息不同，对待人和事物的态度、情感、想法不同，思想不同，这样人与人之间就会产生信息差、意见差(opinion-gap)和推理差(reasoning-gap)，因此人与人之间就需要交际和沟通。“任务型”活动应该体现这些特点，“明知故问”不具有交际的真实性。交际是互动的，是通过意义协商来达到相互了解和理解的。例如，警察问犯罪嫌疑人：

警察：你是不是常去他家?

嫌疑人：不常去，偶尔去一次。

警察："偶尔"是什么意思？

嫌疑人：(无可奈何地承认)就是一个星期去一次。

在完成任务的过程中，人们经常需要进行这样的意义协商。任务可以是一个人完成的，但更多的是集体合作完成的，在任务型教学中，任务更多的是依靠集体/小组合作完成的，在这个过程中，学习者不仅需要运用语言知识和语言技能，还要依靠人的其他各种知识和技能的综合运用，个人的生活经历、工作和学习的经验都是完成任务的重要资源，并且任务的完成使得课堂的语言学习和课外的语言活动结合起来，许多任务需要课后去做，比如去图书馆或上网查资料，做某种社会调查等，任务的这种"延伸"性与以往做家庭作业是不同的。

3.2 任务型口语教材的一种编写模式

教材的编写要依据教学大纲，任务型语言教学所依据的大纲既不是语言的结构，也不是语言的情景和功能，而是经过需求分析后得出的任务，语言项目只是一根暗藏的线，这跟以往的教学大纲很不相同。

以任务为纲的教材有许多不同的编写模式，笔者尝试的是跟以往教材完全不同的一种编写模式。它不再有课文和练习两大板块之分，以任务统领全课，课文已不是传统意义上的"样板"(model)，而是任务链中的一环。"学生在执行或完成这些任务的过程中接触语言、学习语言和使用语言。"(程晓堂，2004)

下面是一个例子：

主题：招聘(财务类)

目标：聘用一位公司会计(做出一个决定)

语言输入：9封报纸上刊登的求职个人自荐——求职信(见下)

语言现象的处理：(略)

完成任务的形式：小组活动为主(组成类似各个公司的人事部)

任务(各种"子任务"构成"任务链"，形成总任务)：

(1)讨论确定公司的招聘要求；

(2)阅读求职信；

(3)讨论分析比较求职人员的情况，再对照公司的招聘要求，从9人中挑选3－4位面试；

(4)打电话通知他们在何时来公司面试，如人不在，电话留言；

(5)举行面试,招聘双方自我介绍与互相提问;

(6)汇总面试情况,讨论决定聘还是不聘,聘的话,哪一位是最佳人选。聘与不聘都要说出理由。如有意见分歧,要尽量说服他人,形成一个决议;

(7)由一两个人汇总小组的意见,写出一份报告;

(8)各小组代表向全班口头报告各自的招聘决定,并申述理由(类似向总经理或董事长汇报),可提问和解释说明;

(9)电话通知本人。

延伸任务:根据自己的志向,写一封类似的求职短信(可出一个墙报)。

XM113791 女,37岁,本科,会计相关证书全。从事各行业会计15年,敬业且责任心强。熟中小私营企业全套会计记账纳税申报工作,擅税务策划和财务分析;电脑熟、英语好、气质佳。诚觅中小私营企业兼职会计,薪低。13601613722
XM113792 女,52岁,退休,从事会计工作近20年,任主办会计多年,能独当一面,独立完成全套财务处理,懂电脑。会网上申报、电脑开票等。觅私企(带征、查账制企业)专兼职企业会计。拒保险推销。13918106466
XM113793 女,38岁,英语、日语流利,本科注册会计师,熟悉外企、代表处及进出口贸易会计,准确领会外国投资者对会计报告的需要,诚觅外资公司、代表处、进出口公司兼职会计和财务顾问。13501966333、62408551
X1VI113794 女,45岁,内退,持相关证书,从事会计工作10年,能独立完成整套财务处理、报表编制、纳税申报、电脑开票。觅专兼职财务工作。住漕河径地区。免四金。13816489551、34220403
XM113795 女,26岁,沪籍,未婚。财大本科,英语六级,会计师。胜任进出口会计主管,熟税金减免、私营、外企、进出口会计等税务申报,熟人事政策,会电脑,可代办四金缴纳。觅兼职会计和人事。56985891、13122497282
XM113796 男,34岁,本科会计师。长期为各类企业提供全盘财务处理、纳税申报、成本分析、税收策划服务。精最新财税政策法规,与工商税务有良好沟通协调能力。薪300元起。拒保险13386094810、13381568155

XM113797 男，33岁，本科助会。十余年工商财务经验，熟整套财务处理、各类报表及纳税申报。熟内控制度及成本核算，熟财务、办公软件。熟税收法规及财务分析，能出差，觅相关职位。常驻外地亦可。13917673274
XM113798 女，51岁，退休。历任会计主管，财务总监。通晓税务法规，精全套财务，熟电脑操作，自有用友软件，财务经验丰富，能合理避税。诚信敬业。觅商贸企业专兼职会计或财务顾问。浦东新区尤佳，拒保险。13917397829
XM113799 女，46岁，协保，助理会计，从事财务工作20余年，经验丰富。熟相关财务法规，精通整套会计账务处理。能会计电算，证件齐。诚信敬业，品貌端正，善沟通。觅专兼职会计。52040380或13795282018

这个任务类似真实世界的活动，是学生离开学校进入社会很可能要做的事(或是作为求职应聘者，或是作为招聘录用单位)，材料也完全是真实的，来自报纸。有多种语言技能的参与，但主要是口头交际和表达。它以集体/小组活动为主，也可以有个人独立完成的事情。活动中具备信息差、意见差和推理差，任务完成后有一个结果，即要做出一个录用决定。

四、结语

我们讨论了目前对外汉语口语教材与任务型语言教材的不同编写模式，目的是寻求教材编写和课堂教学模式的突破，也是对目前对外汉语口语教学的一种挑战。语言教师和教材编写者不一定就要走任务型教学的路子，因为不同的语言观和语言学习观对语言和语言学习的指向是不同的，在不同的语言观和语言学习观指导下的语言教学模式和教材编写也是不同的。任务型语言教学的理论基础主要是语言习得理论(认知理论)、建构主义理论、互动理论等。选择什么样的路子在于个人，但任务型语言教学的路子的确可以引起我们对目前口语教材的编写及其教学的反思。

参考文献

程晓堂. 任务型语言教学[M]. 北京：高等教育出版社，2004.

高彦德等. 外国人学习与使用汉语情况调查研究报告[M]. 北京:北京语言学院出版社,1993.

龚亚夫,罗少茜. 任务型语言教学[M]. 北京:人民教育出版社,2003.

国家对外汉语教学领导小组办公室. 高等学校外国留学生汉语教学大纲(短期强化)[M]. 北京:北京语言文化大学出版社,2002.

鲁子问. 中小学英语真实任务教学实践论[M]. 北京:外语教学与研究出版社,2003.

马箭飞. 以"交际任务"为基础的汉语短期教学新模式[J]. 世界汉语教学,2000(4).

马箭飞. 以"交际任务"为基础的汉语短期强化教学教材设计[A]. 对外汉语教学与教材研究论文集[C]. 北京:华语教学出版社,2001.

束定芳,庄智象. 现代外语教学——理论、实践与方法[M]. 上海:上海外语教育出版社,1996.

吴勇毅. 从交际语言教学到任务型语言教学[A]. "新世纪对外汉语教学——海内外的互动与互补"学术演讲讨论会[C]. 北京:北京语言大学出版社,2004.

吴中伟. 浅谈基于交际任务的教学法——兼谈口语教材编写的新思路[A]. 第七届国际汉语教学讨论会论文选[C]. 北京:北京大学出版社,2004a.

吴中伟. 语言教学中形式与意义的平衡——任务教学法研究之二[A]. 对外汉语研究学术讨论会[C]. 北京:北京语言大学出版社,2004b.

夏纪梅. 现代外语课程设计理论与实践[M]. 上海:上海外语教育出版社,2003.

徐强. 交际法英语教学和考试评估[M]. 上海:上海外语教育出版社,2000.

中华人民共和国教育部. 英语课程标准(全日制义务教育普通高级中学)[M]. 北京:北京师范大学出版社,2001.

Ellis, R. *Task Based Language Learning and Teaching* [M]. Oxford: Oxford University Press, 2003.

Long, M. A Role for Instruction in Second Language Acquisition [A]. *Modelling and Assessing Second Language Acquisition* [C]. Ed. K. Hyltenstam & M. Pienemann. Clevedon: Multilingual Matters, 1985.

Nunan, D. *Designing Tasks for the Communicative Classroom* [M]. New York: Cambridge University Press, 1989.

Skehan, P. *A Cognitive Approach to Language Learning* [M]. Oxford: Oxford University Press, 1998.

Willis, J. *A Framework for Task-Based Leaning* [M]. London: Longman, 1996.

(原文刊于《第八届国际汉语教学讨论会论文选》,高等教育出版社,2005 年/《国际汉语教学动态与研究》,2005 年第 3 期)

汉语作为外语环境下的教材编写

——以《汉语入门》为例

摘　要　本文以《汉语入门》这部教材为例，主要讨论汉语作为外语(CFL)环境下的教材编写问题，包括教材的编写理念与做法、教材的创新之处和教材的结构，涉及教材的针对性与适应性、教材的教学语言、教材的设计框架与教学模式、教材的认可度以及教材的出版与销售等。文章还探讨了教材编写也可以说是教学中的字本位问题、语文分流的操作以及教材“本土化”的含义等，对汉语国际推广形势下的教材编写具有一定的启发和借鉴意义。

关键词　CFL环境　中外合作　教材编写　国别型　本土化

《汉语入门》(*MÉTHOE DE CHINOIS*，俗称“好好学习，将来过好日子”(封面插图语)(Isabelle RABUT，Wu Yongyi & Liu Hong，2003)是国家汉办采用中外合作方式在国外编写出版的第一部汉语教材(教材印有汉办的徽标)，目前是法国汉语教学的主力教材之一，例如在法国最大的权威汉语教学单位“国立东方语言文化学院”，每年约有600名一年级的学生使用该教材。作为一本汉语作为外语(CFL)环境下编写和使用的教材，在不少方面对汉语国际推广新形势下的教材编写具有一定的启发与借鉴意义。

一、教材编写理念与做法

教材编写是需要理念的，编写汉语教材亦是如此。它需要有时代感，能与时俱进，能适应新形势下的汉语教学。与此同时，教材编写也需要有理论与方法指导，并且有自己的特点，在继承和创新中发展。《汉语入门》的编写体现了我们的一些理念和做法。

1. 教材“本土化”理念的落实。所谓教材的“本土化”首先体现在教学环境上，我们把《汉语入门》定位在它是汉语作为外语(CFL)环境下使用的教材(吴勇毅，

2006)。作为编写的原则,教材的整个框架、教学语言、学习内容、练习设计等都围绕着"学习者/教学对象是在法国学习汉语"这一现实。举例来说,整部教材的教学语言,包括前言,使用说明,汉字、词汇、语法等知识的讲解,练习的题干等,都是直接用法文撰写的。这样一来,即使是零起点的学生也能自己直接用母语阅读,并根据要求完成学习任务。

其次,《汉语入门》的编写团队是中外合作的,而且中国专家是跟法国专家一起在法国本土完成整个编写任务的,历时两年(教材编写完成后,又试用两轮/两学年后才正式出版)。团队成员中,以汉语为母语的人懂法语,而以法语为母语的人也从事汉语教学和汉学研究工作。这样的团队组合不仅真正熟悉"本土"的社会环境和教学环境,而且既能保证教材中所教语言(目的语)的真实性,又能让学习者用自己熟悉的语言(母语)理解目的语的结构规律、使用特点和文化内涵。

再次,教材是根据本土的特点"量体裁衣"式设计的,适应法国的教育体制和大学汉语教学的课程设置及教学安排。我们认为"本土化"也意味着有针对性。《汉语入门》预设的教学对象是大学中文专业的一年级学生,学习时间为一学年,其模块组合式的结构(参见第二节)就是以法国最大的汉语教学单位——国立东方语言文化学院的课程设置为蓝本的。

第四,出版营销的"本土化"。《汉语入门》的定价,若以国内目前的教材价格来看,确实非常贵,但在法国大家能接受。我们认为原因之一就是大家认可它是"本土"产出的教材(而不是"舶来品",这一点在买者心理上是不同的),因为它既有本国教师参与编写,又在当地出版销售(出版社是法国的)。

2. 坚持教材的个性化和创新。法国的汉语教材都非常有个性和特点,从《启蒙》(Joël BELLASSEN & Zhang Pengpeng, 1989),到 *C' est du chinois*!(Momique Hoa,1999)莫不如此。《汉语入门》也有自己鲜明的个性和创新点。举例来说,关于整个教材设置的场景,通常国内编写的教材都把它设置在国内,甚至某个地域;但编写汉语作为外语环境下的教材,我们认为这样做不适合,因为"语言输入的最佳项目是学习者身边的事物和思想。因为这些地方的知识和概念最具有可理解性、重复率和凸显性,同时也最能引起学生的兴趣、共鸣和参与热情"(邹为诚,2000)。为此,我们把教材的场景设置为"中性","既不指明在中国,但说的是中国的事,也没有明确说是在法国,不过体现着法国的地域,具体场景浮动在两者之间"(王若江,2004),加上教材提供的一些本土词语,学生就可以利用这些语料尝试表达自己"身边的事物和思想",这也比较有效地激发了学生的学习积极性。我们认为这是编写国别型、本土化教材可以借鉴的地方。

3. 重视汉字教学,彰显法国汉语教学的特点与传统。在法国人的眼里,汉语这种语言和文字是独一无二的(白乐桑,2006),尤其是汉字更具有独特的魅力。从某种意义上可以说,学汉语而不学汉字就不"文化"。重视汉字教学是法国汉语教学的特点与传统,Joël BELLASSEN & Zhang Pengpeng(1989)在《启蒙》这本教材中提出了"字本位"教学观念,因此汉字教学在法国有着特别重要的地位。《汉语入门》在汉字教学方面也有着自己的理念和做法,尤其强调字组字(字作为部件组成其他字)的能力和字组词(语)的能力,以及字义的联想作用。它从56个基本汉字起步,在每一课里,把某个字与本课其他字或以前学过的字的组合都标写出来供学生复习、"把玩"和拓展,其组合量之大为其他教材少有,教材还配有足量的不同形式的汉字练习。从学习者出发,为了达到识字和写字的不同要求(识大于写)并降低学习难度,教材首次区分了"积极/主动字"和"消极/被动字",并采用了拼音先行、汉字滞后的做法。

4. 既突出语言功能和交际性,又尊重法国汉语教学传统,注重功能/意念和语言结构的结合。通常认为,采用功能意念大纲编写教材是很难兼顾语言结构的系统性的,理由是一个功能/意念项目可以用多种语言结构/语言形式来表达,而一个语言结构/语言形式也可以表达多个功能/意念项目。这类典型的汉语教材可以以《说什么和怎么说?》(邱质朴,1990)为代表。而我们认为,尽管一个功能可以有多种表达方式,但必有一两个是其典型结构,例如:"是"字句可用于"介绍",情态补语或者传统程度补语多用来表示"评价",形容词谓语句则多用来"描述"。而且从学习者角度考虑,不同学习阶段对表达功能/意念的语言结构的要求也是不同的。因此,功能和意念不仅可以跟结构相结合,而且可以结合得比较好。《汉语入门》就是这样做的,虽然它采用功能/意念为主线(比如每课的主标题是"介绍、描述、提议、拒绝、比较"等),以加强交际性和实用性,但丝毫也没有降低对语言结构的系统学习,所以也许把教材称为功能/意念和结构"双主线"更为合适。它保持了法国汉语教学一向重视语法的传统,但通过典型结构与功能/意念相关联,使语法结构的学习逐步系统化。"《汉语入门》并没有因为强调语言的功能而降低对语言结构的要求,相反在这部教材中语法所占比重较之其他教材可能更多,更系统。"(王若江,2004)

二、教材的创新之处

教材的生命力在于创新，包括它的适用性和达到教学预定目标的便捷性、有效性。《汉语入门》的设计与编写有这样一些我们认为是比较独特和创新的地方。

1. 根据法国汉语作为外语（CFL）的教学环境，设计“量体裁衣”的教材，采用模块组合结构。目前国内的对外汉语教学（CSL）普遍采用的是分技能训练、分课型教学的模式（吴勇毅，2009），而国外的汉语教学（CFL）大都被认为是采用不分课型的综合（课）教学方式。其实也不尽然，法国大学的汉语教学，比如东方语言文化学院，大都采用的是学分制（UV），这其中就有单独的听力、会话、语法等课的学分（吴勇毅，1996；潘先军，2004）。但我们在教材设计和编写时，并未依照技能和知识的不同分别编成听力书、口语书、语法书等，而是综合性的一本（全书包含索引等，共 498 页，可用一个学年或 26～27 周，配有 CD/MP3，共 7 小时 36 分 21 秒）。从使用者考虑，如果教学单位是不分课型的，可以作为一门各种技能同时训练的综合课教材来使用；如果是分课型或分学分的，教材实际上可以拆开来按不同的学分性质，比如听、说、读、写、语法、汉字来进行授课。这样做适合法国的国情和课程设置。我们认为，这种可分可合模块组合式的“综合性”教材的编写方式是一种针对性较强、尤其适合汉语作为外语教学的教材编写模式。

2. 从简单、常用、组合能力[组（合体）字、组词]强的 56 个汉字入手学习，明确区分“积极/主动字”与“消极/被动字”。《汉语入门》没有按照一般随文识字、随文写字的方式处理汉字教学，比如第一课学了“谢谢”，就要求学生会写“谢谢”，而是遵循人类普遍的认知规律，从简到繁，由易至难。在教材编写之初，经过作者与其他许多老师的讨论甚至争执确定下来以 56 个汉字作为入门汉字，在“引论（1）（2）”中学习（这吸收了中国传统识字启蒙的做法）。选择这些汉字的标准就是简单、常用和组合能力强，组合能力不仅表现在组成词（语）上，而且强调它们可以作为部件组成合体字，为后来复杂汉字的学习奠定基础。必须承认，这些字不是通过语料统计产生的，但它是许多教师多年教学经验的积累。这些“垫底”的汉字，在“正课”中就不再作为“生字”或“生词”出现了。

与此相配合的另一个学习原则就是教材明确区分了“积极/主动字”和“消极/被动字”。以往教材的设计目标大都是出现多少汉字就要求学生识多少汉字，写多少汉字，并不注重识字与写字的差异，可事实上并没有多少学生能达到这种完美。其实识字和写字是两种相关但不相等、不相同的技能。汉语为母语者自己也有这种体会，即能识的字往往要多于能写的字，尤其是在当今电脑时代，不少人写的能力趋于“退化”，因此我们认为对汉语学习者“识写相当”的要求过于苛刻，既不科学也不现实。秉承“识大于写”的理念，《汉语入门》对“积极/主动字”和“消极/被动字”做了明确的划分。前者是需要识、写“通吃”的字，后者只要求识，不要求写。要求识、写的字用一般的黑色印刷，只要求识、不要求写的字则用灰色标出，比如“葡萄酒、豆腐、奶酪、解释、卢浮宫”等(灰色字是动态的，有些开始是灰色，只要求识，但到了一定的阶段则要求会写，比如巴黎的“黎”，在第一课就出现了，但标成灰色，到了第六课才要求写)。这样做确实降低了学习的难度。王若江(2004)认为：“法国汉语教材在‘字本位’主张之后给我们最大的启示是将所教授的汉字区分出‘积极/主动汉字’和‘消极/被动汉字’的做法。我们看到法国教育部颁发的法国高中汉语教学大纲，对汉语作为第一外语、第二外语、第三外语提出了不同标准，分别规定了学习‘主动字’的字数与‘被动字’的字数，这种分等次学习汉字的方法对推广汉语会起到积极的有效的作用，这也是时代和教学环境以及教学针对性的表现。而国内教材没有做这样的区分，也没有这样明确的意识。这确实是值得我们借鉴的做法。”

3. 遵循“听—说—读—写”的顺序展开教学过程；“说”无“范文”，“听”的内容就是“说”的“范文”。《汉语入门》每一课的教学过程是真正按照“听—说—读—写”的顺序进行的，从“听”入手。由于教材是以“功能/意念”为纲的，因此在“听”的部分主要设计的是单句和话轮不多的小对话等。为了突出表达“功能/意念”的语言结构方式以及在不同情境下表达同一“功能/意念”的环境，每一课都要听很多单句和不同情境的对话，尽管量较大，但难度并不高。所有听的内容都在CD/MP3上，学生要根据自己的听后理解完成书上配有插图、图表等的各种“任务”，然后才能进入“说”的阶段。“这部教材的会话部分与一般教材最大的不同就在于，‘说’的部分没有固定的课文，即没有标准的‘范文’。一般口语教材都是以课文为范文，语言程度越高，范文越长。对于这样的教材，在组织教学时，首先要用一定的时间读课文，然后再模仿课文进行会话练习。而在《汉语入门》中口语的‘范文’实际就是CD盘上的听力的对话。所谓‘会话’就是各种练习。首先根据‘听’的内容回答问题，接着再进行模仿。听力对话里的主要语法结构、语法点、语言点都要在口头练习里进行操练。这样的听说教材是真正的口耳之学。无论如何必须承认,汉语入门教育真正从‘听’开始、会话不设‘范文’的教材这是第一部,它是一种大胆的尝试,而且是符合一般语言认知规律的。”(王若江,2004)

4. 在“引论”阶段拼音和汉字同时起步,在“正课”阶段拼音先行,汉字滞后。在口语(听说)和文字(读写)的处理上,国内的对外汉语教学目前基本上采用的是“语文并进”“语文同步”模式(吴勇毅,2009),教材教多少词,同时也就要求学多少字,而且是识写同步。有法国学者提出汉语教学应采用“语文分离”的方式(白乐桑,1997),也有的法国汉语教材采用“双轨制”,例如,*C'est du chinois*!(Momique,1999),即同一教材分为“说本”(拼音)和“读写本”(汉字),每课的课文内容一致,但教授的侧重点不一样。《汉语入门》的处理方式是独特的。在“引论”两课中,学完拼音(发音)及拼写规则,同时掌握56个基本汉字,然后进入“正课”,它分为两大部分,一是听力理解和口头运用(听说部分),二是书面表达(读写部分)。“听”和“说”的部分全部使用拼音,不出现任何汉字,“读”和“写”的部分才有汉字。由于听说部分没了汉字的束缚,因此每一课的生词量都大于读写部分,其中只有50%左右带星号(*)的生词是要在本课读写部分学习它们的汉字形式的。这样一来,听说的量就大了,内容也容易丰富了,掌握口语的速度也明显快了,但汉字学习滞后了,(记忆和书写)难度也随之降低了。这是有意而为之的,体现了编者关于汉语学习的某种理念,其遵循的路线是:“听”大于“说”,“听说”大于“读写”,“读”大于“写”。不带星号的生词其大部分也将在以后各课的读写部分里逐步出现,最后“拼音生词”和“汉字生词”这两条线可大部分汇合,尽管这中间有个“时间差”,且不能也不必做到完全重合,因为听说是领先的。

三、教材的结构及其说明

《汉语入门》全书共16课,其中2课为“引论”,14课为“正课”,另外还有4个“阶段复习”。

“引论”部分看上去是语音阶段,实际上有两个任务目标:一是通过拼音的教学(包括拼写规则)使学生掌握汉语普通话的正确发音(声韵调构成的音节)[“引论(1)”和“引论(2)”的A部分/A. expression orale et écoute],二是学习和掌握汉字的基本笔画和笔顺,以及作为“正课”铺垫的56个基本汉字[“引论(1)”和“引论

(2)”的 B 部分/B. expression écrite]。在“引论(1)”里,除了介绍汉语的音节构成及其与字的关系以外,所有的声韵调全部出现。跟国内教材最主要的不同点在于,所有的声母和韵母都是采用与学生母语(法语)语音对比的方式教授的,那些对法国学生来说有一定发音难度或易混淆的音则会用更多笔墨加以对比说明。如果法语语音系统中确实没有的,就借助其他印欧语言对比,比如德语、英语等。说明某个声韵母发音时使用“就像法语里的……音”或“近似法语/德语/英语里的……音”这样的语言。由于是跟学生的母语或其学过的同一语系的语言进行对比教学,因此学生很容易体会和接受。在两课“引论”里,有各种语音练习,训练的量很大,尤其侧重不同声调的音节组合(比如—Ⅱ,Ⅲ,Ⅶ,ⅠⅥ)。举个例子来说,学生学了 11 个数字(0～10)的发音,就应该能念或自己说出年份的音节组合(如 1914、2010 等)。语音学完后,不等于语音训练就结束了。整个语音训练要贯彻一学年,具体体现在教师每课都要进行拼音的听写,从双音节到四音节,音节的组合由教师自选,但完全不考虑学生明不明白意思,是纯粹的语音训练、听写练习。以东方语言文化学院为例,期中考试学生要听写 40 个双音节词(意思可能完全不懂),期末考试要听写 20 个四音节词语(通常是成语类的),因此教师上半学期主要训练学生双音节词的听读,下半学期主要训练四音节词语的听读,而不是像国内通常的做法(尽管很多专家学者对此有批评),语音阶段结束后就不再继续注重语音训练了。

要学习的 56 个汉字是“引论(1):一、二、三、六、八、十、工、王、上、下、人、个、木、不、大、太、天、夫、午、牛、羊、半、生、少、火;引论(2):四、五、七、九、口、日、文、中、白、小、心、手、子、水、刀、力、门、月、儿、几、也、巴、山、马、女、车、老、是、国、我、很”。这 56 个字是经过反复讨论甚至争执最后确定下来的,可以说是东方语言文化学院许多老师多年教学积累的集体经验。在“引论”的字表里,所有这些字之间的组合(词、短语)包括法文意思,都一一列出供学生“把玩”,不要求记住,但可以让学生逐步熟悉汉语的组合规律,培养语感。56 个字共组合成 187 个词语(在不同字头下有重复)。练习侧重在字的书写、字的辨认(如“八人”“大火”等)和字的组合(组字成词语)及其意义。掌握这 56 个字对学生来说并不困难。

“正课”部分的结构如下:

每一课分为两大部分:(1)听力理解和口头运用(A. compréhension et application orales);(2)书面表达(B. expression écrite),前者是听说部分,后者是读写部分。“听说部分”全部使用拼音,不出现任何汉字。首先是生词表

(vocabulaire),由于打头的听力部分没有提供任何可以同时阅读的“文本”,因此生词的排序是严格按照录音内容出现的先后顺序安排的,这样可以帮助学生理解录音内容(如果学生愿意,可以自己看着生词表听录音内容)。

生词表后面是两个主板块,第一板块是听力理解(compréhension),主要包括两个部分,第一部分(compréhension A)是听懂表示同一“功能/意念”的几个不同情境对话或句子等,对话都很短且配有插图;第二部分是更多的听力活动(B. exercices de compréhension),学生要根据所听的内容(句子、情境对话、小故事等)完成各式各样的“任务”(tâche),只有完成这些“听”的任务,才能进入“说”的阶段,即第二板块:口头运用(applications)。每课口头运用部分的第一个活动就是重听第一部分的内容,并口头回答相关问题。然后以不同形式的活动操练与本课主要“功能/意念”相关的各种句型和表达方式(即通常所说的“语言点”“语法点”),这些句型和表达方式已在听力的情境对话中凸现过了。口头运用部分的最后一个活动是要求学生试着朗读后面的(用汉字写的)课文,并回答相关的问题。这就过渡到了“读写部分”,即书面表达。

在书面表达部分,第一个大的板块(caractères)由三个字表组成。首先是字表(1),它是每课的汉字总表(présentation des caractères),平均每课在35个左右。每个字都用特大号显示,可以一下子抓住学生的注意力。接着是字表(2),它标示出字表(1)中每个汉字的“拼音”(pinyin)(字音)、“法文翻译”(traductions)(字义)和“字的组合”(combinaisons)及其翻译(词义、短语义、短句义),如果某个字有繁体,也同时出现(如“点點”)。再接下来是字表(3),它按照规律把每个汉字拆开(décomposition),演示汉字的笔画和笔顺。

“字的组合”最有特色,它是组字成词、成短语,甚至是成短句。进入组合的所有字都是本课和以前学过的,只要可以跟这个字组合就收进来,所以几乎是穷尽式的组合,量很大(有的一个字,组合多达9～10条)。比如第四课共学习38个汉字,但组合共有128条(包括重复,例如“公”有“公司”的组合,“司”也有“公司”的组合),平均每个字组合3.4次。这些组合,有的是学生之前学过的或本课学习的;有的是学生未接触过的,但可依据字义直接猜测出词义;还有的依据翻译和字义可以揣摩和“把玩”出组合义。这些组合并不要求学生全部记住,但可以让学生自学和复习,随手经常翻翻以增强熟悉度和语感,也可作为学生口头或书面表达需要时的“备选”语料。从这里可以体现出作者关于汉语教学“字本位”的一些思想和具体操作法。

在三个字表之后是汉字知识板块(écriture),内容主要包括介绍汉字的笔画、笔顺、结构、部件、同音字、多音字、形旁、声旁、查字典(部首)、汉字的演变、六书、简化字、标点符号等。至此,所有内容都是与汉字学习有关的。

在汉字部分结束后,进入"读写部分"的主体,即通常所说的课文部分。首先是出现第二张生词表,这也是跟其他教材不同的处理之处。跟"听说部分"出现的第一张生词表不同的是:(1)这张生词表是由汉字而不仅仅是拼音组成的(当然,词表有拼音和法文翻译)。(2)它不是按照出现的先后顺序排列的,而是按词类排列的(先后顺序是词类的下位)。如果说"听说部分"的生词表按出现的先后顺序排列是为了帮助学生理解录音内容、便于听的话,那么"读写部分"的生词表按词类排列则主要是为了让学生逐步形成系统的汉语词类概念(帮助学生归类),方便学生理解课文中的句子构成、操练句子结构/句型(比如句型的替换练习)和自我表达(比如造句)。

一般认为,按词类编制生词表的做法相当传统,且不便于学生学习,因此大多数教材都是按照内容出现的顺序编制生词表;但我们认为,有了听说部分第一个生词表的铺垫,很多词语学生已经熟悉,第二个生词表更能突出不同的学习要求。也许有人会问,一课有两个生词表是不是意味着有两套生词,我们回答:是,也不是。由于"听说部分"的生词是以拼音的形式出现的,学生并不难学,因此其量要大于"读写部分"的,但其中有 50%左右是带星号的(*)。这意味着,它们都是要在本课"读写部分"的生词表中以汉字形式重复出现的;不带星号的生词大部分也将在以后各课文里逐步出现,最后"拼音生词"和"汉字生词"这两条线趋于重合,因此整本书的生词复现率也是比较高的。

生词表后面是语法(grammaire)和词汇(lexicologie)知识板块,详细说明本课的"语言点",介绍汉语的构词特点等。这一部分在实际操作时,通常是由法国教授用法语讲授的(近年来也有华人教授授课)。值得一提的是,"语法点"的解释,是懂汉语的法国教授根据每课的句型和要点,用法国学生熟悉而又看得懂的语言(法语)撰写的,而不是简单的"中译法",后者在教材编写时常常是由国内懂法语的中国人按汉语语法解释的术语和思路完成的。有的译得不好,被国外老师批评为"不仅学生看不懂,连老师也看不懂",很不利于学习。这也充分说明了中外合作编写教材的重要性。

接下来是课文(textes)和练习(exercices)板块。课文的语体和听说部分是完全不一样的,前者是记叙体,后者是对话体,这是作者有意而为之的。通常在初级汉语教材里有的课文是对话形式,有的课文是记叙形式,互相夹杂,编者的目的大概是想让学生熟悉各种语体及其风格(从批评的角度看是口语与书面语不分,关于这方面的讨论可参见王若江,1999;吴勇毅,2009),但我们就是想把对话体与记叙体分开,前者用于训练听说,后者注重阅读能力培养。

练习分为口头练习和书面练习,量很大。口头练习是根据课文回答问题以及与课文同类话题的延伸,这就把阅读与听说关联起来了。书面练习形式多样,除了各种语法练习和写作练习以外,贯穿全书的汉字练习独具匠心,是其特色之一,这类汉字练习有二三十种之多,且贯穿整本书(一学年),充分显示了法国汉语教学对汉字的重视程度。相比之下,国内的对外汉语教学虽然说是要重视汉字教学,但在具体的操作层面上却并非如此,教材中的汉字练习极其有限。

书面练习中每一课都有法译中(thème)的练习,包括短语和句子的翻译,通常在10个以上。这在国内编写的教材中几乎是没有的,它体现了在不同环境下(CSL/CFL)汉语教学的特点(吴勇毅,2006)。在法国或者说在国外,汉语学习者在课堂之外的社会环境中几乎没有多少机会操练汉语,而翻译这种思维的"游戏",可以让他们在课余之时自己对比和"把玩"两种语言,从而体会汉语的结构特点,加深对目的语的理解。尽管有的语言教学专家不赞成设置翻译练习,但我们认为在外语环境下学习,翻译练习是不可或缺的,是学生自学的"拐棍"。

为了体现"写简识繁"的理念,除了在上述字表(1)中标出繁体字外,我们在每课的练习中(通常是最后一个练习)都设计有一个看繁体字(句子、段落)然后写出简体字的单向"转换"练习。学生可根据前面字表的提示认繁体字并写出对应的简体字,逐步提高识繁能力,这也是比较独特的练习。

参考文献

白乐桑. 汉语教材中的文、语领土之争:是合并,还是自主,抑或分离?[A]. 第五届国际汉语教学讨论会论文集[C]. 北京:北京大学出版社,1997.

白乐桑. 学汉语不光是学一门语言[J]. 汉语世界,2006(2).

潘先军. 法国东方语言学院中文专业课程设置及简析[J]. 国外汉语教学动态,2004(1).

邱质朴. 说什么和怎么说?[M]. 南京:江苏人民出版社,1990.

王若江. 对汉语口语课的反思[J]. 汉语学习,1999(2).

王若江. 由法国“字本位”汉语教材引发的思考[J]. 世界汉语教学,2000(3).

王若江. 对法国汉语教材的再认识[J]. 汉语学习,2004(6).

吴勇毅. 法国国立东方语言文化学院中文系的学制及课程设置[J]. 世界汉语教学,1996(2).

吴勇毅. 论汉语作为第二语言教学(TCSL)与汉语作为外语教学(TCFL)[J]. 汉语教学学刊,2006(2).

吴勇毅. 汉语作为第二语言/外语教学模式的演变与发展[J]. 华东师范大学学报(哲社版),2009(2).

邹为诚. 语言输入的机会和条件[J]. 外语界,2000(1).

Isabelle RABUT, Wu Yongyi & Liu Hong. *MÉTHODE DE CHINOIS*(汉语入门)[M]. Paris: L'ASIATHÈQUE-maison des langues du monde, 2003.

Joël BELLASSEN & Zhang Pengpeng. *Méthode d'Initiation à la Langue et à l'Écriture chinoises*[M]. Paris: La Compagnie, 1989.

Momique Hoa. *C'est du chinois*! [*M*]. Paris:Edition YOU-FENG, 1999.

[原文刊于《第十届国际汉语教学研讨会论文选》,北方联合出版传媒(集团)股份有限公司,万卷出版公司,2012 年]

学科建设与人才培养

关于学科建设与教师的培养和发展

摘　要　本文主要讨论三个问题：(1)学科与事业的关系。汉语作为第二语言/外语教学或国际汉语教育是一门学科，汉语国际推广或汉语国际传播是一项事业，二者相辅相成，但学科一定要为事业服务，也只有如此，它才能获得更大的发展空间。由于学科和事业发展具有不平衡性，西者就会产生矛盾，需要我们去解决。(2)教师发展。以往的教师研究重在设立标准，是一种"应然"研究，但教师知识结构和能力结构的实际构成(现实)是怎样的，其建构过程又是怎样的，影响其建构的有哪些因素，这是"实然"研究，我们还很缺乏。(3)要重视公共外交能力的培养。公共外交能力在汉语国际推广与传播中有着重要的意义，培养公共外交能力也是培养一种跨文化交际能力。

关键词　学科　事业　汉语作为第二语言　教师发展　公共外交能力

一、学科与事业

学科是指"按照学问的性质而划分的门类，如自然科学中的物理学、化学"；又指"学校教学的科目，如语文、数学"[①]。汉语作为第二语言/外语教学(对外汉语教学)或国际汉语教育，无论从研究的角度还是从教学的角度看都是学科，自当无疑。但对这个学科的内涵大家认识并不一致，确实还应该研究、讨论。比如大家普遍认为它是应用的、交叉的学科，但作为一个学科，它必定得有跟其他学科不一样的"区别性特征"(也是它的不可替代性)，否则不足以"立"。那么这个/些"区别性特征"究竟是什么，目前尚未获得完全的共识或统一的意见。

事业是指"人所从事的，具有一定目标、规模和系统而对社会发展有影响的经常活动"[②]。汉语国际推广或汉语国际传播无疑是一项事业，也是国家(文化走出

---

① 中国社会科学院语言研究所. 现代汉语词典(第五版)，北京：商务印书馆，2005.

② 同上。

去)的战略之一。作为一项事业,我们的目的是:让世界上更多的人会说汉语,掌握汉语,能用汉语进行交际与沟通;懂得、了解和理解中国的社会与文化,让“地球村”的村民分享我们的语言和文化。我们这些从业者和志愿者必须为之努力奋斗。但事业不同于学科,两者不能相混淆,尽管极其相关。在事业和学科的关系问题上,我赞同“应坚持事业要靠学科支撑,学科要借事业发展的基本理念”(北京语言大学对外汉语研究中心,2012:431－432),但还想补充一句,即学科也要为事业服务。学科也只有为事业服务,才能获得更大的发展空间。

问题是,事业的发展和学科的进步有时并不同步,这就会产生许多矛盾和问题。在我看来,“三教”问题之所以会在今天表现得如此突出和集中与此有关。汉语国际推广或汉语国际传播事业的飞速发展,世界范围的汉语作为外语教学的蓬勃兴起,尤其是世界各国“本土”汉语教学大量和迫切的需求,使得学科准备不足,比如未能及时转型为海外汉语作为外语教学研制并提供科学的、适应本土特点的、类多量足质高的教材,以及适合于不同母语背景学习者的汉语教学法。我们没有足量的专业教师派出,于是乎大量的非专业教师以及各种类型的志愿者充实进来并经过一定的短期培训就匆匆上阵,且外派的规模越来越大。海外各类本土人士从教也“应运而生”,鱼龙混杂在所难免。这一切容易给人以错觉和假象,觉得什么人都可以教汉语。事业的大量需求和学科储备(包括人才力量)的不足所产生的“差”,也是造成“教汉语是小儿科”“是中国人就能教汉语”等奇谈怪论“回潮”的原因之一。

事业的飞速发展和壮大向学科提出了许多挑战和新的课题,提出了许多以前没有遇到或关注到的问题(比如不同环境下的汉语教学问题,教学对象多样化、低龄化的问题,传承语言/heritage language 的问题,通用性教材与国别性教材的问题等),而学科则需要投入更大的努力和热情,以及时间和耐心去研究、去解决。事业对学科提出的要求或者说需求,既是对学科的挑战也给学科提供了发展的机遇。恰如张博所说:“当前,汉语国际传播事业蓬勃发展的新形势,为学科提供了空前的发展机遇。”[①]我觉得关键是如何抓住这个机遇,不怕挑战,迎接挑战,尽全力把事业的“地基”和“支撑”,也就是学科做好做扎实。陆俭明指出:“学科和事业的问题不是对立的,它应该是互动的,事业要靠学科的基础,事业的发展反过来会推动学

---

① 《北京语言大学对外汉语研究中心工作季报》,2012 年第 3 期。

科，在这个问题上，我们自己不能把它对立起来。我们不能光要事业，不要学科，我们要利用这个事业，问题是怎么处理这个关系。”[①]我认为，我们非但要利用事业飞速发展的大好机遇，大力拓展学科的研究领域和研究视角，研究新课题，搞好学术创新，而且要把研究的成果全方位地转化到教学实践和教学活动中去（吴勇毅，1998），为汉语国际推广与传播事业服务。

另外，我还有一个看法，汉语国际推广或汉语国际传播是我们的事业，也是国家的战略之一，我们应为之努力奋斗，但说得太白太露，容易让人感觉是一种单向的“推进”与“播撒”；因此从策略上讲，我更愿意使用一个词，叫作“分享（share/sharing）”。在当今这样一个反对单边主义、提倡多元文化的地球村里，让其他“村民”分享中国的语言和文化，是再正常、再好不过的一件事了。中国有几亿人在分享或者说学习英语（包括美国英语、英国英语、澳大利亚英语等）和/或其他语言，及这些语言所承载的各种文化。那么为什么其他国家的人民就不能分享和学习中国的语言和文化呢？分享是双向的、多方的，它意味着人们认识或重新认识彼此，了解和理解对方，互相学习，互相尊重，互相承认（但并不一定非要拥有你的文化价值观，成为你的一分子）。

二、从“应然”到“实然”的教师研究

学科是要靠人去建设的，因此谈学科建设就必然涉及队伍建设和人才培养。我们不光要有突出的学科带头人和领军人物，更需要一支高素质的从事教学和科研的师资队伍（国内的、海外本土的），包括在国内从事对外汉语教学和在全球从事国际汉语教育（暂且这样区分）的各类师资。这支队伍是由本专业和相关专业的人才汇聚而成的，是跨学科的。没有这样一支队伍在第一线从事教学和科研工作，就谈不上学科建设。

从人才培养的角度看，一方面我们要打造专业人才或者说专业队伍的“培养链”，形成从本科到硕士（科硕、专硕）再到博士（华东师大已于2011年自主设置了二级学科的博士点“国际汉语教育”，2012年开始招生）的相互可衔接的一条龙一整套的培养规划、培养方案和培养模式；另一方面我们要重视教师发展，加强教师

---

① 《北京语言大学对外汉语研究中心工作季报》，2012年第3期。

的职前、入职和在职培训，形成继续教育乃至终身教育的系统。吴勇毅、孙希(2012)的一项关于教师与学生汉语语法教学观念的对比研究显示，在受调查的42位教师中，有76.2%的教师承认“我的语法教学理念来自我积累的教学经验”(Q40,Q40表示第40个题目，下同)(21.4%基本同意)，认同度很高；64.3%的教师同意“我从专业学习中得到语法教学理念”(Q38)(23.8%不同意)；50%的教师认同“我的语法教学理念受到学术界理论研究的影响”(Q37)(31%不认同)；38.1%的教师赞同“我的语法教学理念很大程度上来自以前的外语学习经历”(Q35)(35.7%不赞同)；只有19%的教师认为“我从职业培训中得到语法教学理念”(Q42)(59.5%反对)。由此可得出序列：Q40＞Q38＞Q37＞Q35＞Q42，从中可以看出教师职前/在职培训的缺失(但也能看到一线教学实践对教师教学理念形成的重要性)，新教师在访谈中普遍反映需要职前/入职培训和在职培训。

要进行有效的教师培养和培训，研究在先。在汉语作为第二语言/外语教学界，关于师资的培养与培训，以往的研究主要集中在汉语教师应具备的(基本/专业)素质、思想品德、知识结构、能力结构、意识、从业应达到的标准，以及知识和能力的关系等方面。吕必松(1989)提出，对外汉语教师必然有不同的类型和不同的层次，比如有单纯从事教学工作的，有既从事教学工作又从事科研工作的，还有兼做教学、科研组织领导工作的，因此素质的要求上应当有所区别。张和生(2006)概括道，对外汉语教师的基本素质研究主要论述教师应具备的意识，应拥有的知识结构与能力结构，以及应掌握的教学基本功。陆俭明(2005)、李泉(2005)、崔永华(1990)认为，汉语教师应有的职业意识包括学科意识、研究意识、自尊自重的意识、课堂教学意识等。崔希亮(2010)指出，教师要生存，要发展，要有成就感，就必须考虑知识发展(知识准备)、素质发展(素质养成)、专业技能发展(专业技能)和职业生涯发展(生涯规划)四个方面的问题。

2007年国家汉办研制并颁布了《国际汉语教师标准》，它是“对从事国际汉语教学工作的教师所应具备的知识、能力和素质的全面描述，旨在建立一套完善、科学、规范的教师标准体系，为国际汉语教师的培养、培训、能力评价和资格认证提供依据”。赵金铭(2007、2011)提出，要培养合格的国际汉语教师，除了应具有一整套科学的培养程序之外，还必须有一套完备、合理、规范的测评标准。国际汉语教师标准，从语言教学和语言学习、汉语教学法、中国文化与跨文化交际、汉语教学课堂教学组织与管理、汉语教师素质与自我发展等方面衡量教师。这个标准可以用来提供汉语教师资格认证，也可以作为评估教学质量的标准，还可以用来评估课堂教学与管理。

不难看出，这些研究或研制，都是在论述或讨论“应然”的，即“汉语教师应该具备些什么，应该怎么样”等（从某种意义上说，这也是专家等的“一面之词”）。在刚刚结束的第十一届国际汉语教学研讨会上（主题是“创新与发展——国际汉语教师培养培训”，2012 年 8 月 16—17 日，西安），就有许多讨论“应然”的文章。到目前为止的教师培训内容，无论是对国内的对外汉语教师还是对海外的本土汉语教师，也都是以“应然”为标准，跟其比较之下或根据需求，教师欠缺什么就补什么，姑且称之为“应然模式”（吴勇毅，2007；虞莉，2007）。当然，这些都是必要的，但换一个角度，我们更关心的是“处于‘实然状态’的教师知识而不是处于‘应然状态’的教师知识，即：‘教师实际上具有什么知识’而不是‘教师应该具有什么知识’；‘教师是如何表达自己的知识的’，而不是‘教师应该如何表达’”（姜美玲，2008）。这方面的研究，汉语作为第二语言/外语教学界才刚开始（孙德坤，2008；江新、郝丽霞，2010、2011）。我们还不清楚教师自身的成长或发展过程是怎样的，非常缺乏对各种类型教师（成功的、一般的、失败的）成长的实证研究，包括其知识结构和能力结构的实际构成（现实）是怎样的，其建构过程又是怎样的，影响其建构的（主要）因素有哪些，教师的各种素质是怎样养成的，等等。这些涉及教师认知（刘学惠、申继亮，2006）和教师实践（性）知识的研究，属于“实然”研究。我们认为“应然”（研究）固然重要，但它应该建立在“实然”（研究）的基础上。

从教师自身（作为主体）出发，以认知的视角，研究其知识结构、能力结构是如何建构和发展起来的，看其意识和素质是如何养成的，也就是教师的认知是如何构建的，其来源是什么，而它又是如何影响教师的教学实践的，即教师认知和教师实践（性）知识的“实然”研究，不仅对我们理解教师的（课堂）教学行为和教学策略会很有帮助，因为“理解教师认知是了解教学过程的关键”（徐晓晴，2010），而且对教师自身职业发展和专业水平提高具有重要的意义，对改进目前以“应然”为主的教师培训模式也极有裨益。

当下，我们应该大力开展“实然”的研究，并将其成果转化到教师培养和培训中去。

三、公共外交能力

学科是要培养人的。笔者在中央广播电视大学(现在改名为国家开放大学)举办的“2011 国际汉语教育新形势下的教师培养论坛”和暨南大学举办的“首届两岸华文教师论坛”上发表了一个题为“公共外交、孔子学院与国际汉语教育的人才培养”的演讲(正式发表时的题目为“孔子学院与国际汉语教育的公共外交价值”),也引起了一些讨论。所谓公共外交,赵启正(2009、2011)是这样概括的:它和政府外交组成国家的整体外交,指的是政府外交以外的各种对外交流方式,包括政府与民间的各种双向交流。参与公共外交的各方从各种角度表达本国国情,说明国家的政策,表现本国文化,介绍外国公众对本国有兴趣之处以及解释外国对本国的不解之处,并同时在国际交流中了解对方的有关观点;通过公共外交,可以更直接、更广泛地面对外国公众,从而能更有效地增强本国的文化吸引力和政治影响力,改善国际舆论环境,维护国家的利益。开展公共外交的目的是提升本国的形象,改善外国公众对本国的态度,进而影响外国政府对本国的政策。公共外交的行为主体包括政府、民间组织、社会团体、社会精英和广大公众等多个层面。笔者在演讲中提出,从事汉语国际推广和国际汉语教育活动也是在进行公共外交和跨文化交际与交流。作为推广与传播中国语言和文化的使者,我们应该在新视角下重新审视国际汉语教育人才的培养,要在夯实语言知识与语言教学技能的基础上(这是最根本的),更加重视文化传播能力并开展公共外交能力的培养。现在看来,这样做真的很有必要。我们有些教师或志愿者在海外从事汉语教学工作很不适应,在孔子学院或其他教学单位(机构)不能顺利地开展工作,要么是不会用自己的言行去讲述我们中国的“故事”,要么是出了这样那样的问题,又不能与外方很好地沟通和处理,其原因之一就是缺乏开展公共外交的能力。而公共外交能力的缺乏则会直接影响到国家形象。

关于公共外交能力的培养,赵启正(2009)提出:“对于个人,要练好‘内知国情,外知世界’的基本功。我们不但要会说,还要会听、会交流。而这些基础在于自身修养的提高,只有在这种具有中外文化比较性的自觉学习中,我们才会敏锐地感受到各国文化的差异,从而尊重差异,跨越差异。”笔者认为,除了自我学习增长知识和在实践中修炼以外,在我们培养和培训教师和志愿者时也应该增加这方面的内容。比如，在对外汉语专业本科生的培养过程中增加一门公共外交概论的必修课或选修课，在教师和志愿者培训中增加有关公共外交的培训内容，尤其是结合具体案例的分析与讨论。培养公共外交能力也是培养一种跨文化交际能力。随着从事国际汉语教育的教师和志愿者队伍越来越壮大，外派人员越来越多，公共外交能力的培养也会变得越来越紧迫和重要。

参考文献

北京语言大学对外汉语研究中心. 新形势下对外汉语教学学科建设与发展座谈会纪要[J]. 世界汉语教学，2012(3).

崔希亮. 汉语国际教育"三教"问题的核心与基础[J]. 世界汉语教学，2010(1).

崔永华. 语言课的课堂教学意识略说[J]. 世界汉语教学，1990(3).

国家汉办. 国际汉语教师标准[M]. 北京：外语教学与研究出版社，2007.

江新，郝丽霞. 对外汉语教师实践性知识的个案研究[J]. 世界汉语教学，2010(3).

江新，郝丽霞. 新手和熟手对外汉语教师实践性知识的研究[J]. 语言教学与研究，2011(2).

姜美玲. 教师实践性知识研究[M]. 上海：华东师范大学出版社，2008.

李泉. 对外汉语教学理论思考[M]. 北京：教育科学出版社，2005.

李泉. 国际汉语教师培养规格问题探讨[J]. 华文教学与研究，2012(1).

刘学惠，申继亮. 教师认知研究回溯与思考：对教师教育之意涵[J]. 教育理论与实践，2006(6).

陆俭明. 汉语教员应有的意识[J]. 世界汉语教学，2005(1).

陆俭明. 汉语教师的素质和师资培养的针对性[J]. 国际汉语，2011(1).

吕必松. 关于对外汉语教师业务素质的几个问题[J]. 世界汉语教学，1989(1).

孙德坤. 教师认知研究与教师发展[J]. 世界汉语教学，2008(3).

吴勇毅. 关于研究成果的借鉴与吸收[J]. 世界汉语教学，1998(2).

吴勇毅. 海外汉语教师来华培养及培训模式探讨[J]. 云南师范大学学报(对外汉语教学与研究版)，2007(3).

吴勇毅. 孔子学院与国际汉语教育的公共外交价值[J]. 新疆师范大学学报(哲学社会科学版)，2012(4).

吴勇毅，孙希. 第二语言教学：形式与意义的博弈(二)——教师与学生汉语语法教学观念的对比研究[C]. The Third International Symposium on Chinese Applied Linguistics (ISCAL)，美国：爱荷华大学，2012.

徐晓晴. 西方语言教师认知研究焦点之评述[J]. 山东外语教学，2010(5).

虞莉. 美国大学中文教师师资培养模式分析[J]. 世界汉语教学，2007(1).

张和生. 对外汉语教师素质与培训研究的回顾与展望[J]. 北京师范大学学报(社会科学版),2006(3).

张和生,鲁俐. 再论对外汉语教师的素质培养[J]. 语言文字应用,2006(S2).

张学民,申继亮. 国外教师教学专长及发展理论述评[J]. 比较教育研究,2001(3).

赵金铭. 汉语作为外语教学能力标准试说[J]. 语言教学与研究,2007(2).

赵金铭. 国际汉语教育研究的现状与拓展[J]. 语言教学与研究,2011(1).

赵启正. 中国进入公共外交时代[N]. 文汇报,2009-09-08.

赵启正. 公共外交与跨文化交流[M]. 北京:中国人民大学出版社,2011.

[原文刊于《汉语应用语言学研究(第2辑)》,商务印书馆,2013年]

汉语种子教师"直通车"培养模式

摘　要　本文介绍了在汉语国际教育和汉语国际推广背景下一个比较成熟和成功的师资培养创新模式——中美合作培养汉语种子教师的"直通车"。该模式是在中国国家汉办的大力支持下，由美国纽约大学(NYU)和中国华东师范大学(ECNU)共同创立的，它已成为中外联合培养国际汉语教师的一个品牌项目，在美国具有相当的影响力并得到了广泛好评。其课程设置和培养方式对对外汉语专业建设和人才培养以及就业都具有一定的借鉴意义。

关键词　汉语种子教师　直通车　培养模式　中外合作

一、背景与概况

为探索汉语国际教育和汉语国际推广背景下的师资培养创新模式，并培养符合美国汉语教学需求的合格师资，在国家汉办的大力支持下，华东师范大学(对外汉语学院)与纽约大学(斯坦哈德文化、教育与人类发展学院/The Steinhardt School of Culture, Education, and Human Development)经充分协商，于2007年6月签署了《纽约大学关于接受华东师范大学本科毕业生赴该校攻读汉语作为外语专业教育硕士的协议书》(2007—2009)。项目二期新的协议文本为《纽约大学关于接受华东师范大学本科毕业生赴纽约大学文化、教育和人类发展学院攻读汉语教育硕士的协议书》(2010—2013)，该项目的英文名称为M. A. in Foreign Language Education (Chinese), grades 7—12/ NYU's M. A. degree program in Teaching Chinese, grades 7—12。

根据协议，华东师范大学(以下简称"华东师大")对外汉语学院与纽约大学(以下简称"纽大")上海中心每年在对外汉语专业应届毕业生中联合招收录取10名左右的硕士研究生(其他相关专业学生亦可申请)。招生及录取程序为：双方联合召开招生与录取说明会，阐述专业培养目标、课程结构、学生毕业后的服务方向定位、申请程序及费用等；学生按照纽大的录取标准，在规定的时间内将申请材料寄往纽大文化、教育与人类发展学院；学生的申请材料经纽大审核后，由纽大教授及该校上海中心的美方教师组织面试及笔试；考试内容包括基本理论知识、应用能力及英语听、说、读、写、译等能力；在综合成绩排序的基础上择优选拔录取。入学基本条件(Admission requirements)是：第一，获得对外汉语本科学士学位(英语、中文等亦可)(A completed BA in Teaching Chinese as a Foreign Language or Chinese/English language and literature with a minimum of 30 credits in Chinese)；第二，GPA 3.0 或者以上(A GPA of 3.0 or above)；第三，托福成绩为 CBT250 分，iBT100 分[TOEFL score (CBT－250；iBT－100)]；第四，通过纽大的中英文面试(Interview in both Chinese and English by NYU faculty members)；第五，华东师大教授推荐信两封。

2007—2009 年(项目一期)，纽大共录取及培养华东师大 22 名学生，其中：2007 年 4 名，生源均来自对外汉语学院；2008 年 10 名，生源来自对外汉语学院(8 名)、传播学院(1 名)和中文系(1 名)；2009 年 8 名，生源均来自对外汉语学院。目前 22 名同学中有 19 人直接在美国就业或继续深造，3 人回国在国际学校等单位工作。

学生离校赴美前，都在华东师大国际交流处签署了《学生服务承诺书》，即《关于资助某某同学攻读纽约大学教育硕士及获取纽约州教师资格证书的协议书》，承诺取得教育硕士后应承担服务于我们国家汉语国际推广工作的义务。承诺书上明确规定："根据国家汉办规定，凡得到此项奖学金的学生，在取得纽约大学教育硕士文凭及教师资格证书后，必须承诺服从国家汉办安排，积极配合和参与国家汉办组织的'汉语国际推广'的相关工作。承诺利用假期，参加汉办组织的各类教师培训等工作，将自己所学到的知识和已经取得的教学经验服务于'汉语国际推广'的工作。"

二、课程设置

该项目学制为一年，分秋、春、夏三学期(秋季入学，第二年夏季毕业)，共需 44 学分。其中 9 个学分是在华东师大本科阶段完成的，即由本科阶段的指定课程学分(B 等以上)转换成硕士课程学分，所以实际只需在纽大修完 35 个学分。华东师大非对外汉语专业学生(包括对外汉语学院在读研究生和应届毕业研究生)必修的学分数视各人在大学(和/或研究生阶段)所修课程的不同要求也不同，具体由纽大决定学分要求。一部分在华东师大修完的学分可以直接带入纽大课程，得到纽大承认，这是该项目的特色之一。具体课程设置见表 1：

表 1 课程设置

专业基础核心内容(9 学分，在华东师大讲授)		
在华东师大授课	语言学分析(必修)*	3
在华东师大授课	高级汉语 *	3
在华东师大授课	应用汉语语言学 *	3
在纽大授课	教学基础	4
在纽大授课	青春期成长教育	3
在纽大授课	特殊学生教育	3
教学法知识核心内容(9—12 学分)		
在纽大授课	多元文化/双语教育：理论与实践 *	3
在纽大授课	第二语言习得与研究 *	3
在纽大授课	第二语言评估	3
在纽大授课	专业课程与第二语言教学	3
在纽大授课	外语教学实践经验与研讨	3
	外语教学研讨/工作坊	1—3
	科技社会中的第二语言教学	3
	语言学和双语教育	3
	语言习得和发展	3
教学法专门核心课程(7 学分)		
在华东师大授课	外语教学：理论与实践 *	3
在纽大授课	第二语言：中小学课堂教学	4
学生教学实习(6 学分)		
在纽大授课	外语教学实习 7—9 年级	3
在纽大授课	外语教学实习 10—12 年级	3
教师的社会责任(0 学分)		
在纽大授课	教师的社会责任/防范学校犯罪现象	0
毕业研究(3 学分)		
在纽大授课	毕业研究	3
小学 1—6 年级外语教学教师证书拓展课程(3 附加学分)		
在纽大授课	小学外语教学	

注：* 为指定课程

从上面的课程设置可以看出，课程的专业性、实践性和针对性很强。

该项目的另一个重要特点和特色是："本课程可以获得纽约州外语教师证书（Initial NY State Teachers Certificate/New York State Teachers Certification in Teaching Chinese，7—12，or Teaching Mandarin，7—12）。所有学生在毕业之前必须通过下述考试，才有资格获得纽约州教师证书。"考试科目是：文理测试（LAST 测试）；教学技能书面评价（ATS——书面评价）；语言专业测试（CST 测试——汉语）。

三、学生就业及从事汉语教育/汉语国际推广工作情况

2008、2009、2010 年已经毕业的 3 届学生（共 22 人），学习成绩优异，都获得了硕士学位，并通过考试获得了纽约州教师资格证书/执照（据学生自己说，此中文教师资格证通行美国 40 多个州），毕业后都成为了"抢手"的汉语国际推广的"种子教师"。他们中有 19 人（86.4%）直接在美国就业或继续深造（攻读博士学位或第二个英语教师资格证书，后者可以使他们同时执教两种语言课程），已从事或即将从事汉语和中国文化教学或研究工作，其余 3 人（13.6%）回到国内在国际学校从事汉语教学工作（学生具体任教、任职或深造单位略）。

从学生从业的角度看，完全达到了培养目标和国家汉语国际推广的目的要求，而且他们工作很出色。以 Q 同学为例，目前他已经可以指导实习教师。在美国，具有此资格的教师一般需要 3 年以上的工作经验，而他一年就获得了。今年他还参加了在华东师大举行的美国 AP 中文教师培训，成为汉语国际推广的生力军。此外，Z 同学得到了当地孔子学院的资助参加美国汉语教学会议，并在美国旧金山举办的 2010 年全国中文教学会议上做报告；H 同学的中文教学成果被当地报纸刊登；W 同学也上了当地学区的网站。

四、"直通车"培养模式及其培养目标

所谓的"直通车"培养模式归纳起来就是："华东师范大学对外汉语本科课程＋纽约大学汉语教育硕士课程"。

培养目标则是，通过一年的学习（3 个学期），获得纽大汉语教育硕士学位，并

通过考试取得纽约州教师资格证书/执照，直接为特定区域(美国)培养和输送汉语国际推广的种子教师，他们可以直接就业，成为有资质的主流社会的汉语教育和汉语国际推广骨干。

已经毕业的3届学生学习非常努力，都顺利完成了学业，纽大负责该项目的唐力行主任评价说：“这显示了我们中国留学生的实力，以及华东师大和纽大共同培养的毕业生的高质量。”我们认为，要形成这样一种对接模式，本科阶段的学分要能被承认并转换，关键是要有高质量的本科阶段培养作为保证，夯实基础才能有上升空间。

五、努力创新人才培养模式，为汉语国际推广服务

刘延东国务委员在出席千名外国汉语教师奖学金生开学典礼上的讲话中强调指出，要加大外国汉语教学人才培养力度，满足各国人民学习汉语的强烈需求，增进中国人民与世界各国人民的相互了解和友谊。在国家汉办的领导和支持下，华东师大与国外知名大学联合培养国际汉语教师，让学生以最快的速度(一年取得两证)、最好的质量(毕业即被美国本土学校录用)融入美国汉语教学的“本土”，就是培养国际汉语教育人才的一种新的探索、新的模式。它使对外汉语专业的人才培养与汉语国际教育、汉语国际推广接轨，打通了中外联合培养的渠道，拓宽了对外汉语专业人才培养的出口。

这种培养模式在华东师大和纽大的精诚合作下，取得了令人鼓舞的成果和良好的人才培养效益。对此，我们有以下一些体会和心得。

1. 要有效培养符合国际汉语教学需求的高素质教师，以适应国际汉语教育和汉语国际推广的要求

《国务院办公厅转发教育部等部门关于加强汉语国际推广工作若干意见的通知》中曾指出当前汉语国际推广需切实解决的几个问题，其中之一是“师资、教材数量不足，质量不高，缺乏适应世界汉语教学需求的针对性”。赴纽大攻读汉语教育硕士的学生，在华东师大的本科阶段已打下扎实的专业理论和专业知识的基础，他们所缺乏的是对美国教育制度与教学模式的基本特点的深入了解、第二语言教学的实践能力、课堂教学设计和课外活动的组织能力，以及在国外从事汉语教学的资质。赴美后，经过纽大的严格训练，尤其是在美国中小学的教学实践，其知识、能力

和综合素养得到全方位提高，所学课程以及所获学位和教师资格证书/执照，完全被美国教学单位和机构认可，他们将成为服务于国家汉语国际推广事业的新一代主力军。目前，国内约有300多所大学设置了对外汉语本科专业，一方面，学生毕业后不容易找到专业对口的工作；另一方面，国外中小学汉语教师缺口很大，供求双方缺少合适的输送管道，中外大学联合培养汉语教育硕士能有效解决一部分供求的瓶颈问题。

2. “未来教师”良好的专业素质、学习态度和工作业绩得到美方的好评，充分展示了中国名校的教学水准，增强了国外用人单位对中国高校对外汉语专业毕业生的认可度和信心

华东师大对外汉语专业的定位在培养“双语、双文化、双能力（汉语教学能力、中华文化传播能力）”的一流本科生。被纽大录取的三批学生在华东师大通过四年的专业学习，打下了扎实的中英文双语、中外文化以及对外汉语教学基本理论的基础，再经纽大严格的专业训练，特别是实践环节的训练，知识与理论素养、汉语作为外语的教学技能和跨文化交流能力得到了显著提高。他们活跃在纽约这座国际大都市和其他城市的汉语教学界，积极参与汉办及当地组织的汉语教学研讨等活动，展示了新一代国际汉语教师的风采。

例如，2009届10名毕业学生，不仅以出色的成绩完成了一般美国学生也要两年时间才能完成的学分数，而且在紧张繁忙的学习之余，还积极参与了美国联邦基金支持的DCLT(Development of Chinese Language Teachers)论坛以及纽约市教育局支持的各种活动，走访了纽约市与中文教学和研究有关的各大中小学的教育机构和课堂，在联合国汉语部、纽约孔子学院、华美协进社等知名文化教育机构，以及一批全美驰名的公立、私立中小学担当实习工作，还于2009年初在美国出版了由知名出版社China Sprout出版的《中文教学指南》一书。此外，她们还与华东师范大学海外校友会积极联系并进入理事会，为母校的海外发展献言献策。

3. 项目能顺利实施，学生能完成学业，受益于国家汉办的学费资助和纽大的精心组织教学

学生在纽大的学习与生活得到了充分的保障，他们满怀对祖国的感恩之情，深切感受到祖国的温暖和汉办的期望，大大增强了作为未来语言文化交流使者的使命感、责任感和学习动力。

4. 招生、录取工作严格按照国家汉办、华东师大和纽大规定的程序进行，充分

体现了公开、公正和公平的原则

纽大严格按照教学计划和培养规格实施各教学环节，在各方的努力下，做到了办学和用人单位满意，学生及家长满意。

5. 华东师大非常注重加强对学生责任意识、诚信意识的教育

为确保培养的学生能够服务于汉语国际推广事业，我们非常注重《学生服务承诺书》中的相关内容，特别强调受资助的同学毕业后不仅有责任直接从事汉语和中国文化的教学工作，而且有义务投身于“国际汉语教师培训”的工作中去，将学到的知识和培养的技能服务于汉语国际教育，将自己的青春和才华奉献于国家汉语国际推广事业。

目前，该项目的第一期（2007—2009）已经顺利完成，第二期（2010—2013）也已启动。国家汉办和纽大对这一中外高校联合培养国际汉语教师的办学模式予以充分的肯定，该项目也率先成为了一种能适应国际环境的汉语国际教育种子教师的培养模式。

（原文刊于《国际汉语教育》，2011 年第 1 期）

学生职业发展与国际汉语教育的人才培养

——以华东师范大学为例

摘　要　本文通过对华东师范大学近三年(2010—2012)对外汉语专业本科生就业情况的分析,指出人才培养的理念需要不断更新、与时俱进。在确定人才培养的目标后要落实具体有效的措施,切实提高人才培养的质量,同时人才培养要为学生的职业/专业发展和国际汉语教育的事业服务。夯实专业基础、强化外语能力、培养实践能力、拓展国际视野、加强国际合作是培养高质量国际汉语教育人才的重要途径。

关键词　学生职业发展　国际汉语教育　人才培养　华东师范大学

一、学生就业情况分析

根据国家教育部高教司代表在“2010全国高校对外汉语专业建设研讨会”(北京语言大学、华东师范大学、北京外国语大学、上海外国语大学联合主办,2010年12月10—12日)上的讲话,目前中国大陆大约有285所院校开设对外汉语专业,每年招收本科生约15000名。[在教育部不久前公布的新修订的《普通高等学校本科专业目录》(2012)中,对外汉语(代码050103)被汉语国际教育(050103)所替代,后者包括原来的对外汉语(050103)、中国语言文化(050106W)和中国学(050108S)。]

中国台湾地区2010学年度在读的学生数为:学士生2223名、硕士生679名、博士生39名;当年毕业生人数为:学士生229名、硕士生90名、博士生0名(王昭文,2012)。

这样一个庞大的学生人数,其就业情况究竟如何呢?由于一些院校专业的随意设置和任意扩大,导致本专业人气下降,很多毕业生就业情况不佳。在“对外汉语本科专业建设与发展研讨会”(上海师范大学,2011年9月17—18日)上传出,江苏省的对外汉语专业已经被列入“限制性发展专业”(即不能再扩大的专业)。但在普遍不被市场看好的情况下,也有许多学校努力奋进,坚持高质量的人才培养标准，精心进行专业建设，突破瓶颈，就业情况良好。下面以华东师范大学（以下简称“华东师大”）对外汉语学院本科生为例进行分析。

1.1 2010 届毕业生就业情况

2010 届（2006 级）共有毕业生 71 人，其中赴国外和中国香港地区读研学生为 20 人，占毕业生总数的 28.17%（约 28%）；在中国内地读研的为 17 人，占毕业生总数的 23.94%（约 24%）；中外教育单位/机构就职的为 14 人，占毕业生总数的 19.72%（约 20%）；企事业单位就职的为 19 人，占毕业生总数的 26.76%（约 27%）；待就业 1 人，占毕业生总数的 1.41%（约 1%）（见图 1）。

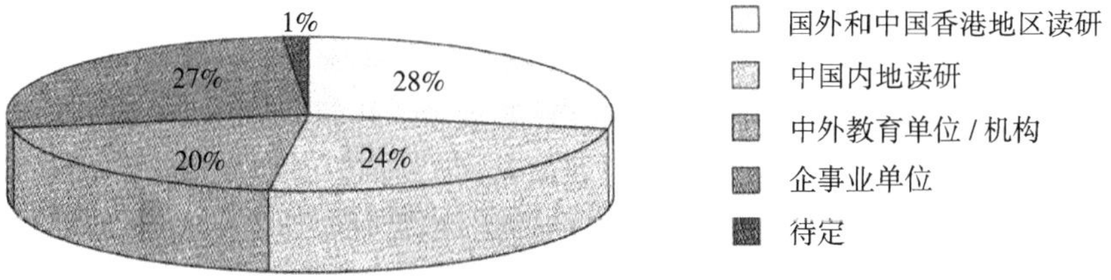

图 1　2010 届毕业生就业情况（共 71 人）

具体读研或就业单位如下：

1.1.1 国外和中国香港地区读研大学（未标具体人数者均为 1 人，下同）

美国：哥伦比亚大学/Columbia University（3 人）、宾夕法尼亚大学/University of Pennsylvania（2 人）、纽约大学/New York University（5 人）、俄勒冈大学/University of Oregon、纽约州立大学/State University of New York；

澳大利亚：墨尔本大学/The University of Melbourne；

英国：利兹大学/University of Leeds、伦敦大学/University of London、埃克赛特大学/University of Exeter、巴斯大学/University of Bath、华威大学/The University of Warwick；

中国香港地区：香港中文大学/The Chinese University of Hong Kong。

1.1.2 在中国内地读研情况

华东师范大学对外汉语学院（5 人）、华东师范大学国际汉语教师研修基地（10 人）、复旦大学、上海交通大学。

1.1.3 中外教育单位/机构

国际学校:上海新加坡国际学校;

英国驻上海总领事馆教育处;

大学:长春师范学院分院、华东师范大学对外汉语学院;

中学:重庆江津中学、上海市南洋模范初级中学、上海市复兴初级中学、西部志愿者支教;

小学:上海市浦东新区建平实验小学;

其他教育机构:上海启振教育信息咨询有限公司(2人)、上海外服国际人才培训中心、杨浦区职业技能培训中心、新东方精英中心。

1.1.4 企事业单位

银行:汇丰银行、中国工商银行上海分行;

公司等:通用磨坊中国投资有限公司、中电电气集团有限公司、上海乐购超市有限公司、捷顺旅游制品、上海和平饭店有限公司、上海静安希尔顿酒店(2人)、上海良珩建设工程有限公司、韩国新世界集团、和路雪(中国)有限公司上海分公司、上海诺姆软件科技有限公司、上海睿智化学有限公司、欧斯化工、思拓软件、煤科总院上海分院、上海世纪出版集团、上海图书馆上海科学技术情报研究所采编中心。

2010年对外汉语学院被评为“华东师范大学2009—2010学年学生就业和职业发展教育工作先进集体”(全校只有5个单位获此称号,其他4个是:软件学院、信息科学技术学院、金融与统计学院、设计学院)。

1.2 2011届毕业生就业情况

2011届(2007级)共有毕业生77人,其中赴国外和中国香港地区读研学生为20人,占毕业生总数的25.97%(约26%);在中国内地读研的为13人,占毕业生总数的16.88%(约17%);中外教育单位/机构19人,占毕业生总数的24.68%(约25%);企事业单位24人,占毕业生总数的31.17%(约31%);待就业1人,占毕业生总数的1.3%(约1%)(见图2)。

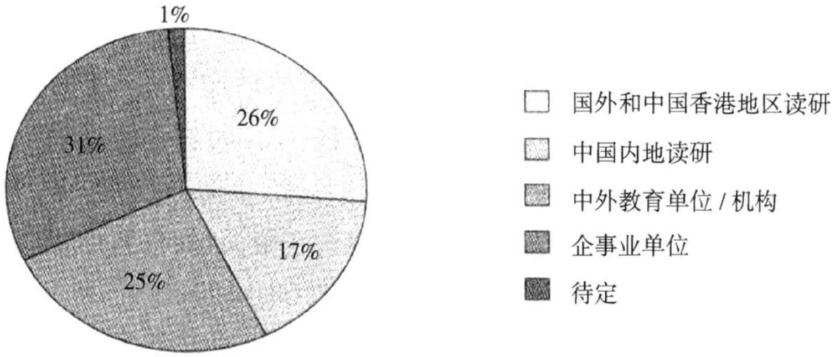

图 2　2011 届毕业生就业情况(共 77 人)

具体读研或就业单位如下：

1.2.1 国外和中国香港地区读研大学(未标具体人数者均为 1 人，下同)

美国：斯坦福大学/Stanford University、哥伦比亚大学/Columbia University、宾夕法尼亚大学/University of Pennsylvania、纽约大学/New York University(3 人)、加利福尼亚州立大学洛杉矶分校/UCLA、蒙特雷国际研究院/Monterey Institute of International Studies；

加拿大：温莎大学/The University of Windsor；

英国：伦敦大学/University of London、曼彻斯特大学/University of Manchester、纽卡斯尔大学/Newcastle University(2 人)、华威大学/The University of Warwick、罗浮堡大学/Loughborough University；

澳大利亚：昆士兰大学/University of Queensland；

中国香港地区：香港大学/The University of Hong Kong、香港理工大学/The Hong Kong Polytechnic University(3 人)。

1.2.2 在中国内地读研情况

北京大学、华东师大对外汉语学院(7 人)、华东师大中文系(2 人)、华东师大国际汉语教师研修基地(2 人)、上海财经大学。

1.2.3 中外教育单位/机构

国际学校：上海市大宁国际小学(2 人)、上海耀中国际学校；

英国驻上海总领事馆教育处；

中学：上海市风华初级中学、宝山中学、上海市信息管理学校董恒甫高级中学、西南位育中学、上海市松隐中学、上海市长明中学、温州第二外国语学校；

小学：上海市闸北区第三中心小学、七宝外国语小学、上海市世界外国语小学；

其他教育机构：上海师源教育人力资源有限公司、中智国际教育培训中心、上海集韵文化传播有限公司、TLC-CIIC 上海汉语中心、上海快乐学习教育咨询有限公司。

1.2.4 企事业单位

会计师事务所：普华永道/Price Waterhouse Coopers(PWC)、德勤会计师事务所/Deloitte Touche Tohmatsu(DTT)(2 人)；

银行：中国工商银行上海分行、汇丰银行上海分行、中国银行宁波分行；

公司等：中国联通上海市分公司、亚德诺半导体技术(上海)有限公司、上海市东浩人才资源有限公司、上海分乐广告有限公司、泽恩实业咨询有限公司、倍福中国、上海世纪出版股份有限公司、艺电计算机软件(上海)有限公司、埃森哲(中国)有限公司、中国四达国际经济技术合作有限公司上海分公司、上海宝狮缝纫机有限公司、说宝堂信息科技有限公司、上海东方航空公司、阿瘦(上海)贸易有限公司、德科人才咨询有限公司、上海烟草包装印刷有限公司、上海音像出版社。

其他单位：英国旅游局

2011 年对外汉语学院再次被评为“华东师范大学 2010—2011 学年学生就业和职业发展教育工作先进集体”(全校只有 5 个单位获此称号，其他 4 个是：金融与统计学院、信息科学技术学院、软件学院、公共管理学院)。

1.3 2012 届毕业生就业情况

2012 届(2008 级)共有毕业生 88 人，其中赴国外和中国香港地区读研学生 29 人，占毕业生总数的 32.95%(约 33%)；在中国内地读研学生 16 人(包括直研 13 人和考研 3 人)，占毕业生总数的 18.18%(约 18%)；中外教育单位/机构 22 人，占毕业生总数的 25%：企事业单位 19 人，占毕业生总数的 21.59%(约 22%)；国家及地方项目 1 人，占毕业生总数的 1.14%(约 1%)；待就业 1 人，占毕业生总数的 1.14%(约 1%)(见图 3)。

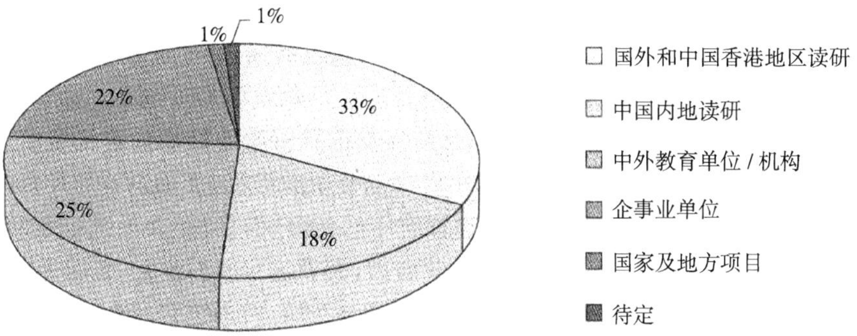

图 3 2012 届毕业生就业情况(共 88 人)

具体读研或就业单位如下：

1.3.1 国外和中国香港地区读研大学(未标具体人数者均为 1 人,下同)

美国:哈佛大学、哥伦比亚大学、纽约大学(6 人)、波士顿大学、迈阿密大学、俄勒冈大学、德州农工大学、卡内基麦隆大学/Carnegie Mellon University(2 人)；

英国:谢非尔德大学/The University of Sheffield;

加拿大:不列颠哥伦比亚大学/UBC;

新加坡:南洋理工大学国立教育学院(7 人,攻读新加坡教师资格证+就业)；

日本:东京大学；

中国香港地区:香港中文大学(3 人)、香港理工大学、香港浸会大学。

1.3.2 在中国内地读研情况

华东师大对外汉语学院(9 人直研)、华东师大思勉高等研究院(直研)、华东师大国际汉语教师研修基地(4 人,其中 3 人直研,1 人考研)、复旦大学(考研)、外交学院(双学位)(考研)。

1.3.3 中外教育单位/机构

中小学:上海市闸北第八中学、上海市建平实验中学、上海市世界外国语中学(2 人)、上海市青浦区凤溪中学、余杭市杭州二中树兰实验学校、北京市朝阳区世纪东方学校、上海市浦东新区建平实验小学；

其他教育单位/机构等:华东师范大学招生办公室、上海市长宁区教育学院、上海市徐汇区未成年人心理健康辅导中心、昂立教育集团青少年外语培训基地、上海市昂立进修学院(2 人)、新东方语言学校、中智(上海)、上海市闸北区教育人才服务中心、上海汉吟教育信息咨询有限公司、上海上教国际交流有限公司；

教育培训(创业):对外汉语教师(自由职业);翻译(自由职业)。

1.3.4 企事业单位

银行:中国工商银行上海分行、中国银行绍兴分行、恒生银行、汇丰银行(中国)有限公司;

会计师事务所:德勤华永会计师事务所有限公司、安永华明会计师事务所上海分所;

公司等:美标(中国)有限公司、上海东浩人力资源有限公司、上海百德文化传播有限公司、上海第一财经传媒有限公司、青年报社、也买(上海)商贸有限公司、上海春秋国际旅行社(集团)有限公司、中国建筑股份有限公司上海分公司、上海赫基服饰贸易有限公司、衣恋(上海)时装贸易有限公司、联合利华服务(合肥)有限公司上海分公司、日本CIP公司(上海)、爱德威广告(上海)有限公司。

1.3.5 国家及地方项目

江苏省海门市大学生村官

2012年对外汉语学院连续第三年被评为"华东师范大学2011—2012学年学生就业和职业发展教育工作先进集体"(全校只有5个单位获此称号,其他4个是:金融与统计学院、信息科学技术学院、软件学院、数学系)。

1.4 三年就业情况小结

从总体上看,这三年学生就业总的趋向为:(1)攻读研究生学生数量占50%左右(2010年为28%+24%,2011年为26%+17%,2012年为33%+18%)。随着入职门槛的提高,对外汉语专业的本科生毕业后在大专院校直接从事本专业工作的可能性变得越来越小,因此,我们希望有更多的毕业生能继续深造,尤其是到国内外高水平大学攻读相关专业的研究生(吴勇毅,2011)。作为一所目标定位在高水平、综合性、研究型的大学,其学生的教育终点似乎不应该定位于本科毕业,所以我们鼓励更多的学生毕业后继续深造。当然,选择就业后再深造,进行继续教育也是一条个人职业生涯的发展之路。(2)各类教育单位占20%—30%(三年分别为20%、25%、25%)。同2010年相比,从2011年起,去教育单位工作的比例有了比较大的增长,主要是在中学、小学部分。就本科生而言,目前去中小学主要是任教,即当教师;去社会教育机构则有两种选择,或是当教师或是从事教学管理工作;而进入大学(机会非常少)主要是做教辅工作(如教务员、招生办工作人员等),即所谓行政人员。(3)去企事业单位的学生数量稳定在20%—30%左右(三年分别为27%、31%、22%)。

学院本科毕业生表现出来的突出特点是:去国外或中国香港的高水平大学读研的多,国际竞争力强;综合素质好,就业(适应)面宽广,也受到企事业单位的广泛欢迎(如进入银行、会计师事务所、知名外企等的较多)。

二、人才培养的目标和措施

2.1 观念的转变

2.1.1 专业对口与宽口径的关系处理(从专业对口到宽口径)

长久以来,我们培养对外汉语专业的本科生是希望他们能到学校,尤其是高校从事对外汉语的教学与科研工作,即所谓专业对口。但随着高校教师队伍结构的变化,目前形势的发展已经到了非博士不能进高校的地步,硕士都几乎不行,更不用说是学士了。但我们发现,许多从事专业培养的教师依然执着于所谓本科生毕业以后专业要对口的观念(就业困难在那些专业质量较低和办学目标不清晰的学校已经成为一个很大的现实问题了)。如果我们视野稍稍扩大一点,看看其他专业本科毕业生的情况,比如物理、化学等等,我们就会发现,这个观念太传统、太陈旧,已经不合时宜了。本科生毕业专业不对口已经是很自然、很普遍的现象,这是社会发展所致,因此我们培养的学生要宽口径,适应面宽广(比如可以在各类企事业单位工作)。但这是不是意味着这个专业毕业的学生就没有人能从事这个行业/专业的工作呢?如果是,那么这个专业设立的必要性又在哪儿呢?我们认为本科生就业一定要专业对口的观念是错误的,但也一定要有人去从事这个行业/专业的工作,否则设置这个专业就没有意义了。那么途径在哪儿,又怎么去实现呢?重要的途径之一就是继续深造,读研究生(硕士、博士)。硕士研究生毕业可以在中小学从事汉语教学工作或在高校从事本专业的教学管理工作,博士研究生毕业则可以进入高校从事教学及科研工作。从华东师大对外汉语专业本科毕业生的就业情况看,有50%左右的学生选择继续读研(另有20%—30%从事教育或和教育相关的工作),而且很多是去国外或中国香港地区读研,这些学生中应该说大部分已经从事或将来会从事国际汉语教育工作(学院跟纽约大学的合作项目培养了几十名硕士，这些学生从纽约大学毕业后几乎都在美国就业，成为汉语教师，其中有些很快就成为了骨干教师、种子教师），这就是这个专业存在及发展的必要，它是国际汉语教育人才培养的摇篮和基础。若以读研和去教育单位就职的视角看，学院学生的就业又是跟专业很对口的。

2.1.2 从面向国内到面向世界

现在的形势是，随着中国经济的快速发展，国家综合国力日益增强，在世界舞台上扮演的角色越来越重要，世界各国出现的“汉语热”持续升温，所需要的从事国际汉语教育的人才数量也越来越大，尤其需要有专业背景的人才。既然国内本科专业的就业市场相对饱和，就业相对困难，那么我们就把毕业生送出去，到国际上去竞争（这也是本专业办得成功与否的一个重要标志，即国际上高水平大学对你的毕业生和办学质量的认可程度如何），通过多种途径让他们成为真正的职业的国际汉语教学、科研和管理人员。但观念的转变必须要有高质量的人才培养才能使其变为现实。

2.2 培养目标的设立和采取的措施

关于对外汉语专业本科人才培养的目标，作为全国仅有的两个经教育部批准建设的特色专业之一（另一个是北京语言大学对外汉语专业），华东师大提出的是“双语、双文化、双能力”。这是针对对外汉语本科专业提出的，但我们认为也应延伸至研究生，甚至教师的培养（程度上可以有不同要求）。所谓“双语”是指汉语和外语（至少精通一门），尤其是外语应该达到很高的水平（汉语自不待言）。2010 年华东师大对外汉语本科参加英语专业八级证书考试的考生，通过率约为 88％（88.2％），2011 年通过率约为 96％（95.6％），2012 年通过率约为 86％（85.9％，71 人参加考试，61 人通过，其中 48 人为合格，13 人为良）。“双文化”是指中外文化兼修，以及在此基础上形成的跨文化（交际）知识和能力。过去我们只提“双语、双文化”，近年来，随着汉语国际推广事业的深入发展和形势的需要（汉语教学在世界各地蓬勃发展），我们又提出了“双能力”，即汉语作为第二语言/外语的实际教学能力和中华文化国际传播能力。强调实践能力是目前我国人才培养的大趋势，为此学院专门建立了一流的实践基地，比如：(1)上海国际电影节（中国唯一获得国际电影制片人协会认可的国际 A 类电影节）和上海电视节（简称“两节”）。“两节”是我们培养学生外语能力、跨文化交际能力和中华文化传播能力的重要实践基地，我们的学生也是“两节”工作(包括译片)的主力。学生的优异表现也使得对外汉语学院成为“两节”不可或缺的合作伙伴。学生们从辛勤的劳动中获得的是国际化的视野以及综合素质和独立工作能力的提升。学生在“两节”的表现也得到了主办单位和中外宾客的高度赞扬,许多媒体都做过报道。(2)华东师大对外汉语学院、上海美国学校等校内外教学实习基地。这是学院培养学生汉语作为第二语言/外语教学能力的有效的实践场所。尤其是在上海美国学校,学生跟随该校分派的带教老师参与各项教学活动,熟悉了整套国际学校的教学流程和教学规范,以及学生管理等。(3)国外实习基地。例如,学院与美国俄勒冈大学签订了“学生实习与教育研究项目”合作协议,学院的在读本科生去该大学修读一定的学分课程,同时“每位实习生将跟随一位俄勒冈州公立学校的教师,协助并参与课内外活动,并在教师指导下观察和学习东道国所采用的教学方法”。国外实习又带动了学生继续(在国内外)攻读硕士学位的积极性。总之,我们认为,高素质、高质量的国际汉语教育人才的培养应该朝“双语、双文化、双能力”的方向努力。

最近我们又根据汉语国际推广与传播的形势,提出了学生要具有一定的开展公共外交的能力(吴勇毅,2012),这是一个新的理念,对汉语和中华文化的国际传播具有重要的意义,将会逐步落实到我们的课程改革中去(如我们设想开设“公共外交概论”等选修课)。

三、以国际化的人才培养为核心

人才培养是学校教育的核心和中心,质量为根本,同时人才培养要为学生的职业/专业发展和国际汉语教育的事业服务,为此,我们有以下一些认识:

(1) 要夯实专业基础。要着重培养学生的汉语、外语、中国文化、外国文化、跨文化交际的知识和能力,拓展公共外交能力,尤其要注重把知识转化为能力。

(2) 强化外语能力。学生一定要熟练掌握一门外语,若能掌握两门以上外语则更好,要能用所学外语进行沟通、交流和专业学习。

(3) 培养实践能力。学院要在国内外建立长期的实习基地,为培养学生的实践能力打造各种平台,要争取在四年的学习期内让多数学生有一次出国实践/实习的机会,使办学和学生培养更加国际化。

(4) 拓展国际视野。对外汉语专业的学生应具有较开阔的国际视野,了解世界汉语教育的情况，了解多元文化，并且懂得如何把我们的“故事”（国情、文化等）告诉他人。

（5）加强国际合作。学院要大力开展国际合作，与国际上高水平的大学接轨，共同培养国际汉语教育人才，同时也为学生就业拓展渠道。

参考文献

王昭文．台湾地区华语教师专业发展研究[D]．上海：华东师范大学硕士论文，2012.

吴勇毅．汉语种子教师“直通车”培养模式[J]．国际汉语教育，2011(1).

吴勇毅．孔子学院与国际汉语教育的公共外交价值[J]．新疆师范大学学报（哲学社会科学版），2012(5).

（原文刊于《国际汉语教育》，2012年第2期）

深化专业改革，培养卓越人才：来自华东师大的报告

摘　要　2012年，"对外汉语"本科专业更名为"汉语国际教育"。以此为契机，华东师范大学对外汉语学院向学校提出了"对外汉语/汉语国际教育专业综合改革试点项目"的建设方案，开始了新一轮的专业改革。本文介绍了此次专业改革的建设目标和内容，提出了培养观念的改变，一定要把人才培养与学生的职业发展结合起来，努力打造各种实践平台，切实提高学生的实践能力和创新能力。

关键词　汉语国际教育　本科专业改革　卓越人才培养

随着汉语国际教育事业的不断发展，随着世界各国对汉语教学需求的不断增长，随着地球村多元文化的不断相互了解、交流和交融，以往的专业建设需要改革，以适应新形势对人才培养的要求，并以此获得专业的进一步拓展和发展空间。2012年，华东师范大学对外汉语学院向学校提出了"对外汉语/汉语国际教育专业综合改革试点项目"的建设方案，开始了新一轮的专业改革。①

一、建设目标和内容

专业建设的核心是人才培养，而人才培养又要紧密围绕着大学的精神和办学理念以及服务于国家和社会的宗旨。著名教育家、教育学家，华东师范大学第一任校长孟宪承（1951年起任）在20世纪30年代就对大学精神或者大学理想做过精辟论述。他指出，"大学的理想，实在就含孕着人们关于文化和社会的最高的理想"，

---

① 据教育部相关部门在"2013年全国高校汉语国际教育/对外汉语本科专业建设研讨会"（北京语言大学，2013年10月26—27日）上披露，目前全国在教育部正式注册的对外汉语/汉语国际教育本科专业已经由2010年的285个发展到2013年的342个，在校生达到63933人。

它包括“智慧的创获”“品性的陶熔”“民族和社会的发展”三个基本要素。这可以使我们联想到今天人们常说的大学的责任，即人才培养、科学研究、服务社会与文化的传承和创新。华东师范大学哲学家童世骏教授用三个英文词来概括，即“Creativity，Character，Community”。

华东师大的上一任校长(2006—2012)、现任上海纽约大学校长俞立中教授，把学校的发展战略(development strategies)概括为三个I：Innovation(创新)，Interdiscipline(学科交叉)，Internationalization(国际化)，这些可以视为我们专业改革的背景、理念和方向。

此次专业改革的目的就是要根据学校的办学理念和发展战略，进一步夯实学生的专业基础知识，强化其实践能力，提高其创新意识和创新能力，努力培养卓越人才。

具体来说，就是根据我们自己所设定的人才培养目标，即“双语、双文化、双能力(后者是最近两年新加入的)”提出建设目标：以此次综合改革为抓手，通过自主设计建设方案，推进培养模式、教学团队、课程教材、教学方式、教学管理等专业发展重要环节的综合改革，促进人才培养水平的整体提升，形成教育观念先进、改革成效显著、特色更加鲜明的专业点，希望能走在全国各兄弟院校同类专业建设的前列，当个尖兵。具体建设内容包括教学团队建设、课程与教学资源建设、教学方式方法改革、强化实践教学环节、教学管理改革等方面。所取得的一些成绩和一些做法将在项目结项时集中展示。

二、把人才培养与学生的职业发展结合起来

在2010年的“全国高校对外汉语专业建设研讨会”上，我曾报告过我们的一个培养模式，叫做“汉语种子教师‘直通车’培养模式”，那是介绍我们学院跟美国纽约大学合作培养国际汉语教师的一个项目(吴勇毅，2011)。2012年，在“首届汉语国际传播学术研讨会”上，我有一个关于“学生职业发展与国际汉语教育的人才培养”的报告(吴勇毅，2012)，其中提出，在人才培养的观念上一定要转变，这包括从专业对口到宽口径的转变，以及从面向国内到面向世界的转变。今天我们要强调的是第三个转变，即从纯知识传授到知识与实践能力相结合，尤其注重实践能力(包括我们新加入的“公共外交能力”)培养的转变。并且在这个过程中，一定要把人才的培养与学生未来的职业发展统一起来考虑，为他们未来的职业发展铺好路，不能只

管招进来，而不顾学生的就业和未来的职业发展。

每一个观念的转变，都会有相应的成果出现，当然这也要依赖于相关措施的配套和专业改革、专业建设的深入。我举例谈谈许多老师感兴趣的就业问题。我们学院已经连续多年被评为"华东师范大学学生就业和职业发展教育工作先进集体"（全校每年评出 5 个单位，俗称"就业奖"），2013 年我们学院更是达到了全校评比总分第二的好成绩。这里不单纯是一个就业率的问题（学院本科生、研究生的就业率 2013 年是双百），还有就业质量的重要因素。比如 2013 年，学院共有 85 名本科生毕业，其中有 29.4％（25 人）的毕业生去国外、境外的高水平大学读研。这些学校包括：美国宾夕法尼亚大学、哥伦比亚大学、纽约大学、威斯康星麦迪逊大学、印第安纳大学、爱荷华大学、洛约拉马利蒙特大学；英国爱丁堡大学、利兹大学、杜兰大学、兰卡斯特大学；澳大利亚悉尼大学、昆士兰大学；香港科技大学、香港大学、香港中文大学、香港城市大学。近三年（2011—2013）学院本科生学生进入的大学还有：美国哈佛大学、斯坦福大学、加州大学洛杉矶分校、蒙特雷国际研究院、波士顿大学、迈阿密大学、俄勒冈大学、卡内基梅隆大学、德州农工大学；加拿大不列颠哥伦比亚大学、温莎大学；英国伦敦大学、曼彻斯特大学、纽卡斯尔大学、华威大学、罗浮堡大学、谢菲尔德大学；新加坡南洋理工大学国立教育学院；日本东京大学；香港理工大学、香港浸会大学等。

这有三方面的意义：一是体现了办学质量（我们自己有一个非常简单的衡量标准：你的专业办学质量好不好，其中一条就是看世界知名院校要不要你的学生去继续深造。如果它们愿意接收，至少说明对我们学生水平和办学质量是认可的），二是符合学校的国际化战略，三是为本科生进一步从事与汉语国际教育相关的教学与研究工作以及将来的职业发展打通了道路，人才培养从服务国内到面向世界。纽约大学跟我们的合作项目到期了，我们又开拓了其他的合作项目（比如 2012 年的新加坡项目等）。

以上数字（29.4％）加上在中国内地读研的 16.5％（14 人）、再加上在学校和教育机构从业的 24.7％（21 人），总比率达到了 70.6％（25＋14＋21＝60 人）。这个数字和比例大致可以回答本科毕业生中到底有多少人还从事或将会从事与我们专业相关的工作。余下的 29.4％（25 人）的毕业生去银行（包括四大会计事务所）、公司和企事业单位工作，这就是我们所说的宽口径。而其能够被录用的核心的支撑能力（除了本专业的厚实基础以外）之一首先是外语（近三年我们学院本科生英语专业八级考试的通过率为96%、86%和97%)，其次是丰富扎实的实习经历。

三、打造各种实践平台，拓展学生国际视野

按照既定的培养目标，以及对学生实践能力的强调，我们努力打造三种类型的实践基地：国内的国际学校实习基地，国外的国际教育项目实习基地和上海国际电影节、电视节实习基地。前两者以培养学生汉语国际教育能力为目标，后者以培养学生中外文化交流能力为目标。

第一类基地以上海美国学校为例。对外汉语学院在美国学校管理方的支持和协助下，在美国学校设立了汉语教学实习基地。每年经过美方教学管理人员和带教老师的严格面试选拔，学生于第三学年的第二学期参加教学实习(通常有12位同学)。上海美国学校为学生提供了近距离地接触和观察、了解国外先进教学理念和教学模式并亲身实践的平台。同时，这些学生也为美国学校的后备教学力量提供了新鲜血液，还为美国学校更好地融入中国社会打开了一扇窗。

第二类基地以美国俄勒冈大学为例。对外汉语学院与该校第二语言研究中心(Center for Applied Second Language Studies)达成协议，由我院学生申请参加该中心为期一个学期的国际教育项目实习。比如2011年9月1日至2012年1月20日，学院有9位同学参加了这个项目的实习。

1. 在校实习

9名学生分别被安排在8所当地小学实习，这8所小学代表了美国教育制度下的不同类别的学校：教会学校、普通公立学校、特色公立学校(charter school)以及蒙特梭利(Montessori)学校。除了分配的学校以外，他们还有机会参观其他类型的学校。

每一个学生有一名指导教师，他们在指导老师的指导下，每周在学校实习4天半。虽然每所学校对学生的要求不同，总体上说实习大概分为三个阶段：(1)适应熟悉环境阶段。这个阶段历时3到4周，学生熟悉语言、地理、人文环境，为下一个阶段做好准备工作，一般指导教师在此阶段会要求她们听课、做笔记、记住学校的作息制度、学生的姓名以及课程安排等。(2)实习阶段。学生开始参与教学工作，例如帮助老师准备上课材料、主持小组讨论、一对一帮助后进学生的数学或阅读，最后独自教授一些中国语言文化课程，或者数学、阅读等课程。这个阶段历时3个

月左右。(3)总结评估阶段。最后3到4周学生开始对实习进行反思,总结所学到的教学法和实习心得。

这9位学生都出色地完成了实习任务,得到了实习学校老师和家长的高度赞扬。8所学校都纷纷申请在下一个学年度再次接收华东师范大学来的学生。这些学生因地制宜,根据每所学校的不同情况,设计了教学大纲,自己开发了适合当地情况的教学材料。俄勒冈大学在其撰写的实习总结报告中表示:"俄勒冈大学所在地尤金华人不多,有很多学校的孩子从来没有和中国人接触过,华师大学生们的努力为传播中国语言文化做出了很大贡献,这也要感谢华东师范大学对外汉语学院为我们输送了那么优秀的人才。"

2. 专业课程

学生除了每周在学校实习4天半以外,还必须在俄勒冈大学选修两门课(6个学分):比较教育学和语言教学法。教学形式包括:教师或特约专家讲课、学生演示以及讨论等。所讨论的论题涵盖了文化、教育、教学法、语言学等各个领域,学生把课上所学的理论知识与在校实习的实践相结合,最后完成一篇论文。论文的要求是通过需求分析为当地的学校设计一个教学大纲,大纲必须包括:教学目标、对象、教材、具体实施计划以及10个教案,最后要加上总结反思。

类似这种成功的项目已经由对外汉语学院拓展到了全校。按照学校国际化战略的要求,希望本科生在四年的学习期间能够有一次出国实践/实习的机会。目前学院能够达到的比率已经超过20%,虽在学校领先,但离目标尚远,还需努力。

第三类基地是上海国际电影节、电视节(俗称"两节")。这是我们和上海文广集团打造的基地。我们学生要承担影片翻译,国际评委、来宾和媒体记者的注册、接待或翻译工作。通过实践,学生对国际大型文化活动的运作有了深入了解,实践与创新能力、责任意识和跨文化沟通协调能力得到了全面提高,而学生的专业素养和工作业绩也多次得到上海市文广集团的表彰。

这些实践平台有些我们已经建立了很久,有些刚打造起来,还有些正在策划中,我们想通过这次专业综合改革把已有平台的基础打造得更厚实一些,再拓展一些新的平台,使更多的学生能到国外实习,拓展他们的国际视野,朝着卓越人才培养的方向努力。

参考文献

吴勇毅. 汉语种子教师"直通车"培养模式[J]. 国际汉语教育,2011(1).

吴勇毅. 学生职业发展与国际汉语教育的人才培养——以华东师范大学为例[J]. 国际汉语教育,2012(2).

(原文刊于《对外汉语研究》第十一期,商务印书馆,2014 年)

公共外交、孔子学院与国际汉语教育的人才培养

摘　要　公共外交作为新形势下的一种外交形式，正越来越受到我们国家的重视。所谓公共外交，“指的是‘政府外交’以外的各种对外交流方式，包括了官方与民间的各种双向交流。这些交流的目的是直接促进外国公众对本国的了解，提升本国在其心目中的形象，进而促成外国政府对本国政策的改善”。孔子学院的宗旨与使命决定了它与我国的公共外交有着天然的联系，甚至可以说是其重要组成部分。孔子学院和国际汉语教育是中国文化走出去国家战略的重要举措，也是开展公共外交的有力平台。作为推广与传播中国语言和文化的使者，作为开展公共外交的“民间外交官”，我们应该在新视角下重新审视国际汉语教育人才的培养，要在夯实语言知识与语言教学技能的基础上，更加重视文化传播能力与开展公共外交能力的培养。把孔子学院建设和国际汉语教育的人才培养放在公共外交的国家战略平台上看，是教育单位和教师应具有的大局观。

关键词　公共外交　孔子学院　国际汉语教育　人才培养

一

近几年，公共外交(Public Diplomacy)作为新形势下的一种外交方式，正越来越受到我们国家的重视。其标志是：首先，2009 年 7 月，胡锦涛主席在第十一次驻外使节会议上发表重要讲话，提出中国要开展公共外交，他的讲话“第一次将公共外交提升到外交全局的战略高度，对新形势下推进公共外交具有重要指导意义”(杨洁篪，2011)。其次，2010 年 3 月全国政协外事委员会创办了全国第一本公共外交专门刊物《公共外交季刊》(*Public Diplomacy Quarterly*)，由赵启正任总编，其使命是“助力于中国公共外交”。再次，2011 年 3 月赵启正先生出版了《公共外交与跨文化交流》一书。随后，外交部长杨洁篪在《求是》杂志 2011 年第 4 期上发表了“努力开拓中国特色公共外交新局面”的重要文章。

所谓公共外交，赵启正(2009、2011)是这样概括的：它和政府外交组成国家的整体外交，指的是政府外交以外的各种对外交流方式，包括政府与民间的各种双向交流。参与公共外交的各方从各种角度表达本国国情，说明国家的政策，表现本国文化，介绍外国公众对本国有兴趣之处以及解释外国对本国的不解之处，并同时在国际交流中了解对方的有关观点。通过公共外交，可以更直接、更广泛地面对外国公众，从而能更有效地增强本国的文化吸引力和政治影响力，改善国际舆论环境，维护国家的利益。开展公共外交的目的是提升本国的形象，改善外国公众对本国的态度，进而影响外国政府对本国的政策。公共外交的行为主体包括政府、民间组织、社会团体、社会精英和广大公众等多个层面。杨洁篪(2011)认为："公共外交作为对传统外交的继承和发展，通常由一国政府主导，借助各种传播和交流手段，向国外公众介绍本国国情和政策理念，向国内公众介绍本国外交方针政策及相关举措，旨在获取国内外公众的理解、认同和支持，争取民心民意，树立国家和政府的良好形象，营造有利的舆论环境，维护和促进国家根本利益。"尽管对公共外交的对象(即向谁开展公共外交)理解略有不同，但从他们的论述中，我们仍然可以看到公共外交的一些特点：首先是公众参与性。这是公共外交和政府外交的根本区别之一。公共外交由政府主导，自然有政府的参与，但同时更重要的是有社会各阶层公众的参与，它既包括政府与公众的交往与交流，也包括公众与公众的交往与交流。可以是"一国政府对他国公众""一国公众对他国政府"，也可以是"一国公众与他国公众"(赵启正，2011)。胡锦涛主席访问芝加哥市佩顿中学(2011 年 1 月 21 日)及其孔子学院(芝加哥孔子学院是美国唯一一所设在中学的孔子学院，由芝加哥公立教育局与华东师范大学合作建立)，并邀请佩顿中学(Walter Povyton College Preparatory High School)师生到中南海做客(2011 年 7 月 15 日)以及参加 2010 上海世博会，这可以说是公共外交开展的典范。美国总统奥巴马访华，与上海大学生对话(2009 年 11 月 16 日)，进行面对面的交流，也是开展公共外交。其次是方式多样性。公共外交是以各种传播和交流手段让世界了解进而理解自己的国家和社会，开展公共外交的渠道、方式是多样的。比如，2003—2005 年中法两国互办了"文化年"，2011—2012 年又互办"语言年"，"中法人文交流呈现出多层次、多渠道、主体多元、形式丰富的新格局"，"两国语言文化的深入交流，为中法两国关系和两国人民友谊的发展打下了重要基础"，"经过双方多年共同努力，中法两国语言文化交流正处于历史上最辉煌的时期。在此过程中，法语联盟和孔子学院发挥了十分重要的推动作用”(贺国强,2011)。可见,在开展公共外交的多种渠道和方式中,孔子学院是一个重要的平台。第三是双向互动性。公共外交不是刚性的单向宣传或说教,而是柔性的双向互动。开展公共外交,不仅要努力通过讲本国的“故事”使他国公众乃至政府了解本国的历史和现实的社会,还要倾听他们的观点和意见,并为他们答疑解惑,以真实、真诚在互动中赢得理解和尊重。第四是目的明确性。开展公共外交的目的是非常明确的,就是为了通过交流与对话让别国公众和政府真正了解自己的国家(包括其立场和观点),消除误解和错误观念,提升本国在别国公众中的形象和影响力。中国的公共外交就是要通过各种渠道和方式在他国公众中塑造真实、客观、正确的中国国家形象,其基本任务“是向世界说明中国,促进外国公众认识真实的中国——包括中国的文化传统、社会发展、经济状况、政治体制和对内、对外政策等等”(赵启正,2011)。

孔子学院和国际汉语教育是中国文化走出去国家战略的重要举措,也是开展公共外交的有力平台。

二

国家汉办/孔子学院总部2010年度报告显示,自2004年11月在韩国首尔成立全球第一所孔子学院以来,截至2010年底,已在96个国家和地区建立了322所孔子学院和369个孔子课堂(据笔者得到的数据,截至2011年6月,国家汉办在98个国家与国外单位合作,已建立了345所孔子学院和457个孔子课堂,发展速度依然很快,势头依然强劲)。

孔子学院的宗旨和使命是“增加世界人民对中国语言和文化的了解,发展中国与外国的友好关系,促进世界多元文化发展,为构建和谐世界贡献力量”(《孔子学院章程》第一章“总则”第一条)。作为一个非营利性教育机构,孔子学院开展汉语教学和中外教育、文化、经济等方面的交流与合作(第一章“总则”第四、第五条)。它是一个以汉语推广和中华文化传播的方式促进各国公众之间的互相交流与学习、认识与对话的一个窗口和平台,具有公共外交的性质,从本质上可以讲,它就是公共外交的一个组成部分(外语教学本身具有的性质之一就是“对外”)或者说一种形式。杨洁篪(2011)指出:“中国的公共外交活动,旨在拉近中国与世界的距离,向外部世界展示一个真实的中国、一个致力于维护世界持久和平、推动各国共同繁荣的中国，消除外界对中国的偏见、误解和疑虑。同时，致力于增进各国人民之间的友好合作、相互了解与信任，为世界和平与发展做出贡献。……推动中华文明与世界其他文明的相互交流和借鉴，也是公共外交的应有之义。”这与孔子学院的宗旨十分符合。

软实力是一个国家综合实力/国力的重要组成部分，主要指其制度、意识形态、价值观、文化、国家及国民形象的吸引力、感染力、感召力、亲和力等所表现出来的影响力、所获得的认可度和认同感。它会深刻影响他国政府和公众对这个国家和人民以及由此而带来的国际关系的看法。汉语国际推广和文化传播不仅能给我们国家带来巨大的直接的和间接的经济利益，包括教育、文化产业、出版、旅游、外贸等方面，更重要的是能够提升我们国家的软实力。方颖(2011)的研究表明：“中国对美国大规模开展汉语推广项目，能够促进中美贸易的发展，增强美国人民对中国的认同感，拉近中美距离。同时也在美国人心中更新神秘的文明古国中国的古老形象，重新构建起全新的积极的中国形象。”南非大学政治学学者法哈娜・帕鲁克(2011)(在她与加思・希尔顿合作的《中非合作论坛：一次战略机遇》一书中指出，中非合作论坛是中国平等对待非洲的一个例证)说：“为了更好地与中国人交流及研究工作，我专门请了中国人当老师，坚持每周学习中文。最近几年里，我已经去过中国 7 次，到过 15 个省份，去年还参观了上海世博会，其情景至今让我难忘。每次中国之行，我都能看到很多新鲜事物，我经常在想：究竟是什么让中国不断进步发展。中国政府的治理和决策经验其实对发展中的非洲很有借鉴作用。”

我们开展汉语国际推广和中华文化传播是为了“增加世界人民对中国语言和文化的了解，发展中国与外国的友好关系”，这也能够为中国的和平发展创造良好的国际环境，铺平健康的道路。“语言文化的外交功能能够帮助中国在国际舞台上树立国际话语权和自信心，从而赢得更大的发展空间。”(方颖，2011)

作为汉语国际推广龙头、窗口和平台的孔子学院已经拓展出一条我国公共外交的新途径，它能够被那么多国家和学校所自愿接受并合作参与，本身就是公共外交所取得的巨大成功。如果从公共外交的战略角度看，孔子学院的作用绝不仅仅是教授汉语和传播中华文化，而应该担负起更多的公共外交的责任，推动中华文明与世界其他文明的相互交流和借鉴，向外国公共介绍和展示一个真实的中国，引导他们“更多地理解中国的历史文化、发展道路、治国理念、内外政策”(杨洁篪，2011)，通过教授汉语和传播中华文化的活动(另一种形式的公共外交活动)树立一个积极、全面和客观的中国国家形象，促进世界多元文化发展，克服单边主义，为构建和谐世界贡献力量。即使是通过语言（无论是用汉语还是学习者的母语）来传播中华文化，也应注意更深层次的[通常把文化结构分成四个层次：一是物态文化层；二是制度文化层；三是行为文化层；四是心态文化层。后者指人们的社会心理和社会的意识形态，包括人们的价值观念、审美情趣、思维方式以及由此而产生的文学艺术作品。这是文化的核心部分，也是文化的精华部分（程裕祯，1998）]。

孔子学院应该成为开展公共外交的抓手，在公共外交中发挥更大的作用。我们要借助这个平台让“老外”学习汉语，用汉语了解中国、中国社会和文化，并能用我们的语言（汉语）来表达他们的观点和看法，同时在接触中国语言、文化和社会后，又能用他们的语言（母语）向其同胞讲述我们的“故事”。

孔子学院的建设需要大量的国际汉语教育人才的支撑，因此国际汉语教育人才的培养可谓至关重要。

三

2010 年我们国家向世界上 114 个国家派出的汉语教师已经达到了 3000 人，向 81 个国家派出的志愿者教师为 3099 人（《国家汉办/孔了学院总部 2010 年度报告》），总量达到了历史最高，但这依然远远不能满足汉语国际推广事业和国外用人单位的需求。刘延东国务委员在全国第一次孔子学院工作会议（2010）上指出：“由于全球‘汉语热’急剧升温，各国对师资数量和质量都提出了更高度的要求，我们必须把教师队伍建设摆在发展孔子学院更加突出的位置。”其实，国际汉语教育人才培养的核心是培养什么样的人才，如何培养，通过什么渠道来培养等。

关于培养什么样的人才，即人才培养的目标，华东师大提出的是“双语、双文化、双能力”。这是针对我们的对外汉语本科（教育部批准建设的特色专业）提出的，但我们认为也应延伸至研究生和教师（程度上可以有不同要求）的培养。所谓“双语”是指汉语和外语（至少精通一门），尤其是外语应该达到很高的水平（汉语自不待言）（2011 年华东师大对外汉语本科参加英语专业八级证书考试的考生，通过率为 95.6%）；“双文化”是指中外文化兼修，以及在此基础上形成的跨文化知识和能力。过去我们只提双语、双文化，近年来，随着汉语国际推广事业的深入发展和形势的需要，我们又提出了“双能力”，即汉语作为第二语言/外语的教学能力和中华文化国际传播能力。强调实践能力是目前我国人才培养的大趋势，为此我们专门建立了一流的实践基地：第一，上海国际电影节（中国唯一获得国际电影制片人协会认可的国际A类电影节）和上海电视节（简称“两节”）。“两节”是我们培养学生外语能力、跨文化交际能力和中华文化传播能力的重要实践基地，我们的学生也是“两节”工作的主力。学生的优异表现也使得对外汉语学院成为“两节”不可或缺的合作伙伴。第二，上海美国学校、华东师大对外汉语学院等校内外教学实习基地。这是我们有效培养学生汉语作为第二语言/外语教学能力的实践场所。尤其是在上海美国学校，学生跟随美国学校分派的带教老师参与各项教学活动，熟悉了整套外国学校的教学流程和教学规范。第三，国外实习基地。例如，我们与美国俄勒冈大学签订了“学生实习与教育研究项目”的合作协议，学生去该大学修读一定的学分课程，同时“每位实习生将跟随一位俄勒冈州公立学校的教师，协助并参与课内外活动，并在教师指导下观察和学习东道国所采用的教学方法”。我们认为高素质、高质量的国际汉语教育的人才培养应该朝“双语、双文化、双能力”的方向努力。

从事汉语国际推广和国际汉语教育活动也是在进行公共外交和跨文化交际与交流。作为推广与传播中国语言和文化的使者，作为开展公共外交的“民间外交官”，我们应该在新视角下重新审视国际汉语教育人才的培养，要在夯实语言知识与语言教学技能的基础上，更加重视文化传播能力与开展公共外交能力（“双语、双文化、双能力”是其基础）的培养。其实，在近几年的孔子学院（课堂）教师、国家公派教师和志愿者教师的选拔考试中，除了语言文化知识和基本教学技能以外，考官都比较注意被选者在国外环境中独立开展工作（教学活动、文化活动、公共活动）的能力以及在工作中应对各种国际国内政治、社会、文化等问题和突发事件的能力，这可以概括为跨文化交际能力，也可以说是一种开展公共外交的能力。关于这方面能力的培养，赵启正（2009）提出：“对于个人，要练好‘内知国情，外知世界’的基本功。我们不但要会说，还要会听，还要会交流。而这些基础在于自身修养的提高，只有在这种具有中外文化比较性的自觉学习中，我们才会敏锐地感受到各国文化的差异，从而尊重差异，跨越差异。”

关于国际汉语教育的人才培养渠道，目前我们主要是针对两种人，通过两种渠道。两种人即汉语为母语者（若以国籍而论，主要是中国人和海外华人华裔）和汉语为非母语者；两种渠道是指学历教育的培养和业务提升的培训。从可持续发展的角度看，我们应该更加重视汉语为非母语的国际汉语教育人才(即通常所说的本土教师)，尤其是高层次人才的培养。

有关业务提升的培训，主要是三大块：一块是举行国家汉办/孔子学院总部外派汉语教师(包括志愿者教师)培训班，另一块举办海外汉语教师来华培训班(包括汉语为母语者与汉语为非母语者)，第三块是国家汉办/孔子学院总部派出专家组赴世界各国单独或与当地汉语教学专家一起培训所在国的汉语教师。外派汉语教师培训我们暂且不论。海外汉语教师来华培训的模式有多种(吴勇毅，2007)，培训时间不等(从两周到一学年)；有的是多国教师班(既有汉语为母语者又有汉语为非母语者，加上学员的母语背景不同，情况比较复杂)，有的是单国班。在一般情况下，单国班(学员母语背景单一)因其针对性强所以总体培训效果要好于多国班。经过这几年的实践，我们在综合性培训(语言知识、教学技能、文化与国情知识介绍、中华才艺等一起培训)方面积累了不少经验，但我们很少组织专项知识和技能的培训，也很少进行高级(advanced)的培训，从可持续发展的角度看，我们应该更多地开展专项知识和技能的培训，而且是“进阶”式的。另外，对单国教师的培训，应该更有针对性，这种针对性不是指我们容易组织教学和生活管理等，而应该是针对对方的语言和文化以及国情和职业特点(是大中小学教师，还是企业或机构教师等)等，进行对比式的教学(这需要培训的教师对对方的语言文化国情职业特点等比较熟悉)。这方面比较成功的案例是“中泰合作培养泰国本土化汉语教师”项目(2008—2011)。这是国家汉办与泰国教育部的三年合作计划，每期(一学年)培训120－140 名左右的泰国本土教师，开始由 6 所学校(北师大、华东师大、厦门大学、云南师大、首都师大、天津师大)承担，后来扩大到 10 所学校。该项目在泰国教育部项目评估中得到了高度肯定。国家汉办用三年的时间为泰国培训了几百名本土中小学汉语教师，其规模和影响都是巨大的。华东师大三年培训了 70 名左右这个项目的泰国教师(每年 20－25 名)，在此过程中，我们逐步积累了培训泰国本土教师的经验，同时也对泰语和泰国文化有了较多的了解，教学相长，项目越办越成功。这种培训模式效果是非常明显的。

在汉办专家组派出培训方面，过去主要是普训，现在也出现了新的变化。例如2010 年，国家汉办连续派遣了三批专家专程赴越南国家大学下属外国语大学中国语言文化系讲学。但不是做一般的教师培训，而是给他们的研究生班授课，是一门一门的学位学分课程(学生要完成课程作业获得学分)。由普训转变为研究生学历教育，在教学层次上提高了很多。

关于学历教育，2007年正式设立的“汉语国际教育专业硕士学位”发展很快，培养院校已由最初的24所增加到82所（国家汉办/孔子学院总部2010年度报告）。目前专业硕士研究生的培养还处在不断探索的阶段，课程设置也在不断调整。我们建议，有条件的院校可开设一门“公共外交（概论）”方面的课程（比如安排在拓展课程中），以拓展学生的公共外交知识，培养公共外交能力。

在“汉语国际教育专业硕士学位”设立后，国际汉语教育的人才培养大致形成了这样一个格局（以华东师范大学为例，其他学校可能略有不同）：首先是对外汉语本科专业（教育部特色专业）（主要是中国学生的培养，也有少量外国学生）和汉语言专业（外国学生的培养）；接下来有四条上升渠道：(1)攻读语言学及应用语言学专业（学科目录内，学术型）硕士研究生（中外学生兼容），(2)攻读对外汉语教学专业（自主设置/学科目录外，学术型）硕士研究生（中外学生兼容），(3)攻读汉语国际教育专业硕士学位（学科目录内，专业学位）（中外学生兼容），(4)去国外大学攻读相关专业硕士学位，或学位＋汉语教师资格证书（主要是中国学生）（“汉语种子教师‘直通车’模式”是其中之一，参见吴勇毅，2011。华东师范大学2011届毕业生有近30％的学生去国外或香港地区高水平大学攻读相关学位）；再接下来有三条上升渠道：(1)攻读语言学及应用语言学专业（学科目录内，学术型）博士研究生（中外学生兼容），(2)攻读对外汉语教学专业（自主设置/学科目录外，学术型）博士研究生（中外学生兼容），(3)去国外大学攻读相关专业博士学位（主要是中国学生）。

根据国际汉语教育的形势发展和人才培养的需要，今年我们进行了学科目录调整。最重要的变化是我们在全国第一个自主设置了“国际汉语教育”（学术型）的二级学科博士学位点（2012年招生），而不再设置对外汉语教学的博士学位点。它所涵盖的内容更加丰富，具有更广阔的增长和发展空间。国际汉语教育和中华文化传播也是我们国家开展公共外交的重要组成部分，我们希望培养这方面的高层次人才，同时也希望它可以成为为国际社会培养汉学家的摇篮。从长远看，它的设置也可以为将来有可能设置的汉语国际教育专业博士学位点（教育学已设专业博士学位）打下基础。这样一来，或许会出现一个国际汉语教育人才培养的新格局。

把孔子学院建设和国际汉语教育的人才培养放在公共外交的国家战略平台上看，是教育单位和教师应具有的大局观。

参考文献

程裕祯. 中国文化要略[M]. 北京:外语教学与研究出版社,1998.

法哈娜·帕鲁克. 中国平等对待非洲[N]. 人民日报,2011—8—5.

方颖. 汉语国际推广的双赢取向——基于SWOT模式的中美两国汉语教育政策及实施的对比研究[D]. 上海:华东师范大学硕士论文,2011.

国家汉办暨孔子学院总部. 国家汉办/孔子学院总部2010年度报告[C]. 2010.

贺国强. 在法国"汉语年"开幕式上的讲话[N]. 人民日报,2011—07—06.

吴勇毅. 海外汉语教师来华培训及培训模式探讨[J]. 云南师范大学学报(对外汉语教学与研究版),2007(3).

吴勇毅. 汉语种子教师"直通车"培养模式[J]. 国际汉语教育,2011(1).

杨洁篪. 努力开拓中国特色公共外交新局面[J]. 求是,2011(4).

赵启正. 中国进入公共外交时代[N]. 文汇报,2009—09—08.

赵启正. 公共外交与跨文化交流[M]. 北京:中国人民大学出版社,2011.

周文重,王保东. 奥巴马政府的公共外交[N]. 中国网china.com.cn,2010—06—02.

[原文刊于《新疆师范大学学报(哲学社会科学版)》,2012年第4期,发表时题目改为《孔子学院与国际汉语教育的公共外交价值》]

全球视野下的孔子学院与国际汉语教育

——为纪念中国孔子学院创办十周年而作

摘　要　在孔子学院创办十周年的今天，从不同的视角去总结经验，找出问题，形成策略，无疑将有助于汉语国际教育事业的发展与学科的进步。本文回顾了国际汉语教育的重要发展与变化，指出随着国际汉语教育的发展，孔子学院已成为开展公共外交的窗口与平台，而国际汉语教育的成功要选择双赢的取向。汉语成为全球性语言取决于在多数国家汉语能否融入基础教育主流，这是国际汉语教育的关键之一，决定着汉语未来的走向。

关键词　孔子学院　国际汉语教育　公共外交　汉语国际传播　双赢取向

一、引言

全球首家孔子学院是2004年11月在韩国首尔韩中文化协力研究院揭牌的，此后，2005年7月首届世界汉语大会在北京举行，2006年7月(首届)孔子学院大会在北京隆重召开，它是孔子学院创立以来的第一次全球大会，孔子学院总部由此诞生。这些都是孔子学院创立以来的标志性事件，尤其是首届世界汉语大会的召开，是一个转折点，它标志着中国对外汉语教学向汉语国际推广的转变(许琳，2007)，国家汉办以此为契机，提出了"六大转变"(笔者曾参与首届世界汉语大会的文件起草工作)，即：(1)发展战略从对外汉语教学向全方位的汉语国际推广转变；(2)工作重心从将外国人"请进来"学汉语向汉语加快"走出去"转变；(3)推广理念从专业汉语教学向大众化、普及型、应用型转变；(4)推广机制从教育系统内推进向系统内外、政府民间、国内国外共同推进转变；(5)推广模式从政府行政主导为主向政府推动的市场运作转变；(6)教学方法从纸质教材面授为主向充分利用现代信息技术、多媒体网络教学为主转变。"六大转变"可以视为一种宏观的发展战略，对孔子学院和汉语国际教育事业以及专业发展产生了重要的影响。

十年斗转星移，春华秋实，在"汉语加快走向世界是件大好事"的助推下，国际汉语教育着实发生了巨大的变化，孔子学院的建设也给汉语及中华文化的传播打开了一扇窗口，构筑了一个平台。但这是一个双向的平台，它同时也为世界了解华夏搭起了一座语言沟通、文化交流的桥梁。可以这样说，孔子学院是在各种争议中前进(《人民日报》，2014 年 6 月 20 日)，在中外文化的碰撞与交融中发展的。“横看成岭侧成峰，远近高低各不同”，若能以各人不同的观察视角去总结经验，找出问题，形成策略，无疑将有助于国际汉语教育事业的发展与学科的进步。

二、国际汉语教育的重要发展与变化

孔子学院的宗旨和使命是“增加世界人民对中国语言和文化的了解，发展中国与外国的友好关系，促进世界多元文化发展，为构建和谐世界贡献力量”(《孔子学院章程》第一章“总则”第一条)。汉语国际推广或汉语国际传播是国家的事业，也是国家(文化走出去)的战略之一(吴勇毅，2013)。作为一项事业，在孔子学院建设的有力推动下，国际汉语教育发生了深刻的变化。这种变化表现在国内、国外两个方面。

从国外来看，随着孔子学院的增加和助推[①]，全世界学习汉语的人数在较大幅度地增加(尽管有人对数字统计来源存有异议)，这是不争的事实[②]。透过学习汉语人数增加的现象，我们可以注意到两个非常重要的特点：一是学习汉语的中小学生，也就是说少年儿童增加了；二是汉语教学正在逐步走进所在国的国民教育体制(许多孔子学院都在帮助当地中小学开展汉语教学和中华文化活动)，成为体制内的外语教学科目，在美国甚至出现了“汉语沉浸式”(只说汉语)的幼儿园和小学。据法国国民教育部汉语总督学白乐桑先生介绍，在法国的基础教育中，汉语科目属于国民基础教育体系。十几年前，全法只有 14 个学区在基础教育中有汉语教学，到 2014 年已增至 29 个学区，覆盖了法国本土全境和一部分海外省；有 618 所初中、高中开设汉语课，近 40000 名中学生学习汉语。白乐桑先生是用“汉语教学的

---

① 根据许琳(2013)的表述，目前已经有 434 所孔子学院和 640 个孔子课堂在全球 117 个国家落地生根，注册学员达 70 万人，全球汉语学习者超过 5000 万人。另据《人民日报》(2014 年 6 月 20 日)，截至 2013 年底，全世界已有 115 个国家(地区)建立了 440 所孔子学院。

② 按照《孔子学院发展规划(2010—2020 年)》所制定的目标，到 2020 年全球孔子学院要达到 500 所，孔子课堂 1000 个，注册学员达到 150 万人。

崛起”来形容这种情势的(白乐桑,2014)。

2013年应毛里求斯共和国教育部的邀请,受国家汉办/孔子学院总部的委派,以华东师范大学对外汉语学院吴勇毅教授为组长,方欣欣副教授(首都师范大学)、丁安琪副教授(华东师范大学)为组员的三人评估工作组于10月7日至14日赴毛里求斯对该国的中小学汉语教学情况进行考察与评估。这是第一次由一个外国政府主动提出邀请,要求中国专家对其基础教育中的汉语教学进行评估并提出发展方略,具有历史意义。期间,评估工作组围绕着教学、教师、教材、考试、督学、课程、志愿者等问题与该国教育部、大学、中小学、考试中心等多个单位进行了沟通,并实地考察了多个中小学(包括随堂听课),与校长、一线教师和学生等进行了座谈。考察结束后,评估工作组向毛里求斯教育部提交了名为“Assessment Report on the Teaching and Learning of Modern Chinese in the Republic of Mauritius”的长篇评估报告。毛里求斯副总统、教育部长等许多高层领导接见了评估工作组并与之进行会谈,对汉语在国际社会的地位以及毛里求斯的汉语教学表示出高度的重视。

2013年10月下旬,印度中等教育委员会代表团访问中国,渴望健全和大力发展印度中等教育中的汉语教学,并希望中国专家赴印度帮助他们制定中等教育的汉语教学大纲。此后不久,由华东师范大学对外汉语学院叶军教授带领的工作组赴印度,完成了大纲的编制任务。

这些事件表明,汉语在世界上正逐步进入所在国的中小学国民基础教育体系,学习汉语“从娃娃抓起”对未来汉语能否成为真正的国际性语言起着重要的作用。恰如白乐桑先生所指出的:“汉语成为全球性语言取决于在多数国家汉语能否融入基础教育主流。”(白乐桑,2014)这是国际汉语教育的关键之一,决定着汉语的未来走向。

从国内来看,从某种意义上说,正是由于“发展战略从对外汉语教学向全方位的汉语国际推广转变”,使得国际汉语教育这一学科有了很大的发展,“事业对学科提出的要求或者说需求,既是对学科的挑战也给学科提供了发展的机遇”(吴勇毅,2013)。赵金铭(2013)指出:“从对外汉语教学,到国际汉语教学,再到国际汉语教育,本学科的‘内涵更加丰富、体系更加完备,视野更加开阔,范围更加广泛,研究理念更加先进,研究成果更加丰厚’”。

除了教育部在学科目录上把“对外汉语”本科专业改为“汉语国际教育”以外,学科的重要发展之一是设立了“汉语国际教育硕士专业学位”(MTC-SOL)(2007

年1月国务院学位委员会第二十三次会议审议通过)。经过几年的快速发展,这个专业已经培养了一大批从事国际汉语教育的实用人才(包括中国学生和外国学生),在某种程度上填补了一些世界范围内汉语师资匮乏的缺口(当然也带来了另外一些问题,比如开设此专业的院校过于迅猛、学生培养质量良莠不齐、就业形势不容乐观等),这些学生就读期间(也有些在毕业后)大都以志愿者的方式走出国门,从事汉语教学和中华文化的传播。从人才培养的角度看,目前国内已逐渐形成了"一条龙"的培养体系。比如,华东师范大学于2011年在全国率先自主设置了"国际汉语教育"的二级学科博士点(此后,中央民族大学、北京语言大学等也先后自主设置了类似的博士点),这样从本科阶段的"汉语国际教育/对外汉语"(专业)到硕士阶段的"汉语国际教育"(专业硕士)或"语言学及应用语言学"(学术型硕士)(下设有对外汉语教学方向),再到博士阶段的"国际汉语教育"(自主设置)或"语言学及应用语言学"(下设有对外汉语教学、国际汉语教学等方向),构建起了一个较为完整的培养链。事业对学科建设和专业发展的推动是显而易见的。

在汉语国际推广的过程中,或者说到现阶段,我们可以注意到国家汉办/孔子学院总部在发展战略和策略上的一些变化。在汉语国际推广的初期,"六大转变"之一是"推广理念从专业汉语教学向大众化、普及型、应用型转变",希望能有更多的学生和社会人士来学习汉语,即使是最简单最实用的日常生活汉语;而到了目前的阶段,除了普及,一批"研究型"的孔子学院已经或正在建立起来(比如华东师范大学和比利时自由大学就正在探讨合作建立研究型孔子学院)。另一方面,在人才培养上,孔子学院总部于2012年设立了"新汉学计划(China Study Plan)",实施"博士生奖学金计划(Fellowships for PhD Program)",为人文学科与社会科学领域申请来华攻读博士学位者、申请中外合作培养的博士生以及申请专项研究课题资助者提供奖学金;2014年该项目更名为"孔子新汉学计划(Confucius China Studies Program)",包括"中外合作培养项目""来华攻读博士学位项目""'理解中国'访问学者项目""青年领袖项目"等6个项目。2014年,孔子学院总部/国家汉办除了继续设立汉语国际教育专业硕士奖学金以外,又设立了汉语国际教育本科(含汉语言本科汉语国际教育方向)奖学金。该专业过去主要是培养中国学生的,现在拓展到了留学生,向亚洲和非洲地区不发达国家有志于从事汉语教学工作的孔子学院学员提供资助,以培养这些国家的本土汉语教师。这些举措表明,孔子学院总部越来越注重"本土的""高层次""人文社科"类专门人才的培养,而孔子学院的平台也从一般汉语教学、中华物质文化和生活习俗的介绍逐渐深入到汉学家的培养，以及帮助各国人民对中华民族深邃的人文精神和价值观的理解（比如最近推出的“六艺”国际传播）。

三、孔子学院是开展公共外交的窗口与平台

“公共外交作为对传统外交的继承和发展，通常由一国政府主导，借助各种传播和交流手段，向国外公众介绍本国国情和政策理念，向国内公众介绍本国外交方针政策及相关举措，旨在获取国内外公众的理解、认同和支持，争取民心民意，树立国家和政府的良好形象，营造有利的舆论环境，维护和促进国家根本利益。”（杨洁篪，2011）赵启正（2009、2011）指出，开展公共外交的目的是提升本国的形象，改善外国公众对本国的态度，进而影响外国政府对本国的政策。而公共外交的行为主体包括政府、民间组织、社会团体、社会精英和广大公众等多个层面。

2011 年 8 月，笔者在国家开放大学的“国际汉语教育新形势下的教师培养论坛”演讲，题目叫“公共外交、孔子学院与国际汉语教育的人才培养”（后以“孔子学院与国际汉语教育的公共外交价值”为题发表在《新疆师范大学学报（哲学社会科学版）》2012 年第 4 期）。笔者提出，孔子学院是开展公共外交的有力平台。当时引起了与会者的一些争论。今天看来，在国家层面上，已经把孔子学院作为开展公共外交的一个重要组成部分。孔子学院不仅要推广和传播汉语及中华文化，也负有开展公共外交的使命和责任。我们的外派教师和志愿者应该具有一定的，甚至较强的公共外交的意识与能力。这需要我们在汉语作为二语/外语的教师教育中有意识地进行培养，包括开设相关课程。“在中外师生、学生各种形式的交往过程中，来自中国高校的教师、学生、研究者成为了外国同行与公众了解中国的窗口，他们是 13 亿页的《中国读本》中的重要构成，向世界讲述着精彩纷呈的中国故事，他们的一言一行，都是在实践公共外交。”（赵启正，2013）作为志愿者教师选拔的主考官，笔者欣喜地发现，2014 年志愿者教师的选拔考试中首次有了关于公共外交的题目（尽管考生回答得并不尽如人意）。

2014 年 3 月 29 日，习近平主席在柏林会见德国汉学家、孔子学院教师代表和学习汉语的学生代表（这一行为本身就是在践行公共外交），在同他们的座谈中指出，在世界多极化、经济全球化、文化多样化、国际关系民主化的时代背景下，人与

人沟通很重要，国与国合作很必要。沟通交流的重要工具就是语言。一个国家文化的魅力、一个民族的凝聚力主要通过语言表达和传递。掌握一种语言就是掌握了通往一国文化的钥匙。学会不同语言，才能了解不同文化的差异性，进而客观理性地看待世界，友善包容地相处。他强调，一些人对中国有偏见，主要是源于陌生、隔阂和不了解。了解中国，不能只看一个点、一个面，切忌盲人摸象。介绍中国，既要介绍特色的中国，也要介绍全面的中国；既要介绍古老的中国，也要介绍当代的中国；既要介绍中国的经济社会发展，也要介绍中国的人和文化。中华优秀文化传统已经成为中国文化的基因，根植在中国人内心，潜移默化地影响着中国人的行为方式。我们正在构建社会主义核心价值观，其中一些重要内容就是源于中华文化。孔子学院的宗旨和使命——“增加世界人民对中国语言和文化的了解，发展中国与外国的友好关系，促进世界多元文化发展，为构建和谐世界贡献力量”与习主席的讲话精神是完全契合的。作为一个非营利性教育机构，孔子学院开展汉语教学和中外教育、文化、经济等方面的交流与合作（第一章“总则”第四、第五条），而“致力于增进各国人民之间的友好合作、相互了解与信任，为世界和平与发展做出贡献。……推动中华文明与世界其他文明的相互交流和借鉴，也是公共外交的应有之义”（杨洁篪，2011）。

其实，外国类似孔子学院的机构一直就在开展公共外交的工作。荷兰国际关系研究所研究部主任扬·梅利森（2013）明确写道：“在 20 世纪 50 年代至 90 年代晚期这段期间，美国政府通过美国新闻署（United State Information Agency，USIA）培养了大量公共外交专家，而欧洲各国如德国和英国则通过文化机构如歌德学院和英国文化委员会来推行公共外交工作。”目前，“北约和欧盟的公共外交目的在于呈现出他们作为国际行为体和全球规范传播者的整体性。此外，欧盟甚至开辟了一些新领域，提出了一些合作性的公共外交倡议：其中一个叫做‘优尼科方案’（EUNIC Scheme）的力图克服平行的国家方案产生的收益递减现象，旨在推动一些欧洲国家的文化机构如法语联盟、塞万提斯学院、英国文化协会之间的合作”。

孔子学院已经成为一个品牌，它对汉语国际推广和中华文化传播所起的作用和做出的贡献有目共睹，但它要真正讲好“中国的故事”，展现好中国的国家形象却并非易事。出于各自的理解和目的，关于孔子学院的争议也许还会不断产生。尽管“事出有因”，但我们仍然需要总结孔子学院的办院经验和教训，直面问题，寻求解决问题的方案。

孔子学院有一个与歌德学院、法语联盟、塞万提斯学院、英国文化委员会完全不同的特点，即后者是由单一国家和政府提供支持和帮助（包括经费资助）的，而孔子学院是中外合作的。这一特点使其具有了其他国家类似机构所没有的优势。在办院上，合作方（外方）是“我要办”，而非中方“要我办”，且合作方（外方）要提供办院场所（中方则从人力、办学等方面提供支持），这种“实体”是其他类似机构所不具备的，这也是一种民主化的体现。从这一点上说，孔子学院还有很大的发展空间。降低孔子学院的官方色彩也许是不少人想说的话，但谁又能说国外类似机构没有官方色彩和政府背景呢？我们要探讨的或许是行事的方略。

孔子学院要能够长久地可持续发展，并且得到进一步的广泛认同，切实成为公共外交的窗口和平台，还应在以下几个方面努力和改进。

首先，要把孔子学院打造成一个双向交流的平台。既然孔子学院是中外合作，且主要是与外国的大学、中小学、社会教育机构等合作的，那我们就不应该把孔子学院简单地看成是单向的公共外交窗口，只是考虑怎么把自己的故事说给别人听，把自己的看法、观点和立场传播给别人，把自己的形象展示给别人看（尽管这已经很不容易，因为要考虑如何以最有效的、别人最容易接受的方式去讲述、去传播、去展示，这方面我们并不成熟），还要学会“倾听”。“新公共外交”理论认为：“公共外交更应该对他者‘倾听’，是对话，而不是独角戏，也不仅仅是追求短期政策目标，也要重视长期的关系建设。”（扬·梅利森，2013）倾听的目的是了解对方，既要了解对方对我们的看法和立场，也要了解对方自身，善听才能智行。在孔子学院这个双向的交流平台上，“既有我们了解对方，向对方传播我们观点的一面，也有我们通过了解对方对自己的看法认识自己、完善自己、扩大对外影响的一面”（贾庆国，2013）。

其次，孔子学院应该尽量融入合作方（外方）的体制内。孔子学院是办在外国的，可目前不少孔子学院尽管对外宣称都是某某（外方合作单位）孔子学院，但却游离其外，没有真正融入外方合作单位的体制内，成为其真正的一个组成部分。在这方面做得比较好的是美国的爱荷华孔子学院（中方合作单位是华东师范大学）和德国的纽伦堡孔子学院（中方合作单位是北京外国语大学）。爱荷华大学孔子学院已经是爱荷华大学的一个有机组成部分，而纽伦堡孔子学院则被埃尔朗根—纽伦堡大学正式承认为该大学的附属学院（《人民日报》，2014 年 7 月 2 日）。融入后，双向的交流互动才真正成为可能，它不仅架构了沟通当地社会和中国的“汉语桥”，也可以成为外方合作单位研究中国问题、汉学，乃至东亚研究的园地。

再次，孔子学院的建设要引入竞争机制，加强动态的管理。那些办得不好的，既不能推广和传播汉语及中华文化，又不能很好地起到公共外交平台作用的孔子学院要逐步淘汰。“准入”只是设门槛、打基石，过程管理才是最重要的，而“淘汰”是品质得到保证的必要措施之一。只有这样孔子学院才能健康地可持续发展。

最后，要加强与其他国家类似机构的合作与交流。各种语言和多元文化是全人类共同的财富，如今不同语言、不同文化平等共存、交流发展已是当今“地球村”村民的共识。新媒体、大数据时代把人们交流与沟通的时空拉得更近了。孔子学院需要与歌德学院、法语联盟、塞万提斯学院、英国文化委员会、韩国世宗学堂等加强联系与合作，共同推进世界语言与文化的繁荣。习近平主席指出，在中外文化沟通交流中，我们要保持对自身文化的自信、耐力、定力。桃李不言，下自成蹊。大音希声，大象无形。潜移默化，滴水穿石。只要我们加强交流，持之以恒，偏见和误解就会消于无形。笔者以为孔子学院的建设亦是如此。

四、国际汉语教育的双赢取向

在进行汉语国际传播、从事国际汉语教育的过程中，我们应当清醒地意识到，各个国家愿意开展汉语教学，其动力源，从政策层面上说，主要是出于各自国家利益的考量，而并非是我们的一厢情愿。举例来说，从历史上看，越南是接受汉字和汉文化很早的国家，“自秦始皇派军攻打百越（公元前 214 年）至公元前 207 年，赵佗起兵在南海及欧罗两地称霸。在这个时候越南百姓才接触到邻邦的文明，而且只有少部分越南人通过赵佗官吏的策令接触到汉字。东汉末年，士燮占领五岭，兄弟一家治理交趾，并大力向越南传播汉文化。黎嵩在《越鉴通考论》书中记载：‘士王习鲁国之风流，学问博洽，谦虚下士，化国俗意诗书，淑人心以礼乐，国逾四十年，境内无事’（黎嵩，《越鉴通考总论》，越南汉喃院藏书，书号 A. 1921）。为了同化政策服务，开拓中国文化在越南的影响，中国朝廷加强将汉文化、儒家思想、汉字传入越南。与此同时，越南为了独立自强，积极地接受汉文化、儒学，特别是‘汉字’这个书写文字。这一吻合使汉字、汉文化顺利地在越南传播并发挥影响。”（黎氏玄庄，2014）从中我们可以清楚地看到古代越南为什么会积极接受汉字和汉文化。

方颖（2011）在分析了中美两国的汉语教育政策各自的核心利益后指出，美国是为了维护其国家安全利益和全球领导力，而中国是为了提升国家实力、创造良好的国际环境和促进人类文明的进步和创建和谐局面。在 2005 年 7 月首届世界汉语大会上，中国国家汉办正式提出“汉语国际推广”的名称，开始了从对外汉语教学向汉语国际推广的转变；而美国于 2006 年 1 月前总统小布什实施了“国家安全语言启动计划”，联合美国教育部、国务院、外交部和情报局四大联邦部门的力量，大规模推广关键语言，而汉语是其中排名第二的关键语言。这一契合使得汉语教学能够在美国获得较大的发展，因为发展汉语教学同样也符合美国的核心利益。其实，即使在汉语教学发展得非常迅速的东南亚国家，从国家的政策层面(政治、经济、文化、科技、外交等)上看，也都有着各自的利益所在。

既然“传播者”和“接受者”(姑且这样说)在同一事件上有各自的核心利益和目的，那么双赢就是一种最好的取向。吴勇毅(2012)指出，汉语国际推广和文化传播不仅能给我们国家带来巨大的直接的和间接的经济利益，包括教育、文化产业、出版、旅游、外贸等方面，更重要的是能够提升我们国家的软实力。而后者是一个国家综合实力/国力的重要组成部分，会深刻影响他国政府和公众对这个国家和人民以及由此而带来的国际关系的看法。方颖(2011)基于 SWOT 模式，对比分析了中美两国汉语教育政策及其实施，结果表明：“中国对美国大规模开展汉语推广项目，能够促进中美贸易的发展，增强美国人民对中国的认同感，拉近中美距离。同时也在美国人心中更新神秘的文明古国中国的古老形象，重新构建起全新的积极的中国形象。”同时，这也符合美国的人才需求和利益所在。“求同存异”，共享各自的语言财富和资源，这是双方可以合作的基础；通过语言的沟通，增进双方的了解，双赢是可能的。但我们更应该清楚地认识到，从根本上说，汉语国际推广或传播的主要推力是来自“接受者”本国，而中国则是外在的强大助力。

这些年的改革开放使得中国发生了翻天覆地的变化。随着经济的快速发展，人民生活的日益改善，政治民主的不断进步，中国的综合国力在大幅上升，国际地位在不断提高，在国际事务中的影响力也越来越大，世界各国对中国的重视程度是空前的。这种形势对汉语和中华文化的推广与传播非常有利，我们自然不可懈怠。而在当今这样一个多元文化并存共荣的世界，应当看到各国都在努力传播自己的语言和文化，韩国的“世宗学堂”就是典型的后起之秀(印度有学者也开始提议政府设甘地学院)。据报道，为了应对不断扩大的韩语教育的需求，始建于 2007 年的“世宗学堂”(在海外传播韩国语与韩国文化的教育机构)，到 2013 年 7 月已在全球

51 个国家开办了 117 所，发展速度是相当快的。其运作模式借鉴了孔子学院的一些做法，比如采取与当地教育机构合作等，但有自己的宗旨和特点（比如，为了帮助外国人在韩企就业，世宗学堂多位于距离韩国企业较近的地区）。我们的孔子学院肯定也可以从世界各国的语言文化推广传播机构学习到可供借鉴的经验。

参考文献

白乐桑. 华东师范大学演讲. 上海：华东师范大学，2014－05－07.

方颖. 汉语国际推广的双赢取向——基于 SWOT 模式的中美两国汉语教育政策及实施的对比分析[D]. 上海：华东师范大学硕士学位论文，2011.

国家汉办暨孔子学院总部. 孔子学院发展规划(2010—2020 年)[N]. 原载光明日报，2013－02－28.

贾庆国. 公共外交重在平等和坦诚地交流[J]. 公共外交季刊(春季号)，2013.

黎氏玄庄. 唐诗翻译与越南诗歌体裁之形成及发展[D]. 上海：华东师范大学博士学位论文，2014.

吴勇毅. 孔子学院与国际汉语教育的公共外交价值[J]. 新疆师范大学学报(哲学社会科学版)，2012(4).

吴勇毅. 关于学科建设与教师的培养和发展[J]. 汉语应用语言学研究，2013(2).

许琳. 汉语国际推广的形势和任务[J]. 世界汉语教学，2007(2).

许琳. 充分发挥《汉语拼音方案》在国际汉语教育中的作用[J]. 语言文字应用，2013(4).

扬・梅利森. 公共外交：欧洲的视角[J]. 公共外交季刊(夏季号)，2013(1).

杨洁篪. 努力开拓中国特色公共外交新局面[J]. 求是，2011(4).

赵金铭. 从对外汉语教学到汉语国际推广[A]. 对外汉语教学专题研究书系(代序)[C]. 北京：商务印书馆，2006.

赵金铭. 国际汉语教育的本旨是汉语教学[J]. 汉语应用语言学研究，2013(2).

赵启正. 中国进入公共外交时代[N]. 文汇报，2009－09－08.

赵启正. 公共外交与跨文化交流[M]. 北京：中国人民大学出版社，2011.

赵启正. 推广公共外交是高等学校的社会责任[J]. 公共外交季刊(秋季号)，2013(2).

［原文刊于《华南师范大学学报(社会科学版)》，2014 年第 5 期，发表时有删减和修改］